THE POEMS OF
OCTAVIO PAZ

ALSO BY OCTAVIO PAZ
AVAILABLE FROM NEW DIRECTIONS

The Collected Poems 1957–1987
Configurations
A Draft of Shadows
Eagle Or Sun?
Early Poems 1935–1955
Figures & Figurations
Selected Poems
Sunstone
A Tale of Two Gardens
A Tree Within

THE POEMS OF

OCTAVIO PAZ

EDITED AND TRANSLATED BY
ELIOT WEINBERGER

WITH ADDITIONAL TRANSLATIONS BY
ELIZABETH BISHOP, PAUL BLACKBURN,
DENISE LEVERTOV, MURIEL RUKEYSER,
AND CHARLES TOMLINSON

A NEW DIRECTIONS BOOK

Manufactured in the United States of America
New Directions Books are printed on acid-free paper.
First published clothbound by New Directions in 2012
Published simultaneously in Canada by Penguin Books Canada Limited
Design by Leslie Miller

Library of Congress Cataloging-in-Publication Data
Paz, Octavio, 1914–1998.
[Poems. English. Selections]
The poems of Octavio Paz / edited and translated by Eliot Weinberger with
additional translations by Elizabeth Bishop, Paul Blackburn, Denise Levertov,
Muriel Rukeyser, and Charles Tomlinson.
p. cm.
Includes bibliographical references and index.
ISBN 978-0-8112-2043-9 (cloth : acid-free paper)
1. Paz, Octavio, 1914–1998—Translations into English. I. Weinberger, Eliot.
II. Title.
PQ7297.P285A2 2012
861'.62—dc23

2012016228

10 9 8 7 6 5 4 3 2 1

New Directions Books are published for James Laughlin
by New Directions Publishing Corporation
80 Eighth Avenue, New York, NY 10011

CONTENTS

A Note on the Selection

Octavio Paz devoted much of his last years to organizing and revising his complete works, in collaboration with the Spanish editor Nicanor Vélez. The result was fifteen oversize volumes of 400–700 pages each, many of them with lengthy new prefaces by Paz himself. The two volumes of *Obra poetica* fill some 1500 pages. Along with the poems and prose poems, it includes collaborative works (most notably the quadrilingual *Renga* and the bilingual *Hijos del aire / Airborn*, written with Charles Tomlinson); a verse play based on Nathaniel Hawthorne's *Rapaccini's Daughter*; the uncategorizable "unraveling novel" *The Monkey Grammarian*; and 400 pages of translations: volumes of William Carlos Williams, Pessoa, and Bashō; selections of classical Chinese, Japanese, and Sanskrit poetry; and many miscellaneous poems from European languages.

The present selection is the first in English to survey Paz's entire career, from his first published poem at age seventeen to his last—remarkably, one of his finest—in 1996, at age eighty-two. It is limited to original poems and prose poems written by Paz alone. English-language readers curious about some of the work not included here will find more in various books published by New Directions: *Early Poems*, edited by Muriel Rukeyser; the complete *Eagle or Sun?*; *Collected Poems: 1957–1987*; and *A Tale of Two Gardens*, poems from India, which includes some of the Sanskrit versions. *Renga* and *The Monkey Grammarian* (translated by Helen Lane) have been published elsewhere. Also omitted here are the late poems of *Figures & Figurations*, which accompany collages by Marie-José Paz: the poems are inextricable from the artworks and a beautiful edition has been published, once again, by New Directions.

Paz more or less divided his work into two periods, the first culminating with the publication of his long poem "Sunstone" in 1957. The early work was organized and reorganized in various editions under the general title *Libertad bajo palabra* (which translates badly as *Freedom on Parole*—"parole" in English not immediately associated with "word" or, more exactly, "one's own word"). The poems were frequently revised and were arranged more thematically than chronologically; many poems from the earlier books were omitted in later editions.

For the present selection, I have organized the early poems in a rough chronological order to show Paz's development. (In the absence of textual

scholarship and bibliographic information about periodical appearances, it is currently impossible to date the poems precisely.) A few of the omitted poems are included, but all follow what we might call Paz's "final final" revisions for the *Complete Works* edition. After "Sunstone"—even that, perhaps his best-known poem, now has some new lines in it—the selections follow Paz's book publications until the final set of his last poems, which were never published separately as a book.

Paz extensively annotated some of his poems, particularly those written in India. Factual identifications have become less necessary in the age of internet searches, and for the "Notes" section, I have given much of the space over to Paz's own comments on his poems, taken from the innumerable interviews he gave and various essays.

Paz was extremely fortunate to have some of the best Anglo-American poets as his English translators. Beginning with Muriel Rukeyser, who was the first, energetic promoter of his work, these included Paul Blackburn, Denise Levertov, Elizabeth Bishop, and Charles Tomlinson. Their translations are marked with their initials on the contents page and at the end of the translated poem. These translators were, of course, working from the then-current Spanish version. In some cases, the original has been revised too much for the earlier translation to be included here. In a few cases, in order to retain the original translation, I have added a few lines or changed a few words to conform to Paz's revisions. These are signaled in the notes. Earlier or alternate translations of some of the poems by these and other translators (including William Carlos Williams and others) may be found in the New Directions editions of *Early Poems*, *Configurations*, *A Draft of Shadows*, and *Selected Poems*. I've also taken this opportunity to revise my own translations, most of them more than twenty-five years old. Poems may be finished, but a translation never is.

The first translations of Paz's poems in any language appeared in a New Directions annual in 1947, when he was thirty-three. Although already well-known in Mexico, it was, he often said, the first sign that anyone "out there" was interested. Paz was close to the late James Laughlin and paid tribute to him, an avid skier, with an unforseeable essay on the relationship between poetry and skiing. My own active collaboration with Paz began in the late 1960s. From 1974 on, we were extraordinarily lucky to have Peter Glassgold, now retired, as our editor for some thirty years. New Directions' sixty-five-

year commitment to Paz's work continues with this book, thanks to Barbara Epler and Jeffrey Yang.

During the making of this book, the poet and editor Nicanor Vélez died at age fifty-two. He was responsible not only for the massive *Complete Works* of Paz, but also for equally definitive editions of García Lorca, Pablo Neruda, and Rubén Darío, among others (and some fifty books of international poetry). Such meticulous editions are extremely rare in the Spanish-speaking world: Nicanor had no equal.

Thanks to Galaxia Gutenberg / Círculo de Lectores for providing the Spanish texts that Paz and Vélez prepared; to Vicente Rojo, Paz's old friend and collaborator, for providing the Tantric Sunstone-volcano on the cover; and to Marcelo Uribe for facilitating our use of the artwork. Thanks, above all, to Marie-José Paz.

ELIOT WEINBERGER

First Poems
[1931–1940]

Juego

Saquearé a las estaciones.
Jugaré con los meses y los años.
Días de invierno con caras rojas de verano.

Y por la senda gris,
entre la muda procesión
de los días duros e inmóviles
colocará a los azules y gimnásticos.

Una mañana ondulante
y de labios pintados,
fresca, como acabada de bañar,
con un crepúsculo otoñal.

Y cogeré a las nubes
—rojas, azules, moradas—
y las arrojaré en el papel inexpresivo
del lívido firmamento,
para que escriban una carta,
en el lenguaje universal,
a su buen amigo el viento.

Para ayudar a los burgueses,
haré anuncios luminosos,
con foquitos de estrellas.

Quizá asesine a un crepúsculo,
para que, desangrado,
tiña de púrpura una nube blanca.

Venderé en la tienda de las estaciones,
manzanas maduras de otoño
envuelto en papel de neblina invernal.

Game

I'll plunder seasons.
I'll play with months and years.
Winter days with the red faces of summer.

And down the gray road,
in the silent parade
of hard, unmoving days,
I'll organize the blues and gymnastics.

A rippling morning
of painted lips,
cool, as though just bathed,
with an autumn dawn.

And I'll catch the clouds—
red, blue, purple—
and throw them against the inexpressive paper
of the black and blue sky,
so that they'll write a letter
in the universal language
to their good friend the wind.

To help the shopkeepers,
I'll make luminous billboards,
with spotlights of stars.

Maybe I'll assassinate a dawn
so that, bleeding,
it will stain a white cloud purple.

In the shop of the seasons,
I'll sell ripe autumn apples
wrapped in the paper of winter mists.

Me raptaré a la Primavera,
para tenerla en casa,
como una bailarina.

El viento alterará sus horarios.
Travesías inseguras de las nubes.

Y por la carretera del Futuro, arrojaré al Invierno,
para tener la sorpresa de encontrarlo después,
mezclado con el Verano.

En el tapete verde del espacio,
apostaré a los días,
que rodarán como los dados.

Jugaré con los meses y los años.

Nocturno

Sombra, trémula sombra de las voces.
Arrastra el río negro mármoles ahogados.
¿Cómo decir del aire asesinado,
de los vocablos huérfanos,
cómo decir del sueño?

Sombra, trémula sombra de las voces.
Negra escala de lirios llameantes.
¿Cómo decir los nombres, las estrellas,
los albos pájaros de los pianos nocturnos
y el obelisco del silencio?

Sombra, trémula sombra de las voces.
Estatuas derribadas de la luna.
¿Cómo decir, camelia,

I'll kidnap Spring,
to have her in my house,
like a ballerina.

The wind will change its schedule.
Unpredictable crossings of the clouds.

And down the highway of the Future, I'll rush toward Winter,
for the surprise of meeting it later,
mixed with Summer.

On the green felt of space,
I'll bet on days
that will roll like dice.

I'll play with months and years

First published poem, 1931

Nocturne

Shadow, flickering shadow of voices.
The black river drags its sunken marbles.
How to speak of the assassinated air,
of the orphaned words,
how to speak of the dream?

Shadow, flickering shadow of voices.
Black scale of flaming irises.
How to speak the names, the stars,
the ivory birds of nocturnal pianos
and the obelisk of silence?

Shadow, flickering shadow of voices.
Statues pulled down from the moon.
How to speak, camellia,

la menos flor entre las flores,
cómo decir tus blancas geometrías?

¿Cómo decir, oh Sueño, tu silencio en voces?

1932

Otoño

El viento despierta,
barre los pensamientos de mi frente
y me suspende
en la luz que sonríe para nadie:
¡cuánta belleza suelta!
Otoño: entre tus manos frías
el mundo llamea.

1933

Tu nombre

Nace de mí, de mi sombra,
amanece por mi piel,
alba de luz somnolienta.

Paloma brava tu nombre,
tímida sobre mi hombro.

the least flower among flowers,
how to speak your white geometry?

How to speak, oh Dream, your silence out loud?

1932

Autumn

The wind wakes,
sweeps the thoughts from my mind
and hangs me
in a light that smiles for no one:
what random beauty!
Autumn: between your cold hands
the world flames.

1933

Your Name

Born from me, from my shadow,
woken by my skin,
dawn of sleepwalking light.

Wild dove your name,
quivering on my shoulder.

Monólogo

Bajo las rotas columnas,
entre la nada y el sueño,
cruzan mis horas insomnes
las sílabas de tu nombre.

Tu largo pelo rojizo,
relámpago del verano,
vibra con dulce violencia
en la espalda de la noche.

Corriente obscura del sueño
que mana entre las rüinas
y te construye de nada:
húmeda costa nocturna
donde se tiende y golpea
un mar sonámbulo, ciego.

Monologue

Under the broken columns,
between nothing and the dream,
the syllables of your name cross
my sleepless hours.

Your long reddish hair,
summer lightning,
quivers with sweet violence
on the back of night.

Dark current of the dream
that flows through the ruins
and constructs you out of nothing:
damp nocturnal coastline
where the blind sea beats,
spreading out.

Raíz del hombre

I

Más acá de la música y la danza,
aquí, en la inmovilidad,
sitio de la música tensa,
bajo el gran árbol de mi sangre,
tú reposas. Yo estoy desnudo
y en mis venas golpea la fuerza,
hija de la inmovilidad.

Éste es el cielo más inmóvil,
y ésta la más pura desnudez.
Tú, muerta, bajo el gran árbol de mi sangre.

II

Ardan todas las voces
y quémense los labios;
y en la más alta flor
quede la noche detenida.

Nadie sabe tu nombre ya;
en tu secreta fuerza influyen
la madurez dorada de la estrella
y la noche suspensa,
inmóvil océano.

Amante, todo calla
bajo la voz ardiente de tu nombre.
Amante, todo calla. Tú, sin nombre,
en la noche desnuda de palabras.

The Root of Man

I
Closer than music and the dance,
here, in the immobility,
the place of tense music,
under the great tree of my blood,
you rest. I am naked
and in my veins a power throbs,
the daughter of immobility.

This is the most immobile sky,
and this the purest nakedness.
You, dead, under the great tree of my blood.

II
Let all the voices burn
and singe my lips;
and night remain stopped
in the tallest flower.

No one yet knows your name;
your secret force moved
by the ripened gold of the stars
and the hanging night,
immobile ocean.

My love, everything grows still
in the burning voice of your name.
My love, everything grows still. You, with no name,
in the naked night of words.

III

Ésta es tu sangre,
desconocida y honda,
que penetra tu cuerpo
y baña orillas ciegas
de ti misma ignoradas.

Inocente, remota,
en su denso insistir, en su carrera,
detiene a la carrera de mi sangre.
Una pequeña herida
y conoce a la luz,
al aire que la ignora, a mis miradas.

Ésta es tu sangre, y éste
el prófugo rumor que la delata.

Y se agolpan los tiempos
y vuelven al origen de los días,
como tu pelo eléctrico si vibra
la escondida raíz en que se ahonda,
porque la vida gira en ese instante,
y el tiempo es una muerte de los tiempos
y se olvidan los nombres y las formas.

Ésta es tu sangre, digo,
y el alma se suspende en el vacío
ante la viva nada de tu sangre.

III

This is your blood,
unknown, deep,
penetrating your body,
washing the unsuspecting,
unseeing banks of your self.

Innocent, far off,
in its dense insistence, in its route,
it pauses along the route of my blood.
A small wound,
it meets the light,
the air it never knew, my glances.

This is your blood, and this
the fugitive's whisper denouncing it.

And the times cluster
and return to the origin of days,
the hidden root quivers
like your electric hair where it is buried,
for life turns on that moment,
and time is a death of the times
and names and shapes forget themselves.

This is your blood, it is,
and the soul hangs in the emptiness
before the living nothing of your blood.

de *Bajo tu clara sombra*

I
Bajo tu clara sombra
vivo como la llama al aire,
en tenso aprendizaje de lucero.

III
Mira el poder del mundo,
mira el poder del polvo, mira el agua.

Mira los fresnos en callado círculo,
toca su reino de silencio y savia,
toca su piel de sol y lluvia y tiempo,
mira sus verdes ramas cara al cielo,
oye cantar sus hojas como agua.

Mira después la nube,
anclada en el espacio sin mareas,
alta espuma visible
de celestes corrientes invisibles.

Mira el poder del mundo,
mira su forma tensa,
su hermosura inconsciente, luminosa.

Toca mi piel, de barro, de diamante,
oye mi voz en fuentes subterráneas,
mira mi boca en esa lluvia obscura,
mi sexo en esa brusca sacudida
con que desnuda el aire los jardines.

Toca tu desnudez en la del agua,
desnúdate de ti, llueve en ti misma,
mira tus piernas como dos arroyos,
mira tu cuerpo como un largo río,

from *Beneath Your Bright Shadow*

I
Beneath your bright shadow
I live like a flame in the air,
in the tense apprenticeship of a morning star.

III
Look at the power of the world,
look at the power of the dust, look at the water.

Look at the ash trees in their quiet circle,
touch their kingdom of silence and sap,
touch their skin of sun and rain and time,
look at their green branches facing the sky,
listen to their leaves singing like water.

Look, then, at the cloud
anchored in tideless space,
the visible foam of invisible
celestial currents.

Look at the power of the world,
look at its tense form,
its unconscious, luminous beauty.

Touch my skin of clay, of diamond,
hear my voice in its subterranean sources,
look at my mouth in that dark rain,
my sex in that sudden trembling
with which the air undresses gardens.

Touch your nakedness in the nakedness of water,
undress yourself from yourself, rain down on yourself,
look at your legs like two streams,
look at your body like a long river,

son dos islas gemelas tus dos pechos,
en la noche tu sexo es una estrella,
alba, luz rosa entre dos mundos ciegos,
mar profundo que duerme entre dos mares.

Mira el poder del mundo:
reconócete ya, al reconocerme.

de *Oda a España*

Si. Los hechos hablan.
Calladamente hablan
los duros hechos de esta guerra.

Este cielo nocturno,
eléctrico, pesado,
que nos hunde los hombros
en su jadeo callado de amenaza;
el abandono de esta casa,
por la que corre el aire ciego
y habita la parálisis;
la soledad insomne;
el rumor de las voces en tinieblas;
este muerto que grita en cada esquina,
que vigila la angustia y la renueva;
este silencio desgarrado y negro
y estos duros ojos impasibles,
que esperan ya a la muerte,
son testimonio vivo. Hablan.

your breasts are twin islands,
in the night your sex is a star,
dawn, pink light between two blind worlds,
deep sea asleep between two seas.

Look at the power of the world,
knowing yourself knowing me.

from *Ode to Spain*

Yes. The facts speak.
They quietly speak
the hard facts of this war.

This sky at night,
electric, heavy,
that weighs down the shoulders
with its quiet gasping of terror,
the dereliction of this house
through which the blind air runs
and paralysis inhabits;
the sleepless solitude;
the murmur of voices in the darkness;
this corpse who screams on every corner,
who watches over death-throes, makes them new;
this black and mangled silence;
and these hard impassive eyes
that wait for death.
They are living testimony. They speak.

Elegía a un compañero muerto en el frente de Aragón

I

Has muerto, camarada,
en el ardiente amanecer del mundo.

Y brotan de tu muerte
tu mirada, tu traje azul,
tu rostro sorprendido por la pólvora,
tus manos, ya sin tacto.

Has muerto. Irremediablemente.
Parada está tu voz, tu sangre en tierra.
¿Qué tierra crecerá que no te alce?
¿Qué sangre correrá que no te nombre?
¿Qué palabra diremos que no diga
tu nombre, tu silencio,
el callado dolor de no tenerte?

Y alzándote,
llorándote,
nombrándote,
dando voz a tu cuerpo desgarrado,
labios y libertad a tu silencio,
crecen dentro de mí,
me lloran y me nombran,
furiosamente me alzan,
otros cuerpos y nombres,
otros ojos de tierra sorprendida,
otros ojos de árbol que pregunta.

Elegy for a Friend Dead at the Front in Aragón

I
You have died, comrade,
in the burning dawn of the world.

And from your death sprouts
your glance, your blue suit,
your face surprised by gunpowder,
your hands that now have no touch.

You've died. Irremediably.
Your voice still, your blood on the land.
What fields will grow that you won't harvest?
What blood will run without your heirs?
What word will we say that doesn't say
your name, your silence,
the quiet pain of not having you?

And raising you,
weeping for you,
naming you,
giving voice to your crushed body,
and lips and freedom to your silence,
they grow within me,
they weep for me, they name me,
furiously they raise me,
other voices and names,
others eyes of the surprised land,
other eyes of the tree that asks.

II

Yo recuerdo tu voz. La luz del valle
nos tocaba las sienes,
hiriéndonos espadas resplandores,
trocando en luces sombras,
paso en danza, quietud en escultura
y la violencia tímida del aire
en cabelleras, nubes, torsos, nada.
Olas de luz clarísimas, vacías,
que nuestra sed quemaban, como vidrio,
hundiéndonos, sin voces, fuego puro,
en lentos torbellinos resonantes.

Yo recuerdo tu voz, tu duro gesto,
el ademán severo de tus manos.
Tu voz, voz adversaria,
tu palabra enemiga,
tu pura voz de odio,
tu frente generosa como un sol
y tu amistad abierta como plaza
de cipreses severos y agua joven.

Tu corazón, tu voz, tu puño vivo,
detenidos y rotos por la muerte.

III

Has muerto, camarada,
en el ardiente amanecer del mundo.
Has muerto cuando apenas
tu mundo, nuestro mundo, amanecía.
Llevabas en los ojos, en el pecho,
tras el gesto implacable de la boca,
un claro sonreír, un alba pura.

Te imagino cercado por las balas,
por la rabia y el odio pantanoso,

II

I remember your voice. The light in the valley
touched our temples,
brilliant swords wounding us,
confusing in shadow and light,
a dancing step, a sculptured stillness,
and the timid violence of the air
in clouds, hair, bodies, nothing.
Waves of clear, empty light
that our thirst burned like glass,
sinking us, voiceless, pure fire,
in slow resonant whirlwinds.

I remember your voice, your stern face,
the severe gestures of your hands.
Your voice, an adversarial voice,
your enemy words,
your pure voice of hate,
your mind generous as the sun,
and your friendship as open as a plaza
of severe cypresses and young water.

Your heart, your voice, your living fist,
stopped and crushed by death.

III

You have died, comrade,
in the burning dawn of the world.
You have died just as your world,
our world, has barely dawned.
You used to carry it in your eyes, in your chest,
in the unyielding expression of your mouth,
a clear smile, a pure dawn.

I imagine you hemmed in by bullets,
by anger and the swamp of hate

como relámpago caído y agua
prisionera de rocas y negrura.

Te imagino tirado en lodazales,
sin máscara, sonriente,
tocando, ya sin tacto,
las manos camaradas que soñabas.

Has muerto entre los tuyos, por los tuyos

México, 1937

Jardín
A Juan Gil-Albert

Nubes a la deriva, continentes
sonámbulos, países sin substancia
ni peso, geografías dibujadas
por el sol y borradas por el viento.

Cuatro muros de adobe. Buganvilias:
en sus llamas pacíficas mis ojos
se bañan. Pasa el viento entre alabanzas
de follajes y yerbas de rodillas.

El heliotropo con morados pasos
cruza envuelto en su aroma. Hay un profeta:
el fresno—y un meditabundo: el pino.
El jardín es pequeño, el cielo inmenso.

Verdor sobreviviente en mis escombros:
en mis ojos te miras y te tocas,
te conoces en mí y en mí te piensas,
en mí duras y en mí te desvaneces.

like a fallen ray of lightning and water,
prisoner of rock and blackness.

I imagine you shot in the mudflats,
maskless, smiling,
touching, now without touch,
the comrade hands you dream.

You have died among yours and for yours.

Mexico City, 1937

Garden
for Juan Gil-Albert

Clouds adrift, sleepwalking continents,
nations with no substance, no weight,
geographies drawn by the sun
and erased by the wind.

Four walls of adobe. Bougainvillea:
my eyes bathe in its peaceful flames.
The wind moves through leaves of exaltation
and bended knees of grass.

The heliotrope with purple steps
crosses over, enveloped in its aroma.
There is a prophet: the ash tree,
and a contemplative: the pine.
The garden is small, the sky immense.

Lush survivor amid my rubble:
in my eyes you see yourself, touch yourself,
know yourself in me and in me think of yourself,
in me you last and in me you vanish.

POEMS
[1941–1948]

El pájaro

En el silencio transparente
el día reposaba:
la transparencia del espacio
era la transparencia del silencio.
La inmóvil luz del cielo sosegaba
el crecimiento de las yerbas.
Los bichos de la tierra, entre las piedras,
bajo la luz idéntica, eran piedras.
El tiempo en el minuto se saciaba.
En la quietud absorta
se consumaba el mediodía.

Y un pájaro cantó, delgada flecha.
Pecho de plata herido vibró el cielo,
se movieron las hojas,
las yerbas despertaron ...
Y sentí que la muerte era una flecha
que no se sabe quién dispara
y en un abrir los ojos nos morimos.

Dos cuerpos

Dos cuerpos frente a frente
son a veces dos olas
y la noche es océano.

Dos cuerpos frente a frente
son a veces dos piedras
y la noche desierto.

Dos cuerpos frente a frente
son a veces raíces
en la noche enlazadas.

The Bird

In the transparent silence
day rested:
the transparency of space
was the transparency of silence.
The unmoving light of the sky soothed
the growing of the grasses.
The bugs of the earth, among the stones,
under the unchanging light, were stones.
Time was sated in the minute.
Noon consumed itself
in the self-absorbed stillness.

And a bird sang, slender arrow.
A wounded breast of silver, the sky quivered,
the leaves shook,
the grass woke up . . .
And I felt that death was an arrow
that doesn't know who shot it,
and when our eyes open we die.

Two Bodies

Two bodies face to face
are at times two waves
and night is the ocean.

Two bodies face to face
are at times two stones
and night the desert.

Two bodies face to face
are at times roots
in the night entangled.

Dos cuerpos frente a frente
son a veces navajas
y la noche relámpago.

Dos cuerpos frente a frente
son dos astros que caen
en un cielo vacío.

Vida entrevista

Relámpagos o peces
en la noche del mar
y pájaros, relámpagos
en la noche del bosque.

Los huesos son relámpagos
en la noche del cuerpo.
Oh mundo, todo es noche
y la vida es relámpago.

Epitafio para un poeta

Quiso cantar, cantar
para olvidar
su vida verdadera de mentiras
y recordar
su mentirosa vida de verdades.

Two bodies face to face
are at times knives
and the night lightning.

Two bodies face to face
are two stars that fall
in an empty sky.

Life Glimpsed

Lightning or fish
in the night of the sea
and birds, lightning
in the night of the forest.

Bones are lightning
in the night of the body.
Oh world, everything is night
and life is lightning.

Epitaph for a Poet

He wanted to sing, to sing
to forget
his true life of lies
and to remember
his lying life of truths.

Mar por la tarde

A Juan José Arreola

Altos muros del agua, torres altas,
aguas de pronto negras contra nada,
impenetrables, verdes, grises aguas,
aguas de pronto blancas, deslumbradas.

Aguas como el principio de las aguas,
como el principio mismo antes del agua,
las aguas inundadas por el agua,
aniquilando lo que finge el agua.

El resonante tigre de las aguas,
las uñas resonantes de cien tigres,
las cien manos del agua, los cien tigres
con una sola mano contra nada.

Desnudo mar, sediento mar de mares,
hondo de estrellas si de espumas alto,
prófugo blanco de prisión marina
que en estelares límites revienta,

¿qué memorias, deseos prisioneros,
encienden en tu piel sus verdes llamas?
En ti te precipitas, te levantas
contra ti y de ti mismo nunca escapas.

Tiempo que se congela o se despeña,
tiempo que es mar y mar que es lunar témpano,
madre furiosa, inmensa res hendida
y tiempo que se come las entrañas.

Sea in the Afternoon
for Juan José Arreola

Tall walls of water, tall towers,
sudden black water against nothing,
impenetrable, green, gray water,
sudden white water, dazzling.

Water like the origin of water,
like the origin itself, before water,
water flooded by water, washing away
what water pretends to be.

The thunderous tiger of water,
the thunderous claws of the tiger,
the hundred paws of water, the hundred tigers
with a single paw against nothing.

Naked sea, sea thirsty for sea,
deep with stars and tall with foam,
white escapee from the seascape prison,
in starry boundaries exploding,

what memories, what imprisoned desires,
ignite the green flames in your skin?
You crash in yourself, rise against yourself
and from yourself never escape.

Time that freezes over, or time hurling down,
time that is the sea and sea that is an iceberg from the moon,
raging mother, huge and wounded beast
whose entrails time consumes.

Mientras escribo

Cuando sobre el papel la pluma escribe,
a cualquier hora solitaria,
¿quién la guía?
¿A quién escribe el que escribe por mí,
orilla hecha de labios y de sueño,
quieta colina, golfo,
hombro para olvidar al mundo para siempre?

Alguien escribe en mí, mueve mi mano,
escoge una palabra, se detiene,
duda entre el mar azul y el monte verde.
Con un ardor helado
contempla lo que escribo.
Todo lo quema, fuego justiciero.
Pero este juez también es víctima
y al condenarme, se condena:
no escribe a nadie, a nadie llama,
a sí mismo se escribe, en sí se olvida,
y se rescata, y vuelve a ser yo mismo.

While I Write

When over the paper the pen goes writing
in any solitary hour,
who drives the pen?
To whom is he writing, he who writes for me,
this shore made of lips, made of dream,
a hill of stillness, abyss,
shoulder on which to forget the world forever?

Someone in me is writing, moves my hand,
hears a word, hesitates,
halted between green mountains and blue sea.
With icy fervor
contemplates what I write.
All is burned in this fire of justice.
But this judge is nevertheless the victim
and in condemning me condemns himself:
He writes to anyone, he calls nobody,
to his own self he writes, and in himself forgets,
and is redeemed, becoming again me.

[MR]

La calle

Es una calle larga y silenciosa.
Ando en tinieblas y tropiezo y caigo
y me levanto y piso con pies ciegos
las piedras mudas y las hojas secas
y alguien detrás de mí también las pisa:
si me detengo, se detiene;
si corro, corre. Vuelvo el rostro: nadie.
Todo está obscuro y sin salida,
y doy vueltas y vueltas en esquinas
que dan siempre a la calle
donde nadie me espera ni me sigue,
donde yo sigo a un hombre que tropieza
y se levanta y dice al verme: nadie.

Relámpago en reposo

Tendida,
piedra hecha de mediodía,
ojos entrecerrados donde el blanco azulea,
entornada sonrisa.
Te incorporas a medias y sacudes tu melena de león.
Luego te tiendes,
delgada estría de lava en la roca,
rayo dormido.
Mientras duermes te acaricio y te pulo,
hacha esbelta,
flecha con que incendio la noche.

El mar combate allá lejos con espadas y plumas.

The Street

It's a long and silent street.
I walk in the dark and trip and fall
and get up and step blindly
on the mute stones and dry leaves
and someone behind me is also walking:
if I stop, he stops;
if I run, he runs. I turn around: no one.
Everything is black, there is no exit,
and I turn and turn corners
that always lead to the street
where no one waits for me, no one follows,
where I follow a man who trips
and gets up and says when he sees me: no one.

Lightning at Rest

Stretched out,
stone made of noon,
half-open eyes whose whiteness turns to blue,
half-ready smile.
Your body rouses, you shake your lion's mane.
Again lying down,
a fine striation of lava in the rock,
a sleeping ray of light.
And while you sleep I stroke you, I polish you,
slim axe,
arrow with whom I set the night on fire.

The sea fighting far off with its swords and feathers.

[MR]

Elegía interrumpida

Hoy recuerdo a los muertos de mi casa.
Al primer muerto nunca lo olvidamos,
aunque muera de rayo, tan aprisa
que no alcance la cama ni los óleos.
Oigo el bastón que duda en un peldaño,
el cuerpo que se afianza en un suspiro,
la puerta que se abre, el muerto que entra.
De una puerta a morir hay poco espacio
y apenas queda tiempo de sentarse,
alzar la cara, ver la hora
y enterarse: las ocho y cuarto.

Hoy recuerdo a los muertos de mi casa.
La que murió noche tras noche
y era una larga despedida,
un tren que nunca parte, su agonía.
Codicia de la boca
al hilo de un suspiro suspendida,
ojos que no se cierran y hacen señas
y vagan de la lámpara a mis ojos,
fija mirada que se abraza a otra,
ajena, que se asfixia en el abrazo
y al fin se escapa y ve desde la orilla
cómo se hunde y pierde cuerpo el alma
y no encuentra unos ojos a que asirse ...
¿Y me invitó a morir esa mirada?
Quizá morimos sólo porque nadie
quiere morirse con nosotros, nadie
quiere mirarnos a los ojos.

Hoy recuerdo a los muertos de mi casa.
Al que se fue por unas horas
y nadie sabe en qué silencio entró.
De sobremesa, cada noche,
la pausa sin color que da al vacío

Interrupted Elegy

Today I remember the dead in my house.
We'll never forget the first death,
though he died in a flash, so suddenly
he never reached his bed or the holy oil.
I hear his cane hesitating on a step of the staircase,
the body gaining strength with a sigh,
the door that opens, the corpse that enters.
From a door to dying there's little space
and hardly enough time to sit down,
raise your head, look at the clock,
and realize: it's eight-fifteen.

Today I remember the dead in my house.
The woman who died night after night
and her dying was a long goodbye,
a train that never left.
The greed of her mouth,
hanging on the thread of a sigh,
her eyes never closing, making signs,
wandering from the lamp to my eyes,
a fixed gaze that embraces another gaze,
far off, that suffocates in the embrace
and in the end escapes and watches from the riverbank
how the soul sinks and loses its body
and finds no eyes to grab hold on . . .
Was that gaze inviting me to die?
Perhaps we die only because no one
wants to die with us, no one
wants to look us in the eye.

Today I remember the dead in my house.
The one who left for a few hours
and no one knew into what silence he had gone.
After dinner, each night,
the colorless pause that leads to emptiness

o la frase sin fin que cuelga a medias
del hilo de la araña del silencio
abren un corredor para el que vuelve:
suenan sus pasos, sube, se detiene ...
Y alguien entre nosotros se levanta
y cierra bien la puerta.
Pero él, allá del otro lado, insiste.
Acecha en cada hueco, en los repliegues,
vaga entre los bostezos, las afueras.
Aunque cerremos puertas, él insiste.

Hoy recuerdo a los muertos de mi casa.
Rostros perdidos en mi frente, rostros
sin ojos, ojos fijos, vacïados,
¿busco en ellos acaso mi secreto,
el dios de sangre que mi sangre mueve,
el dios de yelo, el dios que me devora?
Su silencio es espejo de mi vida,
en mi vida su muerte se prolonga:
soy el error final de sus errores.

Hoy recuerdo a los muertos de mi casa.
El pensamiento disipado, el acto
disipado, los nombres esparcidos
(lagunas, zonas nulas, hoyos
que escarba terca la memoria),
la dispersión de los encuentros,
el yo, su guiño abstracto, compartido
siempre por otro (el mismo) yo, las iras,
el deseo y sus máscaras, la víbora
enterrada, las lentas erosiones,
la espera, el miedo, el acto
y su reverso: en mí se obstinan,
piden comer el pan, la fruta, el cuerpo,
beber el agua que les fue negada.

or the endless sentence half-hanging
from the spider's thread of silence
opens a corridor for him to return:
we hear his footsteps, he climbs, he stops . . .
And someone among us gets up
and closes the door shut.
But he, on the other side, insists.
He lies in wait in every recess and hollow,
he wanders among yawns, at the edge of things.
Though we shut the door, he insists.

Today I remember the dead in my house.
Faces forgotten in my mind, faces
without eyes, staring eyes, emptied out:
Am I searching in them for my secret,
the god of blood my blood moves,
the god of ice, the god who devours me?
His silence is the mirror of my life,
in my life his death is prolonged,
I am the final error of his errors.

Today I remember the dead in my house.
The scattered thoughts, the scattered
act, the names strewn
(lacunae, empty zones, holes
where stubborn memory rummages),
the dispersion of encounters,
the ego with its abstract wink, always shared
with another ego that is the same, the rages,
desire and its masks, the buried
snake, the slow erosions,
the hope, the fear, the act
and its opposite: within me they persist,
they beg to eat the bread, the fruit, the body,
to drink the water that was denied to them.

Pero no hay agua ya, todo está seco,
no sabe el pan, la fruta amarga,
amor domesticado, masticado,
en jaulas de barrotes invisibles
mono onanista y perra amaestrada,
lo que devoras te devora,
tu víctima también es tu verdugo.
Montón de días muertos, arrugados
periódicos, y noches descorchadas
y en el amanecer de párpados hinchados
el gesto con que deshacemos
el nudo corredizo, la corbata,
y ya apagan las luces en la calle
—*saluda al sol, araña, no seas rencorosa*—
y más muertos que vivos entramos en la cama.

Es un desierto circular el mundo,
el cielo está cerrado y el infierno vacío.

But there is no water now, everything is dry,
the bread is tasteless, the fruit bitter,
love domesticated, masticated,
in cages with invisible bars,
the onanist ape and the trained bitch,
what you devour devours you,
your victim is also your executioner.
Heap of dead days, crumpled newspapers,
and nights stripped of bark,
and in the dawn of the swollen eyelids,
the gesture with which we undo
the running knot, the necktie,
and now the lights have gone out in the streets
—*greet the sun, spider, be not rancorous*—
and more dead than living go off to bed.

The world is a circular desert,
heaven is closed and hell empty.

Agua nocturna

La noche de ojos de caballo que tiemblan en la noche,
la noche de ojos de agua en el campo dormido,
está en tus ojos de caballo que tiembla,
está en tus ojos de agua secreta.

Ojos de agua de sombra,
ojos de agua de pozo,
ojos de agua de sueño.

El silencio y la soledad,
como dos pequeños animales a quienes guía la luna,
beben en esos ojos,
beben en esas aguas.

Si abres los ojos,
se abre la noche de puertas de musgo,
se abre el reino secreto del agua
que mana del centro de la noche.

Y si los cierras,
un río, una corriente dulce y silenciosa,
te inunda por dentro, avanza, te hace obscura:
la noche moja riberas en tu alma.

Nocturnal Water

The night with the trembling eyes of a horse in the night,
the night with eyes of water in the sleeping fields,
is in your eyes of a trembling horse,
is in your eyes of secret water.

Eyes of shadow water,
eyes of well water,
eyes of dream water.

Silence and solitude,
like two small animals guided by the moon,
drink from those eyes,
drink from those waters.

If you open your eyes,
night opens its doors of moss,
opens the secret kingdom of water
that flows from the center of night.

If you close them,
a river, a sweet and silent current,
floods over you within, moves forward, darkens you:
night soaks the riverbanks in your soul.

Más allá del amor

Todo nos amenaza:
el tiempo, que en vivientes fragmentos divide
al que fui
        del que seré,
como el machete a la culebra;
la conciencia, la transparencia traspasada,
la mirada ciega de mirarse mirar;
las palabras, guantes grises, polvo mental sobre la yerba, el
    agua, la piel;
nuestros nombres, que entre tú y yo se levantan,
murallas de vacío que ninguna trompeta derrumba.

Ni el sueño y su pueblo de imágenes rotas,
ni el delirio y su espuma profética,
ni el amor con sus dientes y uñas nos bastan.
Más allá de nosotros,
en las fronteras del ser y el estar,
una vida más vida nos reclama.

Afuera la noche respira, se extiende,
llena de grandes hojas calientes,
de espejos que combaten:
frutos, garras, ojos, follajes,
espaldas que relucen,
cuerpos que se abren paso entre otros cuerpos.

Tiéndete aquí a la orilla de tanta espuma,
de tanta vida que se ignora y entrega:
tú también perteneces a la noche.
Extiéndete, blancura que respira,
late, oh estrella repartida,
copa,
pan que inclinas la balanza del lado de la aurora,
pausa de sangre entre este tiempo y otro sin medida.

Beyond Love

Everything threatens us:
time, that in living fragments severs
what I have been
                    from what I will become,
as the machete splits the snake;
awareness, transparency pierced through,
the look blinded by seeing itself looking;
words, gray gloves, mental dust on the grass, water, skin;
our names, risen up between yourself and me,
wails of emptiness no trumpet can shout down.

Not dream, peopled with broken images,
nor delirium and its prophetic foam,
no, nor love with its teeth and claws, are enough.
Beyond ourselves,
on the frontier of being and becoming,
a life more alive claims us.

Outside, night breathes, and stretches,
full of its great warm leaves,
a war of mirrors:
fruit, talons, eyes, leafage,
backs that glisten,
bodies that make their way through other bodies.

Lie here stretched out on the shore of so much foam,
of so much life unconscious and surrendered:
you too belong to the night.
Lie down, stretch out, you are whiteness and breathing,
throb, star divided,
drink and glass,
bread that weighs down the scales on the side of daybreak,
pause of the blood between now and measureless time.

                                                    [MR]

Virgen

I

Ella cierra los ojos y en su adentro
está desnuda y niña al pie del árbol.
Reposan a su sombra el tigre, el toro.
Tres corderos de bruma le da al tigre,
tres palomas al toro, sangre y plumas.
Ni plegarias de humo quiere el tigre
ni palomas el toro: a ti te quieren.
Y vuelan las palomas, vuela el toro,
y ella también, desnuda vía láctea,
vuela en un cielo visceral, obscuro.
Un maligno puñal ojos de gato
y amarillentas alas de petate
la sigue entre los aires. Y ella lucha
y vence a la serpiente, vence al águila,
y sobre el cuerno de la luna asciende.

II

Por los espacios gira la doncella.
Nubes errantes, torbellinos, aire.
El cielo es una boca que bosteza,
boca de tiburón en donde ríen,
afilados relámpagos, los astros.
Vestida de azucena ella se acerca
y le arranca los dientes al dormido.
Al aire sin edades los arroja:
islas que parpadean cayeron las estrellas,
cayó al mantel la sal desparramada,
lluvia de plumas fue la garza herida,
se quebró la guitarra y el espejo
también, como la luna, cayó en trizas.
Y la estatua cayó. Viriles miembros
se retorcieron en el polvo, vivos.

Virgin

I

She closes her eyes and inside
she is naked and a child, at the foot of a tree.
A tiger and a bull rest in her shadow.
Three lambs of mist she offers to the tiger,
three doves to the bull, feathers and blood.
The tiger doesn't want prayers of smoke
nor doves the bull: it's you they want.
And the doves fly, the bull flies,
and she too, naked milky way,
flies through a dark and visceral sky.
An evil dagger, eyes of a cat
and yellowish wings of rattan mat
follows her through the air. And she fights
and defeats the serpent, defeats the eagle,
and over the horn of the moon ascends.

II

The maiden spins through space.
Wandering clouds, whirlwinds, air.
The sky is a mouth that yawns,
a shark's mouth where stars
and sharpened lightning laugh.
Dressed in lilies she comes near
and pulls the teeth from the sleeper
and tosses them into the ageless air:
islands that blink, fallen stars,
salt sprinkled on the tablecloth,
the rain of feathers that was a wounded heron,
the guitar breaks, and the mirror too,
like the moon, falls in pieces.
And the statue falls. Virile members
twist in the dust, alive.

III

Rocas y mar. El sol envejecido
quema las piedras que la mar amarga.
Cielo de piedra, mar de piedra. Nadie.
Arrodillada cava las arenas,
cava la piedra con las uñas rotas.
¿A qué desenterrar del polvo estatuas?
La boca de los muertos está muerta.
Sobre la alfombra junta las figuras
de su rompecabezas infinito.
Y siempre falta una, sólo una,
y nadie sabe dónde está, secreta.
En la sala platican las visitas.
El viento gime en el jardín en sombras.
Está enterrada al pie del árbol. ¿Quién?
La llave, la palabra, la sortija ...
Pero es muy tarde ya, todos se han ido,
su madre sola al pie de la escalera
es una llama que se desvanece
y crece la marea de lo obscuro
y borra los peldaños uno a uno
y se aleja el jardín y ella se aleja
en la noche embarcada ...

IV

Al pie del árbol otra vez. No hay nada:
latas, botellas rotas, un cuchillo,
los restos de un domingo ya oxidado.
Muge el toro sansón, herido y solo
por los sinfines de la noche en ruinas
y por los prados amarillos rondan
el león calvo, el tigre despintado.
Ella se aleja del jardín desierto
y por calles lluviosas llega a casa.
Llama, mas nadie le contesta; avanza
y no hay nadie detrás de cada puerta

III

Boulders and sea. The aged sun
burns the rocks the sea has turned bitter.
Stone sky. Stone sea. Nobody.
Kneeling, she digs out the sand,
digs out the stone with broken fingernails.
Why unearth statues from the dust?
The mouth of the dead is dead.
On the carpet she joins the pieces
of her endless jigsaw puzzle.
And she's always missing one piece, only one,
and no one knows where it is, a secret.
The guests talk in the drawing room.
Wind howls in the shadowy garden.
Buried at the foot of the tree . . . Who?
The key, the word, the ring . . .
But now it's late, everyone has left,
only her mother at the foot of the stairs
is a flame that vanishes
and the tide of darkness grows
and erases the stairsteps one by one
and the garden drifts off and she drifts off
sailing through the night . . .

IV

At the foot of the tree once more. There's nothing:
cans, broken bottles, a knife,
the remains of a Sunday that's already rusting.
Samson the bull bellows, wounded and alone
in the endlessness of the ruined night,
and the bald lion, the unpainted tiger
prowl through yellow meadows.
She wanders off from the deserted garden
and through rainy streets comes to her house.
She calls, but no one answers; she walks through
and there's no one behind every door

y va de nadie a puerta hasta que llega
a la última puerta, la tapiada,
la que el padre cerraba cada noche.
Busca la llave pero se ha perdido,
la golpea, la araña, la golpea,
durante siglos la golpea
y la puerta es más alta a cada siglo
y más cerrada y puerta a cada golpe.
Ella ya no la alcanza y sólo aguarda
sentada en su sillita que alguien abra:
Señor, abre las puertas de tu nube,
abre tus cicatrices mal cerradas,
llueve sobre mis senos arrugados,
llueve sobre los huesos y las piedras,
que tu semilla rompa la corteza,
la costra de mi sangre endurecida.
Devuélveme a la noche del Principio,
de tu costado desprendida sea
planeta opaco que tu luz enciende.

and she goes from no one to doorway till she reaches
the last door, the one closed-up,
the one her father locks every night.
She looks for the key, but she's lost it,
she pounds, she claws at it, she pounds,
for centuries she pounds,
and the door grows higher with every century,
more locked, more door, with every knock.
She gives up trying and sits in a little chair
waiting for someone to open:
Lord, open the doors of your cloud,
open the scars badly healed,
rain on my withered breasts,
rain on the bones and rocks,
let your seed break through the rind,
the scab of my crusted blood.
Take me back to the night of the Origin,
from your detached rib let me be
an opaque planet your light sets aflame.

El prisionero

(D.A.F. de Sade)

> à fin que ... les traces de ma tombe disparaissent de dessus la
> surface de la terre comme je me flatte que ma mémoire s'effacera
> de l'esprit des hommes ...
>
> Testamento de Sade

No te has desvanecido.
Las letras de tu nombre son todavía una cicatriz que no se cierra,
un tatuaje de infamia sobre ciertas frentes.
Cometa de pesada cola fosfórea: razones-obsesiones,
atraviesas el siglo diecinueve con una granada de verdad en la mano
y estallas al llegar a nuestra época.

Máscara que sonríe bajo un antifaz rosa,
hecho de párpados de ajusticiado,
verdad partida en mil pedazos de fuego,
¿qué quieren decir todos esos fragmentos gigantescos,
esa manada de icebergs que zarpan de tu pluma y en alta mar enfilan
    hacia costas sin nombre,
esos delicados instrumentos de cirugía para extirpar el chancro de Dios,
esos aullidos que interrumpen tus majestuosos razonamientos de
    elefante,
esas repeticiones atroces de relojería descompuesta,
toda esa oxidada herramienta de tortura?

El erudito y el poeta,
el sabio, el literato, el enamorado,
el maníaco y el que sueña en la abolición de nuestra siniestra realidad,
disputan como perros sobre los restos de tu obra.
Tú, que estabas contra todos,
eres ahora un nombre, un jefe, una bandera.

Inclinado sobre la vida como Saturno sobre sus hijos,
recorres con fija mirada amorosa
los surcos calcinados que dejan el semen, la sangre y la lava.

The Prisoner
(D.A.F. de Sade)

> *so that afterward . . . the traces of my tomb will disappear from the surface of the earth, as I like to think that all memory of me will be erased from the minds of man . . .*
>
> The Last Will and Testament of de Sade

You haven't vanished.
The letters of your name are still a scar that doesn't heal,
a tattoo of disgrace on certain faces.
Comet with a ponderous phosphorescent tail: reasons-obsessions,
you cross the nineteenth century with a grenade of truth in your hand,
and explode on arrival in our times.

Mask smiling behind a pink mask
made from the eyelids of the condemned,
truth broken in a thousand pieces of fire,
what did all those gigantic fragments mean,
that flock of icebergs setting sail from your pen in a single file across
    the seas toward shores that had no name,
those delicate surgical instruments for removing the chancre of God,
those screams that interrupted your majestic elephantine reasoning,
those atrocious repetitions of broken clockworks,
all that rusty armament of torture?

The erudite and the poet,
the sage, the man of letters, the lover,
the maniac and the dreamer of the destruction of our sinister reality,
bicker like dogs over the bones of your work.
You, who stood against them all,
have become a name, a leader, a banner.

Leaning over life like Saturn over his children,
you examine, with a fixed and loving eye,
the furrows of ash left by semen, blood, and lava.

Los cuerpos, frente a frente como astros feroces,
están hechos de la misma substancia de los soles.
Lo que llamamos amor o muerte, libertad o destino,
¿no se llama catástrofe, no se llama hecatombe?
¿Dónde están las fronteras entre espasmo y terremoto,
entre erupción y cohabitación?

Prisionero en tu castillo de cristal de roca
cruzas galerías, cámaras, mazmorras,
vastos patios donde la vid se enrosca a columnas solares,
graciosos cementerios donde danzan los chopos inmóviles.
Muros, objetos, cuerpos te repiten.
¡Todo es espejo!
Tu imagen te persigue.

El hombre está habitado por silencio y vacío.
¿Cómo saciar su hambre,
cómo poblar su vacío?
¿Cómo escapar a mi imagen?
En el otro me niego, me afirmo, me repito,
sólo su sangre da fe de mi existencia.
Justina sólo vive por Julieta,
las víctimas engendran los verdugos.
El cuerpo que hoy sacrificamos
¿no es el Dios que mañana sacrifica?
La imaginación es la espuela del deseo,
su reino es inagotable e infinito como el fastidio,
su reverso y gemelo.

Muerte o placer, inundación o vómito,
otoño parecido al caer de los días,
volcán o sexo,
soplo, verano que incendia las cosechas,
astros o colmillos,
petrificada cabellera del espanto,
espuma roja del deseo, matanza en alta mar,

The bodies, facing each other like wild stars,
are made of the same stuff as the suns.
We call it love or death, freedom or fate,
but is it not catastrophe, is it not the hecatomb?
Where are the borders between spasm and earthquake,
eruption and copulation?

Prisoner in your rock crystal castle,
you move through corridors, chambers, dungeons,
enormous courtyards where vines wind around solar pillars,
charming cemeteries where unmoving poplars dance.
Walls, objects, bodies reflect you.
Everything is a mirror!
Your image chases you.

Man is inhabited by silence and space.
How to sate his hunger,
how to populate his space?
How to escape my own image?
I negate, affirm, repeat myself in the other,
only his blood has faith in my existence.
Justine lives only through Juliette,
the victims engender the executioners.
The body we sacrifice today,
is it not the God who sacrifices tomorrow?
Imagination is the spur of desire,
its kingdom is as inexhaustible and infinite as boredom,
its opposite and twin.

Death or pleasure, flood or vomit,
autumn like the fall of the days,
volcano or sex,
puff of wind, summer that sets fire to the harvests,
stars or teeth,
petrified hair of fear,
red foam of desire, slaughter on the high seas,

rocas azules del delirio,
formas, imágenes, burbujas, hambre de ser,
eternidades momentáneas,
desmesuras: tu medida de hombre.
Atrévete:
sé el arco y la flecha, la cuerda y el ay.
El sueño es explosivo. Estalla. Vuelve a ser sol.

En tu castillo de diamante tu imagen se destroza y se rehace,
    infatigable.

Paris, 1947

blue rocks of delirium,
forms, images, bubbles, the hunger to be,
momentary eternities,
excesses: your measure of man.
Dare to do it:
be the bow and the arrow, the string and the "ay!"
Dream is explosive. Explode. Be a sun again.

In your diamond castle, your image destroys itself, remakes itself, and
is never weary.

Paris, 1947

FROM

¿ÁGUILA O SOL?

❖❖ ❖❖

EAGLE OR SUN?

[1949–1950]

de *Trabajos del poeta*

III

Todos habían salido de casa. A eso de las once advertí que me había fumado el último cigarrillo. Como no deseaba exponerme al viento y al frío, busqué por todos los rincones una cajetilla, sin encontrarla. No tuve más remedio que ponerme el abrigo y descender la escalera (vivo en un quinto piso). La calle, una hermosa calle de altos edificios de piedra gris y dos hileras de castaños desnudos, estaba desierta. Caminé unos trescientos metros contra el viento helado y la niebla amarillenta, sólo para encontrar cerrado el estanco. Dirigí mis pasos hacia un café próximo, en donde estaba seguro de hallar un poco de calor, de música y sobre todo los cigarrillos, objeto de mi salida. Recorrí dos calles más, tiritando, cuando de pronto sentí—no, no sentí: pasó, rauda, la Palabra. Lo inesperado del encuentro me paralizó por un segundo, que fue suficiente para darle tiempo de volver a la noche. Repuesto, alcancé a cogerla por las puntas del pelo flotante. Tiré desesperadamente de esas hebras que se alargaban hacia el infinito, hilos de telégrafo que se alejan irremediablemente con un paisaje entrevisto, nota que sube, se adelgaza, se estira, se estira ... Me quedé solo en mitad de la calle, con una pluma roja entre las manos amoratadas.

IV

Echado en la cama, pido el sueño bruto, el sueño de la momia. Cierro los ojos y procuro no oír el tam-tam que suena en no sé qué rincón de la pieza. «El silencio está lleno de ruidos—me digo—y lo que oyes, no lo oyes de verdad. Oyes al silencio.» Y el tam-tam continúa, cada vez más fuerte: es un ruido de cascos de caballo galopando en un campo de piedra; es una hacha que no acaba de derribar un árbol gigante; una prensa de imprenta imprimiendo un solo verso inmenso, hecho nada más de una sílaba, que rima con el golpe de mi corazón; es mi corazón que golpea la roca y la cubre con una andrajosa túnica de espuma; es el mar, la resaca del mar encadenado, que cae y se levanta, que se levanta y cae, que cae y se levanta; son las grandes paletadas del silencio cayendo en el silencio.

from *The Poet's Work*

III

Everyone had left the house. Around eleven I noticed that I had smoked my last cigarette. Not wanting to go out in the wind and cold, I searched everywhere for a pack, with no luck. There was nothing to do but put on my overcoat and go downstairs (I live on the fifth floor). The street, a beautiful street with tall buildings of gray stone and two rows of bare chestnut trees, was deserted. I walked about three hundred yards against the freezing wind and yellowish fog only to find the shop closed. I turned toward a nearby café where I was sure to find a little warmth, some music and, above all, cigarettes, the object of my search. I walked two more blocks, shivering, when suddenly I felt—no, I didn't feel it: it suddenly went by: the Word. The unexpectedness of the encounter paralyzed me for a second, long enough to give it time to go back into the night. Recovering, I reached out and grabbed it by the tips of its floating hair. I pulled desperately at those threads that stretched toward the infinite, telegraph wires that inevitably recede in a glimpsed landscape, a note that rises, tapers off, stretches out, stretches out ... I was alone in the middle of the street, with a red feather in my cold blue hands.

IV

Lying in bed, I crave the brute sleep, the mummy's sleep. I close my eyes and try not to hear that tapping in some corner of the room. "Silence is full of sounds," I tell myself, "and what you hear, you don't really hear. You hear the silence." And the tapping continues, louder each time: it is the sound of horses' hooves galloping on a field of stone; it is an ax that cannot fell a giant tree; a printing press printing a single immense verse made up of nothing but one syllable that rhymes with the beat of my heart; it is my heart that pounds the rocks and covers them with a ragged coat of foam; it is the sea, the undertow of the chained sea that falls and rises, that rises and falls, that falls and rises; it is the great shovelfuls of silence falling in the silence.

VII

Escribo sobre la mesa crepuscular, apoyando fuerte la pluma sobre su pecho casi vivo, que gime y recuerda al bosque natal. La tinta negra abre sus grandes alas. La lámpara estalla y cubre mis palabras una capa de cristales rotos. Un fragmento afilado de luz me corta la mano derecha. Continúo escribiendo con ese muñón que mana sombra. La noche entra en el cuarto, el muro de enfrente adelanta su jeta de piedra, grandes témpanos de aire se interponen entre la pluma y el papel. Ah, un simple monosílabo bastaría para hacer saltar al mundo. Pero esta noche no hay sitio para una sola palabra más.

XI

Ronda, se insinúa, se acerca, se aleja, vuelve de puntillas y, si alargo la mano, desaparece, una Palabra. Sólo distingo su cresta orgullosa: Cri. ¿Cristo, cristal, crimen, Crimea, crítica, Cristina, criterio? Y zarpa de mi frente una piragua, con un hombre armado de una lanza. La leve y frágil embarcación corta veloz las olas negras, las oleadas de sangre negra de mis sienes. Y se aleja hacia dentro. El cazador-pescador escruta la masa sombría y anubarrada del horizonte, henchido de amenazas; hunde los ojos sagaces en la rencorosa espuma, aguza el oído, olfatea. A veces cruza la obscuridad un destello vivaz, un aletazo verde y escamado. Es el Cri, que sale un momento al aire, respira y se sumerge de nuevo en las profundidades. El cazador sopla el cuerno que lleva atado al pecho, pero su enlutado mugido se pierde en el desierto de agua. No hay nadie en el inmenso lago salado. Y está muy lejos ya la playa rocallosa, muy lejos las débiles luces de las casuchas de sus compañeros. De cuando en cuando el Cri reaparece, deja ver su aleta nefasta y se hunde. El remero fascinado lo sigue, hacia dentro, cada vez más hacia dentro.

XII

Luego de haber cortado todos los brazos que se tendían hacia mí; luego de haber tapiado todas las ventanas y puertas; luego de haber inundado con agua envenenada los fosos; luego de haber edificado mi casa en la roca de un No inaccesible a los halagos y al miedo; luego de haberme cortado la lengua y luego de haberla devorado; luego de haber arrojado puñados de silencio y monosílabos de desprecio a mis amores; luego de haber olvidado mi nombre y el nombre de mi lugar natal y el nombre de mi estirpe; luego

VII

I write on the twilit table, my pen pushing heavily on its chest that is almost living, that moans and remembers the forest of its birth. Great wings of black ink unfold. The lamp explodes and covers my words with a cape of broken glass. A sharp sliver of light cuts off my right hand. I keep writing with this stump that oozes shadows. Night enters the room, the opposite wall puckers its thick stone lips, great blocks of air come between my pen and the paper. A simple monosyllable would be enough to make the world leap. But tonight there's no room for a single word more.

XI

It hovers, creeps in, comes close, withdraws, turns on tiptoe and, if I reach out my hand, disappears: a Word. I can only make out its proud crest: Cri. Cricket, Cripple, Crime, Crimea, Critic, Crisis, Criterion? A canoe sets out from my forehead carrying a man armed with a spear. The light, fragile boat nimbly cuts the black waves, the swells of black blood in my temples. It moves off further inward. The hunter-fisherman studies the gloomy, cloudy mass of the horizon, full of threats; he sinks his keen eyes into the angry foam, he perks his head and listens, he sniffs. At times a bright flash crosses the darkness, a green and scaly flutter. It is Cri, who leaps for a second into the air, breathes, and submerges again in the depths. The hunter blows the horn he carries strapped to his chest, but its mournful bellow is lost in the wilderness of water. There is no one on the great salt lake. And the rocky shore is far off, far off the faint lights from the huts of his companions. From time to time Cri reappears, shows his fateful fin, and sinks again. The oarsman, fascinated, follows him inward, each time further inward.

XII

After chopping off all the arms that reached out to me; after boarding up all the windows and doors; after filling all the ditches with poisoned water; after building my house on the rock of a No inaccessible to flattery and fear; after cutting out my tongue and eating it; after hurling handfuls of silence and monosyllables of scorn at my loves; after forgetting my name and the name of my birthplace and the name of my race; after judging and sentencing myself to

de haberme juzgado y haberme sentenciado a perpetua espera y a soledad perpetua, oí contra las piedras de mi calabozo de silogismos la embestida húmeda, tierna, insistente, de la primavera.

XIV
Difícilmente, avanzando milímetros por año, me hago un camino entre la roca. Desde hace milenios mis dientes se gastan y mis uñas se rompen para llegar allá, al otro lado, a la luz y el aire libre. Y ahora que mis manos sangran y mis dientes tiemblan, inseguros, en una cavidad rajada por la sed y el polvo, me detengo y contemplo mi obra: he pasado la segunda parte de mi vida rompiendo las piedras, perforando las murallas, taladrando las puertas y apartando los obstáculos que interpuse entre la luz y yo durante la primera parte de mi vida.

Paseo nocturno

La noche extrae de su cuerpo una hora y otra. Todas diversas y solemnes. Uvas, higos, dulces gotas de negrura pausada. Fuentes: cuerpos. Entre las piedras del jardín en ruinas el viento toca el piano. El faro alarga el cuello, gira, se apaga, exclama. Cristales que empaña un pensamiento, suavidades, invitaciones: oh noche, hoja inmensa y luciente, desprendida del árbol invisible que crece en el centro del mundo.

Y al dar la vuelta, las Apariciones: la muchacha que se vuelve un montón de hojas secas si la tocas; el desconocido que se arranca la máscara y se queda sin rostro, viéndote fijamente; la bailarina que da vueltas sobre la punta de un grito; el ¿quién vive?, el ¿quién eres?, el ¿dónde estoy?; la joven que avanza como un rumor de pájaros; el torreón derruido de ese pensamiento inconcluso, abierto contra el cielo como un poema partido en dos ... No, ninguna es la que esperas, la dormida, la que te espera en los repliegues de su sueño.

Y al dar la vuelta, terminan los Verdores y empiezan las piedras. No hay nada, no tienes nada que darle al desierto: ni una gota de agua ni una gota de sangre. Con los ojos vendados avanzas por corredores, plazas, callejas donde conspiran tres estrellas astrosas. El río habla en voz baja. A tu izquierda y derecha, atrás y adelante, cuchicheos y risas

perpetual waiting and perpetual loneliness, I heard against the stones of my dungeon of syllogisms the humid, tender, insistent onset of spring.

XIV

With great difficulty, advancing by inches every year, I carve a road out of the rock. For millennia my teeth have worn down and my nails broken to get there, to the other side, to the light and the open air. And now that my hands bleed and my teeth tremble, wobbly, in a cavity cracked by thirst and dust, I pause and contemplate my work: I have spent the second part of my life breaking the stones, drilling through the walls, smashing the doors, and removing the obstacles I placed between the light and myself in the first part of my life.

A Walk at Night

The night draws from its body one hour after another. Each different, each solemn. Grapes, figs, sweet drops of quiet blackness. Fountains: bodies. Among the stones in the ruined garden, the wind plays the piano. The lighthouse stretches its neck, turns, goes out, cries out. Crystals a thought dims, softness, invitations: the night, immense and shining leaf plucked from the invisible tree that grows at the center of the world.

Around the corner, the Apparitions: the girl who turns into a pile of withered leaves if you touch her; the stranger who pulls off his mask and is faceless, staring at you fixedly; the ballerina who spins on the point of a scream; the who's there?, the who are you?, the where am I?; the girl who moves like a murmur of birds; the great tower destroyed by an inconclusive thought, open to the sky like a poem split in two ... No, none of these is the one you wait for, the sleeper who waits for you in the folds of her dream.

Around the corner, Lushness ends and the stones begin. There is nothing, you have nothing to give to the desert: neither a drop of water nor a drop of blood. You move with bandaged eyes through corridors, plazas, alleyways where three despicable stars conspire. The river speaks in a low voice. To your left and right, in front of you and

innobles. El monólogo te acecha a cada paso, con sus exclamaciones, sus signos de interrogación, sus nobles sentimientos, sus puntos sobre las íes en mitad de un beso, su molino de lamentos y su repertorio de espejos rotos. Prosigue: nada tienes que decirte a ti mismo.

Llano

El hormiguero hace erupción. La herida abierta borbotea, espumea, se expande, se contrae. El sol a estas horas no deja nunca de bombear sangre, con las sienes hinchadas, la cara roja. Un niño—ignorante de que en un recodo de la pubertad lo esperan unas fiebres y un problema de conciencia—coloca con cuidado una piedrecita en la boca despellejada del hormiguero. El sol hunde sus picas en las jorobas del llano, humilla promontorios de basura. Resplandor desenvainado, los reflejos de una lata vacía—erguida sobre una pirámide de piltrafas—acuchillan todos los puntos del espacio. Los niños buscadores de tesoros y los perros sin dueño escarban en el amarillo esplendor del pudridero. A trescientos metros la iglesia de San Lorenzo llama a misa de doce. Adentro, en el altar de la derecha, hay un santo pintado de azul y rosa. De su ojo izquierdo brota un enjambre de insectos de alas grises, que vuelan en línea recta hacia la cúpula y caen, hechos polvo, silencioso derrumbe de armaduras tocadas por la mano del sol. Silban las sirenas de las torres de las fábricas. Falos decapitados. Un pájaro vestido de negro vuela en círculos y se posa en el único árbol vivo del llano. Después . . . No hay después. Avanzo, perforo grandes rocas de años, grandes masas de luz compacta, desciendo galerías de minas de arena, atravieso corredores que se cierran como labios de granito. Y vuelvo al llano, al llano donde siempre es mediodía, donde un sol idéntico cae fijamente sobre un paisaje detenido. Y no acaban de caer las doce campanadas, ni de zumbar las moscas, ni de estallar en astillas este minuto que no pasa, que sólo arde y no pasa.

behind, whispers and cruel laughter. The monologue traps you at every step with its exclamations, its question marks, its noble sentiments, its dots over the *i*'s in the middle of a kiss, its mill of laments, and its repertory of broken mirrors. Go on: you have nothing to say to yourself.

Plain

The anthill erupts. The open wound gushes, foams, expands, contracts. The sun at these times never stops pumping blood, temples swollen, face red. A boy—unaware that, in some corner of puberty, fevers and a problem of conscience await him—carefully places a small stone on the flayed mouth of the anthill. The sun buries its lances in the humps of the plain, humbling promontories of garbage. Splendor unsheathed, the reflections from an empty can—high on a pyramid of scraps— pierce every point of space. Treasure-hunting children and stray dogs poke in the yellow radiance of the rot. A thousand feet away, the church of San Lorenzo calls the twelve o'clock Mass. Inside, on the altar to the right, there is a saint painted blue and pink. From his left eye stream gray-winged insects that fly in a straight line to the dome and fall, turned to dust, a silent landslide of armor touched by the sun's hand. Whistles blow in the towers of the factories. Decapitated pricks. A bird, dressed in black, flies in circles and rests on the only living tree on the plain. And then ... There is no then. I move forward, I pierce great rocks of years, great masses of compacted light, I go down into galleries of mines of sand, I travel corridors that close on themselves like granite lips. And I return to the plain, to the plain where it is always noon, where an identical sun shines relentlessly on an unmoving landscape. And the ringing of the twelve bells never stops, nor the buzzing of the flies, nor the explosion of this minute that never passes, that only burns and never passes.

Mariposa de obsidiana

Mataron a mis hermanos, a mis hijos, a mis tíos. A la orilla del lago de Texcoco me eché a llorar. Del Peñón subían remolinos de salitre. Me cogieron suavemente y me depositaron en el atrio de la Catedral. Me hice tan pequeña y tan gris que muchos me confundieron con un montoncito de polvo. Sí, yo misma, la madre del pedernal y de la estrella, yo, encinta del rayo, soy ahora la pluma azul que abandona el pájaro en la zarza. Bailaba, los pechos en alto y girando, girando, girando hasta quedarme quieta; entonces empezaba a echar hojas, flores, frutos. En mi vientre latía el águila. Yo era la montaña que engendra cuando sueña, la casa del fuego, la olla primordial donde el hombre se cuece y se hace hombre. En la noche de las palabras degolladas mis hermanas y yo, cogidas de la mano, saltamos y cantamos alrededor de la I, única torre en pie del alfabeto arrasado. Aún recuerdo mis canciones:

> Canta en la verde espesura
> la luz de garganta dorada,
> la luz, la luz decapitada.

Nos dijeron: una vereda derecha nunca conduce al invierno. Y ahora las manos me tiemblan, las palabras me cuelgan de la boca. Dame una sillita y un poco de sol.

En otros tiempos cada hora nacía del vaho de mi aliento, bailaba un instante sobre la punta de mi puñal y desaparecía por la puerta resplandeciente de mi espejito. Yo era el mediodía tatuado y la medianoche desnuda, el pequeño insecto de jade que canta entre las yerbas del amanecer y el cenzontle de barro que convoca a los muertos. Me bañaba en la cascada solar, me bañaba en mí misma, anegada en mi propio resplandor. Yo era el pedernal que rasga la cerrazón nocturna y abre las puertas del chubasco. En el cielo del Sur planté jardines de fuego, jardines de sangre. Sus ramas de coral todavía rozan la frente de los enamorados. Allá el amor es el encuentro en mitad del espacio de dos aerolitos y no esa obstinación de piedras frotándose para arrancarse un beso que chisporrotea.

Cada noche es un párpado que no acaban de atravesar las espinas. Y el día no acaba nunca, no acaba nunca de contarse a sí mismo, roto en monedas de cobre. Estoy cansada de tantas cuentas de piedra despa-

Obsidian Butterfly

They killed my brothers, my children, my uncles. On the banks of Lake Texcoco I began to weep. Whirlwinds of saltpeter rose from Peñon hill, gently picked me up, and left me in the courtyard of the Cathedral. I made myself so small and gray that many mistook me for a pile of dust. Yes, I, mother of flint and star, I, bearer of the ray, am now but a blue feather that a bird loses in the brambles. Once, I would dance, my breasts high and turning, turning, turning until I became still, and then I would sprout leaves, flowers, fruit. The eagle throbbed in my belly. I was the mountain that creates you as it dreams, the house of fire, the primordial pot where man is cooked and becomes man. In the night of the decapitated words my sisters and I, hand in hand, leapt and sang around the I, the only standing tower in the razed alphabet. I still remember my songs:

> Light, headless light
> Golden-throated light
> Sings in the thicket green

They told us: the straight path never leads to winter. And now my hands tremble, the words are caught in my throat. Give me a chair and a little sun.

In other times, every hour was born from the vapor of my breath, danced awhile on the point of my dagger, and disappeared through the shining door of my hand mirror. I was the tattooed noon and naked midnight, the little jade insect that sings in the grass at dawn, and the clay nightingale that summons the dead. I bathed in the sun's waterfall, I bathed in myself, soaked in my own splendor. I was the flint that scrapes the storm clouds of night and opens the doors of the showers. I planted gardens of fire, gardens of blood, in the Southern sky. Its coral branches still graze the foreheads of lovers. There, love is the meeting of two meteors in the middle of space, and not this obstinacy of rocks rubbing each other to ignite a sparking kiss.

Each night is an eyelid the thorns never stop piercing. And the day never ends, never stops counting itself, broken into copper coins. I am tired of so many stone beads scattered in the dust. I am tired of

rramadas en el polvo. Estoy cansada de este solitario trunco. Dichoso el alacrán madre, que devora a sus hijos. Dichosa la araña. Dichosa la serpiente, que muda de camisa. Dichosa el agua que se bebe a sí misma. ¿Cuándo acabarán de devorarme estas imágenes? ¿Cuándo acabaré de caer en esos ojos desiertos?

Estoy sola y caída, grano de maíz desprendido de la mazorca del tiempo. Siémbrame entre los fusilados. Naceré del ojo del capitán. Lluéveme, asoléame. Mi cuerpo arado por el tuyo ha de volverse un campo donde se siembra uno y se cosecha ciento. Espérame al otro lado del año: me encontrarás como un relámpago tendido a la orilla del otoño. Toca mis pechos de yerba. Besa mi vientre, piedra de sacrificios. En mi ombligo el remolino se aquieta: yo soy el centro fijo que mueve la danza. Arde, cae en mí: soy la fosa de cal viva que cura los huesos de su pesadumbre. Muere en mis labios. Nace en mis ojos. De mi cuerpo brotan imágenes: bebe en esas aguas y recuerda lo que olvidaste al nacer. Yo soy la herida que no cicatriza, la pequeña piedra solar: si me rozas, el mundo se incendia.

Toma mi collar de lágrimas. Te espero en ese lado del tiempo en donde la luz inaugura un reinado dichoso: el pacto de los gemelos enemigos, el agua que escapa entre los dedos y el hielo, petrificado como un rey en su orgullo. Allí abrirás mi cuerpo en dos, para leer las letras de tu destino.

La higuera

En Mixcoac, pueblo de labios quemados, sólo la higuera señalaba los cambios del año. La higuera, seis meses vestida de un sonoro vestido verde y los otros seis carbonizada ruina del sol de verano.

Encerrado en cuatro muros (al norte, el cristal del no saber, paisaje por inventar; al sur, la memoria cuarteada; al este, el espejo; al oeste, la cal y el canto del silencio) escribía mensajes sin respuesta, destruidos apenas firmados. Adolescencia feroz: el hombre que quiere ser, y que ya no cabe en ese cuerpo demasiado estrecho, estrangula al niño que somos. (Todavía, al cabo de los años, el que voy a ser, y que no será nunca, entra a saco en el que fui, arrasa mi estar, lo deshabita, malbarata riquezas, comercia con la

this unfinished solitaire. Lucky the mother scorpion who devours her young. Lucky the spider. Lucky the snake that sheds its skin. Lucky the water that drinks itself. When will these images stop devouring me? When will I stop failing in those empty eyes?

I am alone and fallen, a kernel of corn pulled from the ear of time. Sow me among the battle dead. I will be born in the captain's eye. Rain down on me, give me sun. My body, plowed by your body, will turn into a field where one is sown and a hundred reaped. Wait for me on the other side of the year: you will meet me like a lightning flash stretched out on the bank of autumn. Touch my grass breasts. Kiss my belly, sacrificial stone. In my navel the whirlwind grows calm: I am the fixed center that moves the dance. Burn, fall into me: I am the pit of living lime that cures the bones of their afflictions. Die in my lips. Rise from my eyes. Images gush from my body: drink in these waters and remember what you forgot at birth. I am the wound that does not heal, the small solar stone: if you strike me, the world will go up in flames.

Take my necklace of tears. I wait for you on this side of time where light has inaugurated a joyous reign: the covenant of the enemy twins, water, that escapes between our fingers, and ice, petrified like a king in his pride. There you will split my body in two and read the inscription of your fate.

The Fig Tree

In Mixcoac, village of burnt lips, only the fig tree marked the year's changes. The fig tree, six months dressed in sonorous green, the other six a charred ruin of the summer sun.

Enclosed by four walls (to the north: the crystal of ignorance, a landscape to invent; to the south: quartered memory; to the east: the mirror; to the west: the stone masonry of silence) I wrote answerless messages, barely signed before they were destroyed. Ferocious adolescence: the man who wants to be still does not fit in that elongated body, and strangles the child we are. (Still, after all the years, he who I will be and who I will never be pillages the he who I was, destroys

Muerte.) Pero en ese tiempo la higuera llegaba hasta mi encierro y tocaba insistente los vidrios de la ventana, llamándome. Yo salía y penetraba en su centro: sopor visitado de pájaros, vibraciones de élitros, entrañas de fruto goteando plenitud.

En los días de calma la higuera era una petrificada carabela de jade, balanceándose imperceptiblemente, atada al muro negro, salpicado de verde por la marea de la primavera. Pero si soplaba el viento de marzo, se abría paso entre la luz y las nubes, hinchadas las verdes velas. Yo me trepaba a su punta y mi cabeza sobresalía entre las grandes hojas, picoteada de pájaros, coronada de vaticinios.

¡Leer mi destino en las líneas de la palma de una hoja de higuera! Te prometo luchas y un gran combate solitario contra un ser sin cuerpo. Te prometo una tarde de toros y una cornada y una ovación. Te prometo el coro de los amigos, la caída del tirano y el derrumbe del horizonte. Te prometo el destierro y el desierto, la sed y el rayo que parte en dos la roca: te prometo el chorro de agua. Te prometo la llaga y los labios, un cuerpo y una visión. Te prometo una flotilla navegando por un río turquesa, banderas y un pueblo libre a la orilla. Te prometo unos ojos inmensos, bajo cuya luz has de tenderte, árbol fatigado. Te prometo el hacha y el arado, la espiga y el canto, te prometo grandes nubes, canteras para el ojo, y un mundo por hacer.

Hoy la higuera golpea en mi puerta y me convida. ¿Debo coger el hacha o salir a bailar con esa loca?

Dama huasteca

Ronda por las orillas, desnuda, saludable, recién salida del baño, recién nacida de la noche. En su pecho arden joyas arrancadas al verano. Cubre su sexo la yerba lacia, la yerba azul, casi negra, que crece en los bordes del volcán. En su vientre un águila despliega sus alas, dos banderas enemigas se enlazan, reposa el agua. Viene de lejos, del país húmedo. Pocos la han visto. Diré su secreto: de día, es una piedra al lado del camino; de noche, un río que fluye al costado del hombre.

my being, depopulates it, squanders riches, trades with Death.) But in those days the fig tree reached to my cell and insistently tapped on my windowpane, calling me. I would go out and penetrate its center: lethargy visited by birds, elytra vibrations, entrails of fruit dripping plenty.

On calm days the fig tree was a petrified caravel of jade, imperceptibly balancing itself, tied to the black wall, splashed with green from the tide of spring. But when the March wind blew, a path would open between the light and the clouds, swelling the green sails. I would climb to the top, my head sticking out from the big leaves, pecked by birds, crowned with divination.

To read my fate in the lines of a fig leaf palm! I see combat and a great solitary battle with a bodiless being. I see an afternoon of bulls, a goring, and an ovation. I see a choir of friends, the fall of the tyrant, and the collapse of the horizon. I see exile and the desert, thirst and the lightning ray that splits the rock in two: I see the spout of water. I see the wound and the lips, a body and a vision. I see a flotilla sailing up a turquoise river, flags, and a free people on the bank. I see giant eyes beneath whose light you must lie down like a tired tree. I see the ax and the plow, the grain and the song, I see great clouds, quarries for the eye, and a world to make.

Today the fig tree knocks on my door, inviting me. Should I grab my ax, or go out dancing with that fool?

Huastec Lady

She walks along the riverbank, naked, healthy, newly bathed, newly born from the night. On her breast burn jewels wrenched from summer. Covering her sex, the withered grass, the blue, almost black grass that grows on the rim of the volcano. On her belly an eagle spreads its wings, two enemy flags entwine, and water rests. She comes from afar, from the humid country. Few have seen her. I will tell her secret: by day, she is a stone on the side of the road; by night, a river that flows to the side of man.

Hacia el poema
(Puntos de partida)

I

Palabras, ganancias de un cuarto de hora arrancado al árbol calcinado del lenguaje, entre los buenos días y las buenas noches, puertas de entrada y salida y entrada de un corredor que va de ningunaparte a ningunlado.

Damos vueltas y vueltas en el vientre animal, en el vientre mineral, en el vientre temporal. Encontrar la salida: el poema.

Obstinación de ese rostro donde se quiebran mis miradas. Frente armada, invicta ante un paisaje en ruinas, tras el asalto al secreto. Melancolía de volcán.

La benévola jeta de piedra de cartón del Jefe, del Conductor, fetiche del siglo; los yo, tú, él, tejedores de telarañas, pronombres armados de uñas; las divinidades sin rostro, abstractas. Él y nosotros, Nosotros y Él: nadie y ninguno. Dios padre se venga en todos estos ídolos.

El instante se congela, blancura compacta que ciega y no responde y se desvanece, témpano empujado por corrientes circulares. Ha de volver.

Arrancar las máscaras de la fantasía, clavar una pica en el centro sensible: provocar la erupción.

Cortar el cordón umbilical, matar bien a la Madre: crimen que el poeta moderno cometió por todos, en nombre de todos. Toca al nuevo poeta descubrir a la Mujer.

Hablar por hablar, arrancar sones a la desesperada, escribir al dictado lo que dice el vuelo de la mosca, ennegrecer. El tiempo se abre en dos: hora del salto mortal.

II

Palabras, frases, sílabas, astros que giran alrededor de un centro fijo. Dos cuerpos, muchos seres que se encuentran en una palabra. El papel se cubre de letras indelebles, que nadie dijo, que nadie dictó, que han caído allí y arden y queman

Toward the Poem
(Starting-points)

I

Words, the profits of a quarter-hour wrenched from the charred tree of language, between the good mornings and the good nights, doors that enter and exit and enter on a corridor that goes from noplace to nowhere.

We turn and turn in the animal belly, in the mineral belly, in the belly of time. To find the way out: the poem.

Stubbornness of that face where my glances are broken. Armed mind, unconquered before a countryside in ruins, after the secret assault. The melancholy of the volcano.

The benevolent papier-mâché pout of the Chief; the Leader, fetish of the century: the I, you, he, spinners of spider webs, pronouns armed with fingernails; faceless, abstract gods. He and we, We and He, nobody and no one. God the Father avenges himself in all these idols.

The moment freezes, compact whiteness that blinds and does not answer and dissolves, iceberg pushed by circular currents. It must return.

To rip off the masks of fantasy, to drive a spike into the sensitive center: to provoke the eruption.

To cut the umbilical cord, to kill the Mother: the crime that the modern poet has committed for all, in the name of all. The young poet must discover Woman.

To speak for speaking, to wrench sounds from the desperate, to take dictation from the flight of a fly, to blacken. Time splits in two: hour of the somersault.

II

Words, phrases, syllables, stars that turn around a fixed center. Two bodies, many beings that meet in a word. The paper is covered with indelible letters that no one spoke, that no one dictated, that have fallen there and ignite and

y se apagan. Así pues, existe la poesía, el amor existe. Y si yo no existo, existes tú.

Por todas partes los solitarios forzados empiezan a crear las palabras del nuevo diálogo.

El chorro de agua. La bocanada de salud. Una muchacha reclinada sobre su pasado. El vino, el fuego, la guitarra, la sobremesa. Un muro de terciopelo rojo en una plaza de pueblo. Las aclamaciones, la caballería reluciente entrando a la ciudad, el pueblo en vilo: ¡himnos! La irrupción de lo blanco, de lo verde, de lo llameante. Lo demasiado fácil, lo que se escribe solo: la poesía.

El poema prepara un orden amoroso. Preveo un hombre-sol y una mujer-luna, el uno libre de su poder, la otra libre de su esclavitud, y amores implacables rayando el espacio negro. Todo ha de ceder a esas águilas incandescentes.

Por las almenas de tu frente el canto alborea. La justicia poética incendia campos de oprobio: no hay sitio para la nostalgia, el yo, el nombre propio.

Todo poema se cumple a expensas del poeta.

Mediodía futuro, árbol inmenso de follaje invisible. En las plazas cantan los hombres y las mujeres el canto solar, surtidor de transparencias. Me cubre la marejada amarilla: nada mío ha de hablar por mi boca.

Cuando la Historia duerme, habla en sueños: en la frente del pueblo dormido el poema es una constelación de sangre. Cuando la Historia despierta, la imagen se hace acto, acontece el poema: la poesía entra en acción.

Merece lo que sueñas.

burn and go out. This is how poetry exists, how love exists. And if I don't exist, you do.

Everywhere solitary prisoners begin to create the words of the new dialogue.

The spring of water. The mouthful of health. A girl reclining on her past. The wine, the fire, the guitar, the tablecloth. A red velvet wall in a village square. The cheers, the shining cavalry entering the city, the citizens in flight: hymns! Eruption of the white, the green, the flaming. Poetry: the easiest thing, that which writes itself.

The poem creates a loving order. I foresee a sun-man and a moon-woman, he free of his power, she of her slavery, and unyielding loves flashing through black space. Everything must yield to those incandescent eagles.

Song dawns on the turrets of your head. Poetic justice burns fields of shame: there is no room for nostalgia, for the I, for proper nouns.

Every poem is finished at the poet's expense.

Future noon, huge tree of invisible leaves. In the plazas, men and women sing the solar song, fountain of transparencies. The yellow surf covers me: nothing that is mine will speak through my mouth.

When History sleeps, it speaks in dreams: on the forehead of the sleeping people, the poem is a constellation of blood. When History wakes, image becomes act, the poem happens: poetry moves into action.

Deserve your dream.

Poems
[1948–1957]

de Semillas para un himno [1950–1954]

El día abre la mano
Tres nubes
Y estas pocas palabras

Fábula
A Álvaro Mutis

Edades de fuego y de aire
Mocedades de agua
Del verde al amarillo
                Del amarillo al rojo
Del sueño a la vigilia
                Del deseo al acto
Sólo había un paso que tú dabas sin esfuerzo
Los insectos eran joyas animadas
El calor reposaba al borde del estanque
La lluvia era un sauce de pelo suelto
En la palma de tu mano crecía un árbol
Aquel árbol cantaba reía y profetizaba
Sus vaticinios cubrían de alas el espacio
Había milagros sencillos llamados pájaros
Todo era de todos
                Todos eran todo
Sólo había una palabra inmensa y sin revés
Palabra como un sol
Un día se rompió en fragmentos diminutos
Son las palabras del lenguaje que hablamos
Fragmentos que nunca se unirán
Espejos rotos donde el mundo se mira destrozado

from SEEDS FOR A HYMN [1950–1954]

❖❖ ❖❖

The day opens its hand
Three clouds
And these few words

Fable
for Álvaro Mutis

Ages of fire and of air
Youth of water
From green to yellow
                              From yellow to red
From dream to watching
                              From desire to the act
It was only one step and you took it so lightly
Insects were living jewels
The heat rested by the side of the pond
Rain was a willow with unpinned hair
A tree grew in the palm of your hand
And that tree sang laughed and prophesied
Its divinations filled the air with wings
There were simple miracles called birds
Everything was everyone's
                              Everyone was everything
There was only one huge word with no other side to it
A word like a sun
One day it broke into tiny pieces
They're the words of the language we now speak
Pieces that will never come together
Broken mirrors where the word sees itself shattered

❖ ❖

Una mujer de movimientos de río
De transparentes ademanes de agua
Una muchacha de agua
Donde leer lo que pasa y no regresa
Un poco de agua donde los ojos beban
Donde los labios de un solo sorbo beban
El árbol la nube el relámpago
Yo mismo y la muchacha

❖ ❖

Un día se pierde
En el cielo hecho de prisa
La luz no deja huellas en la nieve
Un día se pierde
Abrir y cerrar de puertas
La semilla del sol se abre sin ruido
Un día comienza
La niebla asciende la colina
Un hombre baja por el río
Los dos se encuentran en tus ojos
Y tú te pierdes en el día
Cantando en el follaje de la luz
Tañen campanas allá lejos
Cada llamada es una ola
Cada ola sepulta para siempre
Un gesto una palabra la luz contra la nube
Tú ríes y te peinas distraída
Un día comienza a tus pies
Pelo mano blancura no son nombres
Para este pelo esta mano esta blancura
Lo visible y palpable que está afuera

✤ ✤

A woman who moves like a river
With transparent gestures of water
A girl of water
Where one reads what has happened and what won't come back
A little water where eyes drink
Where lips in one long sip drink
The tree the cloud the lightning flash
I myself and the girl

✤ ✤

A day is lost
In a sky of hurrying
The light leaves no footprints in the snow
A day is lost
Doors open and close
The seed of the sun soundlessly opens
A day begins
The mist climbs the hill
A man goes down to the river
They both meet in your eyes
And you are lost in the day
Singing in the foliage of light
Bells sound in the distance
Each toll is a wave
Each wave forever buries
A gesture a word the light against the clouds
You laugh and comb your hair distracted
A day begins at your feet
Hair hand whiteness are not the words
For this hair this hand this whiteness
The visible and the tangible that are outside

Lo que está adentro y sin nombre
A tientas se buscan en nosotros
Siguen la marcha del lenguaje
Cruzan el puente que les tiende esta imagen
Como la luz entre los dedos se deslizan
Como tú misma entre mis manos
Como tu mano entre mis manos se entrelazan
Un día comienza en mis palabras
Luz que madura hasta ser cuerpo
Hasta ser sombra de tu cuerpo luz de tu sombra
Malla de calor piel de tu luz
Un día comienza en tu boca
El día que se pierde en nuestros ojos
El día que se abre en nuestra noche

Piedra nativa
A Roger Munier

La luz devasta las alturas
Manadas de imperios en derrota
El ojo retrocede cercado de reflejos

Países vastos como el insomnio
Pedregales de hueso

Otoño sin confines
Alza la sed sus invisibles surtidores
Un último pirú predica en el desierto

Cierra los ojos y oye cantar la luz:
El mediodía anida en tu tímpano

Cierra los ojos y ábrelos:
No hay nadie ni siquiera tú mismo
Lo que no es piedra es luz

Of what is inside and without a word
They search within us tentatively
Following the course of language
They cross the bridge this image hangs
Like the light that slips through your fingers
Like you yourself between my hands
Like your hand in my hands entwined
A day begins with my words
The light that ripens into a body
Into the shadow of your body the light of your shadow
Mesh of heat skin of your light
A day begins with your mouth
The day that is lost in our eyes
The day that opens in our night

Native Stone
for Roger Munier

Light is laying waste the heavens
Droves of dominions in stampede
The eye retreats surrounded by mirrors

Landscapes enormous as insomnia
Stony ground of bone

Limitless autumn
Thirst lifts its invisible fountains
One last peppertree preaches in the desert

Close your eyes and hear the light singing:
Noon nests in your inner ear

Close your eyes and open them:
There is nobody not even yourself
Whatever is not stone is light

                              [MR]

❖ ❖

Aunque la nieve caiga en racimos maduros
Nadie sacude ramas allá arriba
El árbol de la luz no da frutos de nieve
Aunque la nieve se disperse en polen
No hay semillas de nieve
No hay naranjas de nieve no hay claveles
No hay cometas ni soles de nieve
Aunque vuele en bandadas no hay pájaros de nieve

En la palma del sol brilla un instante y cae
Apenas tiene cuerpo apenas peso apenas nombre
Y ya lo cubre todo con su cuerpo de nieve
Con su peso de luz con su nombre sin sombra

Refranes

Una espiga es todo el trigo
Una pluma es un pájaro vivo y cantando
Un hombre de carne es un hombre de sueño
La verdad no se parte
El trueno proclama los hechos del relámpago
Una mujer soñada encarna siempre en una forma amada
El árbol dormido pronuncia verdes oráculos
El agua habla sin cesar y nunca se repite
En la balanza de unos párpados el sueño no pesa
En la balanza de una lengua que delira
Una lengua de mujer que dice sí a la vida
El ave del paraíso abre las alas

Though the snow falls in ripe bunches
No one up there shakes the branches
The tree of light produces no fruit of snow
Though the snow scatters like pollen
There are no seeds of snow
There are no oranges of snow no carnations
There are no comets no suns of snow
Though it falls in flocks there are no birds of snow

A moment glistens in the palm of the sun and falls
It barely has a body barely weight barely a name
It covers everything with its body of snow
With its shadowless name with its weight of light

Proverbs

One sheaf of wheat is the whole wheat field
One feather is a bird alive and singing
A man of flesh is a man of dream
Truth is indivisible
One clap of thunder proclaims the acts of lightning
One dreaming woman gives us the form of love forever
The sleeping tree speaks all green oracles
Water talks ceaseless never repeating a word
Judged against certain eyelids, sleep is nothing
Judged by a mouth, a tongue that is crying out
The tongue of a woman saying Yes to life
The bird of paradise opening his wings

[MR]

PIEDRAS SUELTAS [1955]

Lección de cosas

1.

Animación

Sobre el estante,
entre un músico Tang y un jarro de Oaxaca,
incandescente y vivaz,
con chispeantes ojos de papel de plata,
nos mira ir y venir
la pequeña calavera de azúcar.

2.

Máscara de Tláloc grabada en cuarzo transparente

Aguas petrificadas.
El viejo Tláloc duerme, dentro,
soñando temporales.

3.

Lo mismo

Tocado por la luz
el cuarzo ya es cascada.
Sobre sus aguas flota, niño, el dios.

4.

Dios que surge de una orquídea de barro

Entre los pétalos de arcilla
nace, sonriente,
la flor humana.

LOOSE STONES [1955]

Object Lesson

1.
Animation

On top of the bookcase,
between the T'ang musician and the pitcher from Oaxaca,
incandescent, lively,
with glittering eyes of silver paper,
it watches us come and go:
the little sugar skull.

2.
Mask of Tláloc carved in transparent quartz

Petrified water.
Old Tláloc sleeps inside,
dreaming storms.

3.
The same

Touched by the light,
the quartz is a cascade.
On its waters floats a child, the god.

4.
God that rises from a clay orchid

Born, smiling
from the clay petals:
the human flower.

5.

Diosa Azteca

Los cuatro puntos cardinales
regresan a tu ombligo.
En tu vientre golpea el día, armado.

6.

Calendario

Contra el agua, días de fuego.
Contra el fuego, días de agua.

7.

Xochipilli

En el árbol del día
cuelgan frutos de jade,
fuego y sangre en la noche.

8.

Cruz con sol y luna pintados

Entre los brazos de esta cruz
anidaron dos pájaros:
Adán, sol, y Eva, luna.

9.

Niño y trompo

Cada vez que lo lanza
cae, justo,
en el centro del mundo.

10.

Objetos

Viven a nuestro lado,
los ignoramos, nos ignoran.
Alguna vez conversan con nosotros.

5.
Aztec god

The four cardinal points
return to your navel.
In your womb the day throbs, armed.

6.
Calendar

Against the water, days of fire.
Against the fire, days of water.

7.
Xochipilli

Jade fruits hang
from the tree of day,
fire and blood at night.

8.
Cross with painted sun and moon

Between the arms of this cross
two birds have made a nest:
Adam, sun, and Eve, moon.

9.
Boy and top

Each time he throws it,
it lands, exactly
in the center of the world.

10.
Objects

They live beside us.
We don't know them, they don't know us.
Sometimes they talk with us.

En Uxmal

1.

La piedra de los días

El sol es tiempo;
el tiempo, sol de piedra;
la piedra, sangre.

2.

Mediodía

La luz no parpadea,
el tiempo se vacía de minutos,
se ha detenido un pájaro en el aire.

3.

Más tarde

Se despeña la luz,
despiertan las columnas
y, sin moverse, bailan.

4.

Pleno sol

La hora es transparente:
vemos, si es invisible el pájaro,
el color de su canto.

5.

Relieves

La lluvia, pie danzante y largo pelo,
el tobillo mordido por el rayo,
desciende acompañada de tambores:
abre los ojos el maíz, y crece.

In Uxmal

1.
The stone of the days

The sun is time;
time, a sun of stone;
the stone, blood.

2.
Noon

The light doesn't blink,
time empties out its minutes,
a bird has stopped dead in the air.

3.
Later

The light crashes,
the columns awake and,
without moving, dance.

4.
Full sun

The hour is transparent:
if the bird is invisible,
see the color of its song.

5.
Reliefs

The rain, long hair and dancing foot,
ankle bitten by lightning,
comes down accompanied by drums:
corn opens its eyes and grows.

6.
Serpiente labrada sobre un muro

El muro al sol respira, vibra, ondula,
trozo de cielo vivo y tatuado:
el hombre bebe sol, es agua, es tierra.
Y sobre tanta vida la serpiente
que lleva una cabeza entre las fauces:
los dioses beben sangre, comen hombres.

Piedras sueltas

1.
Flor

El grito, el pico, el diente, los aullidos,
la nada carnicera y su barullo,
ante esta simple flor se desvanecen.

2.
Dama

Todas las noches baja al pozo
y a la mañana reaparece
con un nuevo reptil entre los brazos.

3.
Biografía

No lo que pudo ser:
es lo que fue.
Y lo que fue está muerto.

4.
Campanas en la noche

Olas de sombra
mojan mi pensamiento
—y no lo apagan.

6.
Snake carved on a wall

In the sun the wall breathes, throbs, undulates,
a living and tattooed piece of the sky;
man drinks sun and is water, earth.
And above so much life the snake
with a head between its jaws:
gods drink blood, they eat men.

Loose Stones

1.
Flower

The shriek, the beak, the tooth, the howling,
the flesh-eating nothingness and its racket,
all vanish before this plain flower.

2.
Lady

Each night she goes down to the well
and in the morning reappears
with a new reptile in her arms.

3.
Biography

Not what he could have been
but what he was.
And what he was is dead.

4.
Bells in the night

Waves of shadow
drench my thoughts—
but do not put them out.

5.
Ante la puerta

Voces, palabras, risas.
Dudé, suspenso:
la luna arriba, sola.

6.
Visión

Me vi al cerrar los ojos:
espacio, espacio
donde estoy y no estoy.

7.
Disonancia

Los insectos atareados,
los caballos color de sol,
los burros color de nube,
las nubes, rocas enormes que no pesan,
los montes como cielos desplomados,
la manada de árboles bebiendo en el arroyo,
todos están ahí, dichosos en su estar,
frente a nosotros que no estamos,
comidos por la rabia, por el odio,
por el amor comidos, por la muerte.

8.
Analfabeto

Alcé la cara al cielo,
inmensa piedra de gastadas letras:
nada me revelaron las estrellas.

5.
At the door

Voices, words, laughter.
I paused, hanging:
up there, the moon, alone.

6.
Vision

Closing my eyes I see myself:
space, space
where I am and where I'm not.

7.
Dissonance

The busy insects,
the horses the color of the sun,
the mules the color of clouds,
the clouds, enormous weightless boulders,
the mountains like tilting skies,
the flock of trees drinking from a stream,
they are all here, joyous in their being,
before us, we who are not here,
eaten by rage, by hate,
by love eaten, by death.

8.
Illiterate

I raised my face to the sky,
that immense stone of eroded letters,
and nothing was revealed to me by the stars.

de LA ESTACIÓN VIOLENTA [1948–1957]

Himno entre ruinas

> *donde espumoso el mar Siciliano …*
>
> Góngora

Coronado de sí el día extiende sus plumas.
¡Alto grito amarillo,
caliente surtidor en el centro de un cielo
imparcial y benéfico!
Las apariencias son hermosas en esta su verdad momentánea.
El mar trepa la costa,
se afianza entre las peñas, araña deslumbrante;
la herida cárdena del monte resplandece;
un puñado de cabras es un rebaño de piedras;
el sol pone su huevo de oro y se derrama sobre el mar.
Todo es dios.
¡Estatua rota,
columnas comidas por la luz,
ruinas vivas en un mundo de muertos en vida!

Cae la noche sobre Teotihuacan.
En lo alto de la pirámide los muchachos fuman marihuana,
suenan guitarras roncas.
¿Qué yerba, qué agua de vida ha de darnos la vida,
dónde desenterrar la palabra,
la proporción que rige al himno y al discurso,
al baile, a la ciudad y a la balanza?
El canto mexicano estalla en un carajo,
estrella de colores que se apaga,
piedra que nos cierra las puertas del contacto.
Sabe la tierra a tierra envejecida.

Los ojos ven, las manos tocan.
Bastan aquí unas cuantas cosas:
tuna, espinoso planeta coral,

from THE VIOLENT SEASON [1948–1957]

Hymn Among the Ruins

where foaming the Sicilian sea ...

Góngora

Crowned with itself, the day displays its plumage.
A shout high and yellow,
a hot fountain in the center of a sky
impartial and beneficent!
Appearances are beautiful in this their momentary truth.
The sea mounting the coast
clings between the rocks, a dazzling spider;
the livid wound on the mountain glitters;
a handful of goats are a flock of stones,
the sun lays its golden egg and spills out over the sea.
All is god.
A broken statue,
columns eaten by the light,
ruins alive in a world of living dead!

Night falls on Teotihuacán.
At the top of the pyramid the boys smoke marijuana,
harsh guitars sound.
What grass, what living water of life can give us life,
where can the word be unearthed,
the proportion that governs hymn and speech,
the dance, the city and the measuring scales?
Mexican song explodes in a curse,
a colored star that goes dark,
a stone that blocks the doors of contact.
The earth tastes of rotten earth.

Eyes see, hands touch.
Here a few things are enough:
prickly pear, a coral and thorny planet,

higos encapuchados,
uvas con gusto a resurrección,
almejas, virginidades ariscas,
sal, queso, vino, pan solar.
Desde lo alto de su morenía una isleña me mira,
esbelta catedral vestida de luz.
Torres de sal, contra los pinos verdes de la orilla
surgen las velas blancas de las barcas.
La luz crea templos en el mar.

Nueva York, Londres, Moscú.
La sombra cubre al llano con su yedra fantasma,
con su vacilante vegetación de escalofrío,
su vello ralo, su tropel de ratas.
A trechos tirita un sol anémico.
Acodado en montes que ayer fueron ciudades, Polifemo bosteza.
Abajo, entre los hoyos, se arrastra un rebaño de hombres.
(Bípedos domésticos, su carne
—a pesar de recientes interdicciones religiosas—
es muy gustada por las clases ricas.
Hasta hace poco el vulgo los consideraba animales impuros.)

Ver, tocar formas hermosas, diarias.
Zumba la luz, dardos y alas.
Huele a sangre la mancha de vino en el mantel.
Como el coral sus ramas en el agua
extiendo mis sentidos en la hora viva:
el instante se cumple en una concordancia amarilla,
¡oh mediodía, espiga henchida de minutos,
copa de eternidad!

Mis pensamientos se bifurcan, serpean, se enredan,
recomienzan,
y al fin se inmovilizan, ríos que no desembocan,
delta de sangre bajo un sol sin crepúsculo.
¿Y todo ha de parar en este chapoteo de aguas muertas?

the hooded figs,
grapes that taste of resurrection,
and clams, stubborn maidenheads,
salt, cheese, wine, bread of the sun.
From the heights of her darkness an island girl looks at me,
a thin cathedral dressed in light.
Towers of salt, against the shore's green pines,
the white sails of boats arise.
The light builds temples on the sea.

New York, London, Moscow.
Shadow covers the plain with its phantom ivy,
swaying and shivering vegetation,
its mousey fur, its swarm of rats.
Now and then an anemic sun trembles.
Reclining on hills that yesterday were cities, Polyphemus yawns.
Down there, in the pits, a herd of men drag along.
(Domesticated bipeds, their flesh—
recent religious restrictions notwithstanding—
is much favored by the wealthy.
Until recently the common people considered them unclean.)

To see, to touch each day's lovely forms.
The buzzing of light, darts and wings.
The wine-stain on the tablecloth smells of blood.
Like coral branches in the water
I stretch my senses into the living hour:
the moment is complete in a yellow harmony.
Noon, ear of wheat heavy with minutes,
the cup of eternity!

My thoughts split, meander, entwine,
start again,
and finally are immobile, endless rivers,
delta of blood beneath a sun without twilight.
Must it all end in this spatter of stagnant water?

¡Día, redondo día,
luminosa naranja de veinticuatro gajos,
todos atravesados por una misma y amarilla dulzura!
La inteligencia al fin encarna,
se reconcilian las dos mitades enemigas
y la conciencia-espejo se licúa,
vuelve a ser fuente, manantial de fábulas:
Hombre, árbol de imágenes,
palabras que son flores que son frutos que son actos.

Nápoles, 1948

Day, round day,
shining orange with twenty-four sections,
all saturated with one single yellow sweetness!
The mind finally takes flesh in forms,
the two enemy halves become one
and the conscience-mirror liquefies,
and is a fountain again, a wellspring of legends:
Man, tree of images,
words that are flowers that are fruits that are deeds.

Naples, 1948

Máscaras del alba

A José Bianco

Sobre el tablero de la plaza
se demoran las últimas estrellas.
Torres de luz y alfiles afilados
cercan las monarquías espectrales.
¡Vano ajedrez, ayer combate de ángeles!

Fulgor de agua estancada donde flotan
pequeñas alegrías ya verdosas,
la manzana podrida de un deseo,
un rostro recomido por la luna,
el minuto arrugado de una espera,
todo lo que la vida no consume,
los restos del festín de la impaciencia.

Abre los ojos el agonizante.
Esa brizna de luz que tras cortinas
espía al que la expía entre estertores
es la mirada que no mira y mira,
el ojo en que espejean las imágenes
antes de despeñarse, el precipicio
cristalino, la tumba de diamante:
es el espejo que devora espejos.

Olivia, la ojizarca que pulsaba,
las blancas manos entre cuerdas verdes,
el arpa de cristal de la cascada,
nada contra corriente hasta la orilla
del despertar: la cama, el haz de ropas,
las manchas hidrográficas del muro,
ese cuerpo sin nombre que a su lado
mastica profecías y rezongos
y la abominación del cielo raso.
Bosteza lo real sus naderías,
se repite en horrores desventrados.

Masks of Dawn
for José Bianco

Over the chessboard of the piazza
the last stars linger on their way.
Castles of light and shimmering thin bishops
surround these spectral monarchies.
The empty game, yesterday's war of angels!

Brilliance of stagnant water whereon float
a few small joys, already green,
the rotten apple of desire,
a face nibbled in places by the moon,
the wrinkled minute of an eagerness,
everything life itself has not consumed,
leavings of the orgy of impatience.

The man in his death-struggle, open his eyes.
That splinter of light that through the curtains spies
on the one expiating among the death-rattles
is the look which does not look but looks,
the eye in whom the images form and shine
before they are scattered, and the glassy
precipice, and the grave of diamond:
this is the mirror that devours mirrors.

Olivia, blue-eyed lightly-touching woman,
white hands between the greenness of the cords,
the harp of crystal of the waterfall,
she swims against the current to the shore
of waking: the bed, the heap of clothes,
the hydrographic stains upon the wall,
that nameless body who beside her lies
chewing on prophecies and mutterings
and the abomination of the flat ceiling.
Reality gaping among its trifles
repeating itself in disemboweled horrors.

El prisionero de sus pensamientos
teje y desteje su tejido a ciegas,
escarba sus heridas, deletrea
las letras de su nombre, las dispersa,
y ellas insisten en el mismo estrago:
se engastan en su nombre desgastado.
Va de sí mismo hacia sí mismo, vuelve,
en el centro de sí se para y grita
¿quién va? y el surtidor de su pregunta
abre su flor absorta, centellea,
silba en el tallo, dobla la cabeza,
y al fin, vertiginoso, se desploma
roto como la espada contra el muro.

La joven domadora de relámpagos
y la que se desliza sobre el filo
resplandeciente de la guillotina;
el señor que desciende de la luna
con un fragante ramo de epitafios;
la frígida que lima en el insomnio
el pedernal gastado de su sexo;
el hombre puro en cuya sien anida
el águila real, la cejijunta
voracidad de un pensamiento fijo;
el árbol de ocho brazos anudados
que el rayo del amor derriba, incendia
y carboniza en lechos transitorios;
el enterrado en vida con su pena;
la joven muerta que se prostituye
y regresa a su tumba al primer gallo;
la víctima que busca a su asesino;
el que perdió su cuerpo, el que su sombra,
el que huye de sí y el que se busca
y se persigue y no se encuentra, todos,
vivos muertos al borde del instante
se detienen suspensos. Duda el tiempo,
el día titubea.

The prisoner of his imagining
weaves and unravels his weaving sightlessly,
scrapes at his scars, plays games
with the letters of his name, scatters them,
and then they insist on the same havoc,
set in the setting of his corroded name.
He goes from himself toward himself, he turns,
in the center of himself he stops and shouts
Who's there? and the fountain of his questioning
opens its amazed flower, glistens,
its stalk hisses, it bends its head,
and finally, in its dizziness collapses,
shattered like the sword against the wall.

A young girl, tamer of the lightning bolt,
and the woman slipping away along under
the glittering fine edge of the guillotine;
the gentleman who from the moon descends
with a sweet-smelling branch of epitaphs;
the frigid sleepless woman sharpening
the worn out flint-stone of her sex;
the man of purity, within whose forehead
the golden eagle makes his nest,
the monomaniac hunger of obsession;
the tree that has eight interlocked branches
struck by the bolt of love, set on fire
and burned to ash in transitory beds;
the man buried in life among his grief;
the young dead woman who prostitutes herself
and goes back to her grave at the first cock;
the victim searching out his murderer;
he who has lost his body, and he his shadow,
he who escapes himself and he who hunts himself,
who pursues himself and never finds himself, all those,
the living corpses on the edge of the moment,
wait suspended. Time itself in doubt,
day hesitates.

                    Soñolienta
en su lecho de fango, abre los ojos
Venecia y se recuerda: ¡pabellones
y un alto vuelo que se petrifica!
Oh esplendor anegado ...
Los caballos de bronce de San Marcos
cruzan arquitecturas que vacilan,
descienden verdinegros hasta el agua
y se arrojan al mar, hacia Bizancio.
Oscilan masas de estupor y piedra,
mientras los pocos vivos de esta hora ...
Pero la luz avanza a grandes pasos,
aplastando bostezos y agonías.
¡Júbilos, resplandores que desgarran!
El alba lanza su primer cuchillo.

                                        Venecia, 1948

Moving in dream,
upon her bed of mire and water, Venice
opens her eyes and remembers: canopies,
and a high soaring that has turned to stone!
Splendor flooded over ...
The bronze horses of San Marco
pass wavering architecture,
go down in their green darkness to the water
and throw themselves in the sea, toward Byzantium.
Volumes of stupor and stone, back and forth
in this hour among the few alive ...
But the light advances in great strides,
shattering yawns and agonies.
Exultance, radiances that tear apart!
Dawn throws its first knife

Venice, 1948
[MR]

Mutra

Como una madre demasiado amorosa, una madre terrible que ahoga,
como una leona taciturna y solar,
como una sola ola del tamaño del mar,
ha llegado sin hacer ruido y en cada uno de nosotros se asienta como
    un rey
y los días de vidrio se derriten y en cada pecho erige un trono de espi-
    nas y de brasas
y su imperio es un hipo solemne, una aplastada respiración de dioses
    y animales de ojos dilatados
y bocas llenas de insectos calientes pronunciando una misma sílaba
    día y noche, día y noche.
¡Verano, boca inmensa, vocal hecha de vaho y jadeo!

Este día herido de muerte que se arrastra a lo largo del tiempo sin
    acabar de morir,
y el día que lo sigue y ya escarba impaciente la indecisa tierra del alba,
y los otros que esperan su hora en los vastos establos del año,
este día y sus cuatro cachorros, la mañana de cola de cristal y el
    mediodía con su ojo único,
el mediodía absorto en su luz, sentado en su esplendor,
la tarde rica en pájaros y la noche con sus luceros armados de punta
    en blanco,
este día y las presencias que alza o derriba el sol con un simple
    aletazo:
la muchacha que aparece en la plaza y es un chorro de frescura
    pausada,
el mendigo que se levanta como una flaca plegaria, montón de basura
    y cánticos gangosos,
las buganvilias rojas negras a fuerza de encarnadas, moradas de tanto
    azul acumulado,
las mujeres albañiles que llevan una piedra en la cabeza como si lleva-
    sen un sol apagado,
la bella en su cueva de estalactitas y el son de sus ajorcas de
    escorpiones,
el hombre cubierto de ceniza que adora al falo, al estiércol y al agua,

Mutra

Like a mother who loves too much, a terrible, suffocating mother,
like a sullen, solar lioness,
like a single wave the size of the sea,
it has arrived silently and in each of us sits like a king
and the glass days melt and a throne of thorns and embers is raised in
    every breast
and its kingdom is a solemn hiccup, a flattened breath of gods and
    animals with dilated eyes
and mouths full of hot insects pronouncing the same syllable day and
    night, day and night.
Summer, enormous mouth, vowel made of steam and gasping.

This day, wounded to death, that drags along the length of time and
    never stops dying,
and the next day, impatiently scratching at the undefined land of
    dawn,
and the others who await their hour in the vast stables of the year,
this day and its four cubs, the morning with its crystal tail and noon
    with its one eye,
noon absorbed in its own light, seated in its splendor,
the afternoon rich in birds and the night with its stars armed in full
    regalia,
this day and the presences that the sun lifts or pulls down with a flap
    of the wings:
the girl who appears in the square and is a stream of unhurried
    coolness,
the beggar who raises himself up like a thin prayer, a heap of garbage
    and nasal canticles,
the red bougainvillea blackened to the color of flesh, purple from so
    much blue,
the women laborers who carry a stone on their heads as if they were
    carrying an extinguished sun,
the beauty in her cave of stalactites and the sound of her scorpion
    bracelets,
the man covered with ashes who worships the phallus, dung and water,

los músicos que arrancan chispas a la madrugada y hacen bajar al
    suelo la tempestad airosa de la danza,
el collar de centellas, las guirnaldas de electricidad balanceándose en
    mitad de la noche,
los niños desvelados que se espulgan a la luz de la luna,
los padres y las madres con sus rebaños familiares y sus bestias ador-
    mecidas y sus dioses petrificados hace mil años,
las mariposas, los buitres, las serpientes, los monos, las vacas, los
    insectos parecidos al delirio,
todo este largo día con su terrible cargamento de seres y de cosas,
    encalla lentamente en el tiempo parado.

Todos vamos cayendo con el día, todos entramos en el túnel,
atravesamos corredores interminables cuyas paredes de aire sólido se
    cierran,
nos internamos en nosotros y a cada paso el animal humano jadea y
    se desploma,
retrocedemos, vamos hacia atrás, el animal pierde futuro a cada paso,
y lo erguido y duro y óseo en nosotros al fin cede y cae pesadamente
    en la boca madre.

Dentro de mí me apiño, en mí mismo me hacino y al apiñarme me
    derramo,
soy lo extendido dilatándose, lo repleto vertiéndose y llenándose,
no hay vértigo ni espejo ni náusea ante el espejo, no hay caída,
sólo un estar, un derramado estar, llenos hasta los bordes, todos a la
    deriva:
no como el arco que se encorva y sobre sí se dobla para que el dardo
    salte y dé en el centro justo,
ni como el pecho que lo aguarda y a quien la espera dibuja ya la
    herida,
no concentrados ni en arrobo, sino a tumbos, de peldaño en peldaño,
    agua vertida, volvemos al principio.
Y la cabeza cae sobre el pecho y el cuerpo cae sobre el cuerpo sin
    encontrar su fin, su cuerpo último.

the musicians who pull sparks from daybreak and bring the graceful
    storm of the dance down to earth,
the necklace of flashes, the electric garlands balanced in the middle of
    the night,
the sleepless children picking fleas by the light of the moon,
the fathers and mothers with their family flocks and their animals
    asleep and their gods turned to stone a thousand years ago,
the butterflies, the vultures, the snakes, the monkeys, the cows, the
    insects that look like madness,
all this long day with its terrible freight of beings and things, slowly
    runs aground on unmoving time.

We all are falling with the day, we all enter the tunnel,
we cross endless corridors whose walls of solid air close in,
we imprison ourselves in ourselves and at each step the human ani-
    mal gasps and collapses,
we retreat, we go backwards, the animal loses its future with every
    step,
and the erect and the hard and the bony within us finally give way,
    heavily falling into the mother mouth.

Inside my self I crowd myself, packed together in my self until I spill
    out,
I am the outstretched, spreading out, the over-stuffed, spilling over
    and filling up,
there is no vertigo nor mirror nor nausea facing the mirror, there is
    no fall,
only a being, an overflowing being, full to the brim, all adrift:
not like the bow that arches and bends over itself to let the arrow
    fly straight to the mark, not like the chest that awaits it, and for
    whom hope already draws the wound,
not concentrated nor in trance, but stumbling, step by step, spilled
    water, we return to the origin.
And our head falls on our chest and our body falls on our body with-
    out finding its end, its final body.

No, asir la antigua imagen: ¡anclar el ser y en la roca plantarlo, zócalo
del relámpago!

Hay piedras que no ceden, piedras hechas de tiempo, tiempo de pie-
dra, siglos que son columnas,

asambleas que cantan himnos de piedra,

surtidores de jade, jardines de obsidiana, torres de mármol, alta
belleza armada contra el tiempo.

Un día rozó mi mano toda esa gloria erguida.

Pero también las piedras pierden pie, también las piedras son imágenes,
y caen y se disgregan y confunden y fluyen con el río que no cesa.

También las piedras son el río.

¿Dónde está el hombre, el que da vida a las piedras de los muertos, el
que hace hablar piedras y muertos?

Las fundaciones de la piedra y de la música,

la fábrica de espejos del discurso y el castillo de fuego del poema

enlazan sus raíces en su pecho, descansan en su frente: él los sostiene
a pulso.

Tras la coraza de cristal de roca busqué al hombre, palpé a tientas la
brecha imperceptible:

nacemos y es un rasguño apenas la desgarradura y nunca cicatriza y
arde y es una estrella de luz propia,

nunca se apaga la diminuta llaga, nunca se borra la señal de sangre,
por esa puerta nos vamos a lo obscuro.

También el hombre fluye, también el hombre cae y es una imagen
que se desvanece.

Pantanos del sopor, algas acumuladas, cataratas de abejas sobre los
ojos mal cerrados,

festín de arena, horas mascadas, imágenes mascadas,

vida mascada siglos hasta no ser sino una confusión estática que entre
las aguas somnolientas sobrenada,

agua de ojos, agua de bocas, agua nupcial y ensimismada, agua inces-
tuosa, agua de dioses, cópula de dioses,

agua de astros y reptiles, selvas de agua de cuerpos incendiados,

beatitud de lo repleto sobre sí mismo derramándose, no somos, no
quiero ser Dios, no quiero ser a tientas, no quiero regresar, soy
hombre

No, take hold of the ancient image: anchor existence and plant it in
the stone, base of the lightning.
There are stones that never give way, stones made of time, time made
of stone, centuries that are columns,
assemblies singing hymns of stone,
fountains of jade, obsidian gardens, towers of marble, tall beauty
armed against time.
One day my hand brushed against all that constructed glory.
But stones also lose their footing, stones too are images,
and they fall and they scatter and mix and flow with the unceasing
river.
The stones too are the river.
Where is the man who gives life to the stones of the dead, the man
who makes the stones and the dead speak?
Foundations of stone and of music,
the factory of mirrors of speech and poetry's castle of fire
entwine their roots in his chest, rest in his head; his own hand sustains
them.
Under the breastplate of rock-crystal I searched for the man, groped
for the imperceptible opening;
we are born and the tear is no more than a scratch and it never scars
over and it burns and it is a star giving off its own light,
the little wound never fades, the sign of the blood is never erased,
through that door we go into the dark.
Man also flows, man also falls and is an image that vanishes.

Marshes of lethargy, accumulations of algae, waterfalls of bees over
eyes badly closed,
banquet of sand, chewed hours, chewed images,
life chewed for centuries until it is nothing but an ecstatic chaos that
floats on the sleeping waters,
water of eyes, water of mouths, nuptial waters, self-absorbed, incestuous
water, water of the gods, copulation of the gods,
water of stars and reptiles, water forests of burnt bodies,
the beatitude of fullness, overflowing itself, we are not, I don't want
to be God, I don't want to stagger forward, I don't want to go
back, I am a man

y el hombre es el hombre, el que saltó al vacío y nada lo sustenta
    desde entonces sino su propio vuelo,
el desprendido de su madre, el desterrado, el sin raíces, ni cielo ni
    tierra, sino puente, arco
tendido sobre la nada, en sí mismo anudado, hecho haz, y no obstante
    partido en dos desde el nacer, peleando
contra su sombra, corriendo siempre tras de sí, disparado, exhalado,
    sin jamás alcanzarse,
el condenado desde niño, destilador del tiempo, rey de sí mismo, hijo
    de sus obras.

Se despeñan las últimas imágenes y el río negro anega la conciencia.
La noche dobla la cintura, cede el alma, caen racimos de horas con-
    fundidas, cae el hombre
como un astro, caen racimos de astros, como un fruto demasiado
    maduro cae el mundo y sus soles.
Pero en mi frente velan armas la adolescencia y sus imágenes, solo
    tesoro no dilapidado:
naves ardiendo en mares todavía sin nombre y cada ola golpeando la
    memoria con un tumulto de recuerdos
(el agua dulce en las cisternas de las islas, el agua dulce de las mujeres
    y sus voces sonando en la noche como muchos arroyos que se
    juntan,
la diosa de ojos verdes y palabras humanas que plantó en nuestro
    pecho sus razones como una hermosa procesión de lanzas,
la reflexión sosegada ante la esfera, henchida de sí misma como una
    espiga, mas inmortal, perfecta, suficiente,
la contemplación de los números que se enlazan como notas o
    amantes,
el universo como una lira y un arco y la geometría vencedora de dio-
    ses, ¡única morada digna del hombre!)
y la ciudad de altas murallas que en la llanura centellea como una joya
    que agoniza
y los torreones demolidos y el defensor por tierra y en las cámaras
    humeantes el tesoro real de las mujeres
y el epitafio del héroe apostado en la garganta del desfiladero como
    una espada

and man is man, he who leapt into the void and since then nothing
    has sustained him but his own flight,
the one detached from his mother, the exiled, rootless, with neither
    heaven nor earth, but with a bridge, an arch
stretched over nothing, in himself gathered, made into a bundle, and
    nevertheless split in two from the moment of birth, fighting
against his shadow, always running behind himself, hurling, hurrying,
    and never reaching himself,
condemned from childhood, alembic of time, king of himself, son of
    his own works.

The last images fall headlong and the black river floods consciousness.
Night bends over, the soul gives way, clusters of confused hours fall,
    man falls
like a star, clusters of stars fall, like overripe fruit the world and its
    suns fall.
But in my mind adolescence and its images keep watch, the only trea-
    sure not squandered:
ships afire on seas still unnamed and each wave striking memory in a
    storm of memories
(the fresh water in the island cisterns, the fresh water of the women
    and their voices sounding through the night like streams coming
    together,
the goddess with green eyes and human words who planted her rea-
    soning in our chest like a beautiful procession of lances,
the calm reflection before a sphere, swollen with itself like an ear of
    wheat, but immortal, perfect, sufficient,
the contemplation of numbers that entwine like musical notes or
    lovers,
the universe like a lyre and a bow, the victorious geometry of the
    gods, the sole abode that is worthy of man)
and the city with high walls that shines on the plain like a dying
    jewel
and the demolished watchtowers and the defender destroyed and in
    the smoking chambers the royal treasure of women
and the hero's epitaph posted in the narrow pass like a sword

y el poema que asciende y cubre con sus dos alas el abrazo de la
   noche y el día
y el árbol del discurso en la plaza plantado virilmente
y la justicia al aire libre de un pueblo que pesa cada acto en la balanza
   de un alma sensible al peso de la luz,
¡actos, altas piras quemadas por la historia!
Bajo sus restos negros dormita la verdad que levantó las obras: el
   hombre sólo es hombre entre los hombres.

Y hundo la mano y cojo el grano incandescente y lo planto en mi ser:
   ha de crecer un día.

Delhi, 1952

and the poem that rises and with its wings covers the embrace of day
 and night
and the tree of speech firmly planted in the plaza
and justice in the open air of a people who weighs each act in the
 scale of a soul sensitive to the weight of light,
acts, the tall pyres burnt by history!
Under these black remains, truth, who raised these works, dozes: man
 is only man among men.

And I reach down and grasp the incandescent grain and plant it in my
 being: one day it will grow.

Delhi, 1952

¿No hay salida?

En duermevela oigo correr entre bultos adormilados y ceñudos un
    incesante río.
Es la catarata negra y blanca, las voces, las risas, los gemidos del
    mundo confuso, despeñándose.
Y mi pensamiento que galopa y galopa y no avanza, también cae y se
    levanta
y vuelve a despeñarse en las aguas estancadas del lenguaje.
Hace un segundo habría sido fácil coger una palabra y repetirla una
    vez y otra vez,
cualquiera de esas frases que decimos a solas en un cuarto sin espejos
para probarnos que no es cierto,
                       que aún estamos vivos,
pero ahora con manos que no pesan la noche aquieta la furiosa marea
y una a una desertan las imágenes, una a una las palabras se cubren el
    rostro.

Pasó ya el tiempo de esperar la llegada del tiempo, el tiempo de ayer,
    hoy y mañana,
ayer es hoy, mañana es hoy, hoy todo es hoy, salió de pronto de sí
    mismo y me mira,
no viene del pasado, no va a ninguna parte, hoy está aquí,
no es la muerte—nadie se muere de la muerte, todos morimos de la vida—,
no es la vida—fruto instantáneo, vertiginosa y lúcida embriaguez, el
    vacío sabor de la muerte da más vida a la vida—,
hoy no es muerte ni vida,
no tiene cuerpo, ni nombre, ni rostro, hoy está aquí,
echado a mis pies, mirándome.

Yo estoy de pie, quieto en el centro del círculo que hago al ir cayendo
    desde mis pensamientos,
estoy de pie y no tengo adónde volver los ojos, no queda ni una
    brizna del pasado,
toda la infancia se la tragó este instante y todo el porvenir son estos
    muebles clavados en su sitio,
el ropero con su cara de palo, las sillas alineadas en la espera de nadie,

Is There No Way Out?

Dozing I hear an incessant river running between dimly discerned,
      looming forms, drowsy and frowning.
It is the black and white cataract, the voices, the laughter, the groans,
      of a confused world hurling itself from a height.
And my thoughts that gallop and gallop and get no further also fall
      and rise,
and turn back and plunge into the stagnant waters of language.
A second ago it would have been easy to grasp a word and repeat it
      once and then again,
any one of those phrases one utters alone in a room without mirrors
to prove to oneself that it's not certain,
                           that we are still alive after all,
but now with weightless hands night is lulling the furious tide,
and one by one images recede, one by one words cover their faces.

The time is past already for hoping for time's arrival, the time of
      yesterday, today, and tomorrow,
yesterday is today, tomorrow is today, today all is today, suddenly it
      came forth from itself and is watching me,
it doesn't come from the past, it is not going anywhere, today is here,
it is not death—no one dies of death, everyone dies of life—,
it is not life—instantaneous fruit, vertiginous and lucid rapture, the
      empty taste of death gives more life to life—,
today is not death nor life,
has no body, nor name, nor face, today is here,
cast at my feet, looking at me.

I am standing, quiet at the center of the circle I made in falling away
      from my thoughts,
I am standing and I have nowhere to turn my eyes to, not one splintered
      fragment of the past is left,
all childhood has brought itself to this instant and the whole future is
      these pieces of furniture nailed to their places,
the wardrobe with its wooden face, the chairs lined up waiting for
      nobody,

el rechoncho sillón con los brazos abiertos, obsceno como morir en
su lecho,
el ventilador, insecto engreído, la ventana mentirosa, el presente sin
resquicios,
todo se ha cerrado sobre sí mismo, he vuelto a donde empecé, todo es
hoy y para siempre.

*Allá, del otro lado, se extienden las playas inmensas como una mirada de
amor,*
allá la noche vestida de agua despliega sus jeroglíficos al alcance de la mano,
*el río entra cantando por el llano dormido y moja las raíces de la palabra
libertad,*
allá los cuerpos enlazados se pierden en un bosque de árboles transparentes,
bajo el follaje del sol caminamos, somos dos reflejos que cruzan sus aceros,
*la plata nos tiende puentes para cruzar la noche, las piedras nos abren
paso,*
*allá tú eres el tatuaje en el pecho del jade caído de la luna, allá el diamante
insomne cede*
*y en su centro vacío somos el ojo que nunca parpadea y la fijeza del instante
ensimismado en su esplendor.*

Todo está lejos, no hay regreso, los muertos no están muertos, los
vivos no están vivos,
hay un muro, un ojo que es un pozo, todo tira hacia abajo,
pesa el cuerpo, pesan los pensamientos, todos los años son este
minuto desplomándose interminablemente,
aquel cuarto de hotel de San Francisco me salió al paso en Bangkok,
hoy es ayer, mañana es ayer,
la realidad es una escalera que no sube ni baja, no nos movemos, hoy
es hoy, siempre es hoy,
siempre el ruido de los trenes que despedazan cada noche a la noche,
el recurrir a las palabras melladas,
la perforación del muro, las idas y venidas, la realidad cerrando
puertas,
poniendo comas, la puntuación del tiempo, todo está lejos, los muros
son enormes,

the chubby armchair with its arms spread, obscene as if dead in its
    bed,
the electric fan—conceited insect—the lying window, the actual
    without chinks or cracks,
all has shut itself up in itself, I have come back to where I began,
    everything is today and forever.

Way off there, on the other side, shores extend, immense as a look of love,
there the night clothed in water displays its hieroglyphs within hand's reach,
the river enters singing along the sleeping plain and moistens the roots of the
    word freedom,
there enlaced bodies lose themselves in a forest of transparent trees,
under the leaves of the sun we walk, we are two reflections that cross swords
    with each other,
silver stretches bridges for us to cross the night, stones make way for us,
there you are the tattooing on the jade breast fallen from the moon, there the
    insomniac diamond yields
and in its empty center we are the eye that never blinks and the transfixion
    of the instant held within itself in its splendor.

All is far off, there is no way back, the dead are not dead, the living are
    not alive,
there is a wall, an eye that is a well, all that is pulls downwards,
the body is heavy, thoughts are heavy, all the years are this minute
    that is dropping interminably down,
from that hotel room in San Francisco I stepped right into Bangkok,
    today is yesterday, tomorrow is yesterday,
reality is a staircase going neither up nor down, we don't move, today
    is today, always is today,
always the sound of trains that depart each night towards night,
the resort to toothless words,
the boring through of the wall, the comings and goings, reality shutting
    doors,
putting in commas, the punctuation of time, all is far off; the walls are
    enormous,

está a millas de distancia el vaso de agua, tardaré mil años en recorrer
    mi cuarto,
qué sonido remoto tiene la palabra *vida*, no estoy aquí, no hay aquí,
    este cuarto está en otra parte,
aquí es ninguna parte, poco a poco me he ido cerrando y no encuentro
    salida que no dé a este instante,
este instante soy yo, salí de pronto de mí mismo, no tengo nombre ni
    rostro,
yo está aquí, echado a mis pies, mirándome mirándose mirarme
    mirado.

Fuera, en los jardines que arrasó el verano, una cigarra se ensaña
    contra la noche.
¿Estoy o estuve aquí?

                    Tokio, 1952

the glass of water is thousands of miles away, it will take me a thousand
    years to cross my room again,
what a remote sound the word *life* has, I am not here, there is no here,
    this room is somewhere else,
here is nowhere, little by little I have been shutting myself and I find
    no exit that doesn't give onto this instant,
this instant is I, I went out of myself all at once, I have no name and
    no face,
I am here, cast at my feet, looking at myself looking to see myself
    seen.

Outside, in the gardens that summer has ravaged, a cicada rages
    against the night.
Am I or was I here?

        Tokyo, 1952
        [DL]

El río

La ciudad desvelada circula por mi sangre como una abeja.
Y el avión que traza un gemido en forma de S larga, los tranvías que
    se derrumban en esquinas remotas,
ese árbol cargado de injurias que alguien sacude a medianoche en la
    plaza,
los ruidos que ascienden y estallan y los que se deslizan y cuchichean
    en la oreja un secreto que repta
abren lo obscuro, precipicios de aes y oes, túneles de vocales
    taciturnas,
galerías que recorro con los ojos vendados, el alfabeto somnoliento
    cae en el hoyo como un río de tinta,
y la ciudad va y viene y su cuerpo de piedra se hace añicos al llegar a
    mi sien,
toda la noche, uno a uno, estatua a estatua, fuente a fuente, piedra a
    piedra, toda la noche
sus pedazos se buscan en mi frente, toda la noche la ciudad habla
    dormida por mi boca
y es un discurso incomprensible y jadeante, un tartamudeo de aguas y
    piedra batallando, su historia.

Detenerse un instante, detener a mi sangre que va y viene, va y viene
    y no dice nada,
sentado sobre mí mismo como el yoguín a la sombra de la higuera,
    como Buda a la orilla del río, detener al instante,
un solo instante, sentado a la orilla del tiempo, borrar mi imagen del
    río que habla dormido y no dice nada y me lleva consigo,
sentado a la orilla detener al río, abrir el instante, penetrar por sus
    salas atónitas hasta su centro de agua,
beber en la fuente inagotable, ser la cascada de sílabas azules que cae
    de los labios de piedra,
sentado a la orilla de la noche como Buda a la orilla de sí mismo ser el
    parpadeo del instante,
el incendio y la destrucción y el nacimiento del instante y la respira-
    ción de la noche fluyendo enorme a la orilla del tiempo,

The River

The restless city circles in my blood like a bee.
And the plane that traces a querulous moan in a long S, the trams that
    break down on remote corners,
that tree weighted with affronts that someone shakes at midnight in
    the plaza,
the noises that rise and shatter and those that fade away and whisper a
    secret that wriggles in the ear,
they open the darkness, precipices of *a*'s and *o*'s, tunnels of taciturn
    vowels,
galleries I run down blindfolded, the drowsy alphabet falls in the pit
    like a river of ink,
and the city goes and comes and its stone body shatters as it arrives at
    my temple,
all night, one by one, statue by statue, fountain by fountain, stone by
    stone, the whole night long
its shards seek one another in my forehead, all night long the city
    talks in its sleep through my mouth,
a gasping discourse, a stammering of waters and arguing stone, its
    story.

To stop still an instant, to still my blood which goes and comes, goes
    and comes and says nothing,
seated on top of me like a yogi in the shadow of a fig tree, like the
    Buddha on the river's edge, to stop the instant,
a single instant, seated on the edge of time, to strike out my image
    of the river that talks in its sleep and says nothing and carries me
    with it,
seated on the bank to stop the river, to unlock the instant, to penetrate
    its astonished rooms reaching the center of water,
to drink at the inexhaustible fountain, to be the cascade of blue syllables
    falling from stone lips,
seated on the edge of night like the Buddha on his self's edge, to be
    the flicker of the lidded instant,
the conflagration and the destruction and the birth of the instant, the
    breathing of night rushing enormous at the edge of time,

decir lo que dice el río, larga palabra semejante a labios, larga palabra
    que no acaba nunca,
decir lo que dice el tiempo en duras frases de piedra, en vastos ade-
    manes de mar cubriendo mundos.

A mitad del poema me sobrecoge siempre un gran desamparo, todo
    me abandona,
no hay nadie a mi lado, ni siquiera esos ojos que desde atrás contem-
    plan lo que escribo,
no hay atrás ni adelante, la pluma se rebela, no hay comienzo ni fin,
    tampoco hay muro que saltar,
es una explanada desierta el poema, lo dicho no está dicho, lo no
    dicho es indecible,
torres, terrazas devastadas, babilonias, un mar de sal negra, un reino
    ciego,
              No,
detenerme, callar, cerrar los ojos hasta que brote de mis párpados una
    espiga, un surtidor de soles,
y el alfabeto ondule largamente bajo el viento del sueño
    y la marea crezca en una ola y la ola rompa el dique,
esperar hasta que el papel se cubra de astros y sea el poema un bosque
    de palabras enlazadas,
              No,
no tengo nada que decir, nadie tiene nada que decir, nada ni nadie
    excepto la sangre,
nada sino este ir y venir de la sangre, este escribir sobre lo escrito y
    repetir la misma palabra en mitad del poema,
sílabas de tiempo, letras rotas, gotas de tinta, sangre que va y viene y
    no dice nada y me lleva consigo.

Y digo mi rostro inclinado sobre el papel y alguien a mi lado escribe
    mientras la sangre va y viene,
y la ciudad va y viene por su sangre, quiere decir algo, el tiempo
    quiere decir algo, la noche quiere decir,
toda la noche el hombre quiere decir una sola palabra, decir al fin su
    discurso hecho de piedras desmoronadas,

to say what the river says, a long word resembling lips, a long word
    that never ends,
to say what time says in hard sentences of stone, in vast gestures of
    sea covering worlds.

In mid-poem a great helplessness overtakes me, everything abandons
    me,
there is no one beside me, not even those eyes that gaze from behind
    me at what I write,
no one behind or in front of me, the pen mutinies, there is neither
    beginning nor end nor even a wall to leap,
the poem is a deserted esplanade, what's said is not said, the unsaid is
    unsayable,
towers, devastated terraces, Babylons, a sea of black salt, a blind
    kingdom,
            No,
to stop myself; to keep quiet, to close my eyes until a green spike
    sprouts from my eyelids, a spurt of suns,
and the alphabet wavers long under the wind of the vision and the
    tide rolls into one wave and the wave breaks the dike,
to wait until the paper is covered with stars and the poem a forest of
    tangled words,
            No,
I have nothing to say, no one has anything to say, nothing and nobody
    except the blood,
nothing except this coming and going of the blood, this writing over
    the written, the repetition of the same word in mid-poem,
syllables of time, broken letters, splotches of ink, blood that goes and
    comes and says nothing and carries me with it.

And I speak, my beak bent over the paper and someone beside me
    writes while the blood goes and comes,
and the city goes and comes through his blood, wants to say some-
    thing, time wants to say something, the night wants to speak,
all night long the man wants to say one single word, to speak his
    discourse at last, made up of moldered stones,

y aguzo el oído, quiero oír lo que dice el hombre, repetir lo que dice
la ciudad a la deriva,
toda la noche las piedras rotas se buscan a tientas en mi frente, toda la
noche pelea el agua contra la piedra,
las palabras contra la noche, la noche contra la noche, nada ilumina el
opaco combate,
el choque de las armas no arranca un relámpago a la piedra, una
chispa a la noche, nadie da tregua,
es un combate a muerte entre inmortales,
No,
dar marcha atrás, parar el río de sangre, el río de tinta,
remontar la corriente y que la noche, vuelta sobre sí misma, muestre
sus entrañas,
que el agua muestre su corazón, racimo de espejos ahogados,
que el tiempo se cierre y sea su herida una cicatriz invisible, apenas
una delgada línea sobre la piel del mundo,
que las palabras depongan armas y sea el poema una sola palabra
entretejida,
y sea el alma el llano después del incendio, el pecho lunar de un mar
petrificado que no refleja nada
sino la extensión extendida, el espacio acostado sobre sí mismo, las
alas inmensas desplegadas,
y sea todo como la llama que se esculpe y se hiela en la roca de
entrañas transparentes,
duro fulgor resuelto ya en cristal y claridad pacífica.

Y el río remonta su curso, repliega sus velas, recoge sus imágenes y se
interna en sí mismo.

Ginebra, 1953

and I whet my hearing, I want to hear what the man says, to repeat
    what the drifting city says,
all night the broken stones seek one another, groping in my forehead,
    all night the water fights the stone,
the words against the night, the night against the night, nothing lights
    up the opaque combat,
the shock of arms does not wrench away a single gleam to the stone,
    one spark to the night, no one grants a respite,
it is a fight to the death between immortals,
                          No,
to offer retreat, to stop the river of blood, the river of ink,
to go back upstream, and that the night turn upon itself, display its
    bowels,
and that the water show its heart, a cluster of drowned mirrors,
may time thicken and its wound be an invisible scar, scarcely a delicate
    line upon the skin of the world,
let the words lay down their arms and the poem be one single
    interwoven word,
and may the soul be the blackened grass after fire, the lunar breast of
    a sea that's turned to stone and reflects nothing
except splayed dimension, expansion, space lying down upon itself;
    spread wings immense,
and may everything be like flame that cuts itself into and freezes into
    the rock of diaphanous bowels,
hard blazing resolved now in crystal, peaceable clarity.

And the river goes back upstream, strikes its sails, picks up its images
    and coils within itself.

Geneva, 1953
[PB]

El *cántaro roto*

La mirada interior se despliega y un mundo de vértigo y llama nace
    bajo la frente del que sueña:
soles azules, verdes remolinos, picos de luz que abren astros como
    granadas,
tornasol solitario, ojo de oro girando en el centro de una explanada
    calcinada,
bosques de cristal de sonido, bosques de ecos y respuestas y ondas,
    diálogo de transparencias,
¡viento, galope de agua entre los muros interminables de una gar-
    ganta de azabache,
caballo, cometa, cohete que se clava justo en el corazón de la noche,
    plumas, surtidores,
plumas, súbito florecer de las antorchas, velas, alas, invasión de lo blanco,
pájaros de las islas cantando bajo la frente del que sueña!

Abrí los ojos, los alcé hasta el cielo y vi cómo la noche se cubría de
    estrellas.
¡Islas vivas, brazaletes de islas llameantes, piedras ardiendo, respi-
    rando, racimos de piedras vivas,
cuánta fuente, qué claridades, qué cabelleras sobre una espalda obscura,
cuánto río allá arriba, y ese sonar remoto de agua junto al fuego, de
    luz contra la sombra!
Harpas, jardines de harpas.

Pero a mi lado no había nadie.
Sólo el llano: cactus, huizaches, piedras enormes que estallan bajo el sol.
No cantaba el grillo,
había un vago olor a cal y semillas quemadas,
las calles del poblado eran arroyos secos
y el aire se habría roto en mil pedazos si alguien hubiese gritado:
    ¿quién vive?
Cerros pelados, volcán frío, piedra y jadeo bajo tanto esplendor,
    sequía, sabor de polvo,
rumor de pies descalzos sobre el polvo, ¡y el pirú en medio del llano
    como un surtidor petrificado!

The Broken Waterjar

An interior gaze unfolds and a world of vertigo and flames is born
      under the skull of the dreamer:
blue suns, green whirlwinds, beaks of light pecking open the stars like
      pomegranates,
a solitary sunflower, golden eye turning at the center of a scorched
      esplanade,
crystal forests of sound, forests of echoes and answers and waves,
      dialogue of transparencies,
wind, the gallop of water between the endless walls of a throat of coal,
horse, comet, skyrocket nailed exactly in the heart of night, feathers,
      fountains,
feathers, a sudden flowering of torches, candles, wings, an invasion of
      whiteness,
island birds singing under the dreamer's skull!

I opened my eyes, looked up at the sky, and saw how the night was
      covered with stars:
living islands, bracelets of flaming islands, stones burning and
      breathing, clusters of living stones,
what fountain, what clarities, what hair loose on a dark back,
what river up there, and that far-off sound of water next to fire, of
      light against shadow!
Harps, gardens of harps.

But at my side there was no one.
Only the plain: cacti, huizaches, huge rocks exploding under the sun.
No crickets sang,
there was a vague smell of lime and burnt seeds,
the village streets were dry creeks,
and the air would have smashed into a thousand pieces if someone
      had shouted: Who's there?
Barren hills, cold volcano, stone gasping in such splendor, drought,
      the taste of dust,
the rustle of bare feet in the dust, and a pirúl tree in the middle of the
      plain like a petrified fountain!

Dime, sequía, dime, tierra quemada, tierra de huesos remolidos,
      dime, luna agónica,
¿no hay agua,
hay sólo sangre, sólo hay polvo, sólo pisadas de pies desnudos sobre la
      espina,
sólo andrajos y comida de insectos y sopor bajo el mediodía impío
      como un cacique de oro?
¿No hay relinchos de caballos a la orilla del río, entre las grandes piedras
      redondas y relucientes,
en el remanso, bajo la luz verde de las hojas y los gritos de los hom-
      bres y las mujeres bañándose al alba?
El dios-maíz, el dios-flor, el dios-agua, el dios-sangre, la Virgen,
¿todos se han muerto, se han ido, cántaros rotos al borde de la fuente
      cegada?
¿Sólo está vivo el sapo,
sólo reluce y brilla en la noche de México el sapo verduzco,
sólo el cacique gordo de Cempoala es inmortal?

Tendido al pie del divino árbol de jade regado con sangre, mientras
      dos esclavos jóvenes lo abanican,
en los días de las grandes procesiones al frente del pueblo, apoyado en
      la cruz: arma y bastón,
en traje de batalla, el esculpido rostro de sílex aspirando como un
      incienso precioso el humo de los fusilamientos,
los fines de semana en su casa blindada junto al mar, al lado de su
      querida cubierta de joyas de gas neón,
¿sólo el sapo es inmortal?

He aquí a la rabia verde y fría y a su cola de navajas y vidrio
      cortado,
he aquí al perro y a su aullido sarnoso,
al maguey taciturno, al nopal y al candelabro erizados, he aquí a la
      flor que sangra y hace sangrar,
la flor de inexorable y tajante geometría como un delicado
      instrumento de tortura,

Tell me, drought, tell me, burnt land, land of ground bones, tell me,
    dying moon:
is there no water,
is there only blood, is there only dust, only the steps of bare feet on
    thorns,
only rags and food for insects and stupor under a godless noon like a
    cacique of gold?
Are there no horses neighing on the riverbank among the round and
    shimmering boulders,
in the still water, under the green light of the leaves and the shouts of
    the men and the women bathing at dawn?
The corn-god, the flower-god, the water-god, the blood-god, the Virgin—
have they all died, have they all gone, broken waterjars next to a
    blocked well?
Is only the toad alive?
Does only the dull green toad glitter and shine through the night in
    Mexico?
Is only the fat cacique of Cempoala immortal?

Reclining under the sacred tree of jade that is watered with blood,
    while two young slaves fan him,
leading the great public processions, leaning on the cross: weapon and
    walking stick,
in battle dress, the carved flint face sniffing the smoke of the firing
    squads like a rare incense,
the weekends in his protected house by the sea with his mistress and
    her neon jewels—
is only the toad immortal?

Here is cold green rage and its tail of razors and shards of glass,
here is the dog and its mangy howl,
the sullen maguey, the bristling nopal and the candelabra cactus, the
    flower that bleeds and lets blood,
the flower of inexorable and jagged geometry like a delicate
    instrument of torture,

he aquí a la noche de dientes largos y mirada filosa, la noche que
    desuella con un pedernal invisible,
oye a los dientes chocar uno contra otro,
oye a los huesos machacando a los huesos,
al tambor de piel humana golpeado por el fémur,
al tambor del pecho golpeado por el talón rabioso,
al tam-tam de los tímpanos golpeados por el sol delirante,
he aquí al polvo que se levanta como un rey amarillo y todo lo des-
    cuaja y danza solitario y se derrumba
como un árbol al que de pronto se le han secado las raíces, como una
    torre que cae de un solo tajo,
he aquí al hombre que cae y se levanta y come polvo y se arrastra,
al insecto humano que perfora la piedra y perfora los siglos y carcome
    la luz,
he aquí a la piedra rota, al hombre roto, a la luz rota.

¿Abrir los ojos o cerrarlos, todo es igual?
Castillos interiores que incendia el pensamiento porque otro más
    puro se levante, sólo fulgor y llama,
semilla de la imagen que crece hasta ser árbol y hace estallar el
    cráneo,
palabra que busca unos labios que la digan,
sobre la antigua fuente humana cayeron grandes piedras,
hay siglos de piedras, años de losas, minutos espesores sobre la fuente
    humana.

Dime, sequía, piedra pulida por el tiempo sin dientes, por el hambre
    sin dientes,
polvo molido por dientes que son siglos, por siglos que son hambres,
dime, cántaro roto caído en el polvo, dime,
¿la luz nace frotando hueso contra hueso, hombre contra hombre,
    hambre contra hambre,
hasta que surja al fin la chispa, el grito, la palabra,
hasta que brote al fin el agua y crezca el árbol de anchas hojas de
    turquesa?

here is the night of long teeth and the sharpened gaze, the night that
    skins with a flint knife,
listen to the teeth crunching,
listen to the bones crushing bones,
the drum of human skin beaten with a femur,
the drum of the breast beaten with an angry heel,
the tom-tom of the eardrums beaten by the delirious sun,
here is the dust that rises like a yellow king and obliterates everything
    and dances alone and collapses,
like a tree whose roots have suddenly dried up, like a tower that
    topples at the first blow,
here is the man who falls and rises and eats dust and drags along,
the human insect who drills through the rock and drills through the
    centuries and eats away at the light,
here is the broken rock, the broken man, the broken light.

Open our eyes or close them—is it all the same?
Interior castles that thoughts burn down so that another may rise,
    purer, glittering, flaming,
the seed of an image that grows into a tree and shatters the skull,
a word seeking the lips that will speak it,
huge stones have fallen on the ancient human fountain,
there are centuries of stones, years of slabs, thick minutes piled on
    the human fountain.

Tell me, drought, stone polished by toothless time, by toothless
    hunger,
dust ground by teeth that are centuries, by centuries that are hungers,
tell me, broken waterjar in the dust, tell me,
is the light born to strike bone against bone, man against man, hunger
    against hunger,
till the spark, the cry, the word bursts out,
till the water gushes and the tree with wide turquoise leaves grows at
    last?

Hay que dormir con los ojos abiertos, hay que soñar con las manos,
soñemos sueños activos de río buscando su cauce, sueños de sol
soñando sus mundos,
hay que soñar en voz alta, hay que cantar hasta que el canto eche
raíces, tronco, ramas, pájaros, astros,
cantar hasta que el sueño engendre y brote del costado del dormido la
espiga roja de la resurrección,
el agua de la mujer, el manantial para beber y mirarse y reconocerse y
recobrarse,
el manantial para saberse hombre, el agua que habla a solas en la
noche y nos llama con nuestro nombre,
el manantial de las palabras para decir yo, tú, él, nosotros, bajo el gran
árbol viviente estatua de la lluvia,
para decir los pronombres hermosos y reconocernos y ser fieles a
nuestros nombres
hay que soñar hacia atrás, hacia la fuente, hay que remar siglos arriba,
más allá de la infancia, más allá del comienzo, más allá de las aguas
del bautismo,
echar abajo las paredes entre el hombre y el hombre, juntar de nuevo
lo que fue separado,
vida y muerte no son mundos contrarios, somos un solo tallo con dos
flores gemelas,
hay que desenterrar la palabra perdida, soñar hacia dentro y también
hacia afuera,
descifrar el tatuaje de la noche y mirar cara a cara al mediodía y
arrancarle su máscara,
bañarse en luz solar y comer los frutos nocturnos, deletrear la escritura
del astro y la del río,
recordar lo que dicen la sangre y la marea, la tierra y el cuerpo, volver
al punto de partida,
ni adentro ni afuera, ni arriba ni abajo, al cruce de caminos, adonde
empiezan los caminos,
porque la luz canta con un rumor de agua, con un rumor de follaje
canta el agua
y el alba está cargada de frutos, el día y la noche reconciliados fluyen
como un río manso,

We must sleep with eyes open, we must dream with our hands,
we must dream the active dreams of a river seeking its course, the
    dreams of the sun dreaming its worlds,
we must dream out loud, we must sing until the song sends out roots,
    trunk, branches, birds, stars,
sing until the dream begets and the red wheat of the resurrection is
    created from the rib of the sleeper,
the water of woman, the spring where we drink and look at ourselves
    and recognize ourselves and recover ourselves,
the spring for understanding that we are men, the water that speaks
    to itself in the night and calls us by our name,
the spring of words for saying I, you, he, we, under the great tree,
    living statue of the rain,
for saying the beautiful pronouns and recognizing ourselves and being
    loyal to our names,
we must dream backwards, toward the fountain, we must row against
    the centuries,
beyond childhood, beyond the beginning, beyond the waters of
    baptism,
throw down the walls between man and man, join again what was
    separated,
life and death are not opposite worlds, we are a single stem with two
    twin flowers, we must unearth the lost word, dream inward and
    dream outward,
decipher the night's tattoos and look face to face at the noon and tear
    off its mask,
bathe in the solar light and eat the nocturnal fruit, spell out the writing
    of the star and of the river,
remember what the blood, the tide, the earth, the body say, return to
    the point of departure,
neither inside nor outside, neither up nor down, at the crossroads,
    where the roads begin,
for light sings with a murmur of water, for water sings with a murmur
    of leaves,
and the dawn is heavy with fruit, day and night, reconciled, flow like
    a calm river,

el día y la noche se acarician largamente como un hombre y una
 mujer enamorados,
como un solo río interminable bajo arcos de siglos fluyen las estacio-
 nes y los hombres,
hacia allá, al centro vivo del origen, más allá de fin y comienzo

México, 1955

day and night slowly caress like a man and woman in love,
like an endless river, seasons and people flow under the arches of the
  centuries,
toward there, the living center of the origin, beyond the end and the
  beginning.

    Mexico City, 1955

Piedra de sol

❖❖ ❖❖

Sunstone

[1957]

Piedra de sol

un sauce de cristal, un chopo de agua,
un alto surtidor que el viento arquea,
un árbol bien plantado mas danzante,
un caminar de río que se curva,
avanza, retrocede, da un rodeo
y llega siempre:
                            un caminar tranquilo
de estrella o primavera sin premura,
agua que con los párpados cerrados
mana toda la noche profecías,
unánime presencia en oleaje,
ola tras ola hasta cubrirlo todo,
verde soberanía sin ocaso
como el deslumbramiento de las alas
cuando se abren en mitad del cielo,

un caminar entre las espesuras
de los días futuros y el aciago
fulgor de la desdicha como un ave
petrificando el bosque con su canto
y las felicidades inminentes
entre las ramas que se desvanecen,
horas de luz que pican ya los pájaros,
presagios que se escapan de la mano,

una presencia como un canto súbito,
como el viento cantando en el incendio,
una mirada que sostiene en vilo
al mundo con sus mares y sus montes,
cuerpo de luz filtrada por un ágata,
piernas de luz, vientre de luz, bahías,
roca solar, cuerpo color de nube,
color de día rápido que salta,
la hora centellea y tiene cuerpo,
el mundo ya es visible por tu cuerpo,
es transparente por tu transparencia,

Sunstone

a crystal willow, a poplar of water,
a tall fountain the wind arches over,
a tree deep-rooted yet dancing still,
a course of a river that turns, moves on,
doubles back, and comes full circle,
forever arriving:
                      the calm course
of the stars or an unhurried spring,
water with eyes closed welling over
with oracles all night long,
a single presence in a surge of waves,
wave after wave till it covers all,
a reign of green that knows no decline,
like the flash of wings unfolding in the sky,

a path through the wilderness of days to come,
and the gloomy splendor of misery like a bird
whose song can turn a forest to stone,
and the imminent joys on branches that vanish,
the hours of light pecked away by the birds,
and the omens that slip past the hand,

a sudden presence like a burst of song,
like the wind singing in a burning building,
a glance that holds the world and all
its seas and mountains dangling in the air,
body of light filtered through an agate,
thighs of light, belly of light, the bays,
the solar rock, cloud-colored body,
color of a brisk and leaping day,
the hour sparkles and has a body,
the world is visible through your body,
transparent through your transparency,

voy entre galerías de sonidos,
fluyo entre las presencias resonantes,
voy por las transparencias como un ciego,
un reflejo me borra, nazco en otro,
oh bosque de pilares encantados,
bajo los arcos de la luz penetro
los corredores de un otoño diáfano,

voy por tu cuerpo como por el mundo,
tu vientre es una plaza soleada,
tus pechos dos iglesias donde oficia
la sangre sus misterios paralelos,
mis miradas te cubren como yedra,
eres una ciudad que el mar asedia,
una muralla que la luz divide
en dos mitades de color durazno,
un paraje de sal, rocas y pájaros
bajo la ley del mediodía absorto,

vestida del color de mis deseos
como mi pensamiento vas desnuda,
voy por tus ojos como por el agua,
los tigres beben sueño en esos ojos,
el colibrí se quema en esas llamas,
voy por tu frente como por la luna,
como la nube por tu pensamiento,
voy por tu vientre como por tus sueños,

tu falda de maíz ondula y canta,
tu falda de cristal, tu falda de agua,
tus labios, tus cabellos, tus miradas,
toda la noche llueves, todo el día
abres mi pecho con tus dedos de agua,
cierras mis ojos con tu boca de agua,
sobre mis huesos llueves, en mi pecho
hunde raíces de agua un árbol líquido,

I travel my way through galleries of sound,
I flow among echoing presences,
I cross transparencies as though I were blind,
a reflection erases me, I'm born in another,
oh forest of pillars that are enchanted,
through arches of light I enter into
the corridors of a diaphanous fall,

I travel your body, like the world,
your belly is a plaza full of sun,
your breasts two churches where blood
performs its parallel rites,
my glances cover you like ivy,
you are a city the sea assaults,
a stretch of ramparts split by the light
in halves the color of peaches,
a domain of salt, rocks and birds,
under the rule of oblivious noon,

dressed in the color of my desires,
you go your way naked as my thoughts,
I travel your eyes, like the sea,
tigers drink their dreams in those eyes,
the hummingbird burns in those flames,
I travel your forehead, like the moon,
like the cloud that passes through your thoughts,
I travel your belly, like your dreams,

your skirt of corn ripples and sings,
your skirt of crystal, your skirt of water,
your lips, your hair, your glances rain
all through the night, and all day long
you open my chest with your fingers of water,
you close my eyes with your mouth of water,
you rain on my bones, a tree of liquid
sending roots of water into my chest,

voy por tu talle como por un río,
voy por tu cuerpo como por un bosque,
como por un sendero en la montaña
que en un abismo brusco se termina,
voy por tus pensamientos afilados
y a la salida de tu blanca frente
mi sombra despeñada se destroza,
recojo mis fragmentos uno a uno
y prosigo sin cuerpo, busco a tientas,

corredores sin fin de la memoria,
puertas abiertas a un salón vacío
donde se pudren todos los veranos,
las joyas de la sed arden al fondo,
rostro desvanecido al recordarlo,
mano que se deshace si la toco,
cabelleras de arañas en tumulto
sobre sonrisas de hace muchos años,

a la salida de mi frente busco,
busco sin encontrar, busco un instante,
un rostro de relámpago y tormenta
corriendo entre los árboles nocturnos,
rostro de lluvia en un jardín a obscuras,
agua tenaz que fluye a mi costado,

busco sin encontrar, escribo a solas,
no hay nadie, cae el día, cae el año,
caigo con el instante, caigo a fondo,
invisible camino sobre espejos
que repiten mi imagen destrozada,
piso días, instantes caminados,
piso los pensamientos de mi sombra,
piso mi sombra en busca de un instante,

I travel your length, like a river,
I travel your body, like a forest,
like a path in the mountain that ends at a cliff,
I travel along the edge of your thoughts,
and my shadow falls from your white forehead,
my shadow shatters, and I gather the pieces
and go on with no body, groping my way,

the endless corridors of memory,
the doors that open on an empty room
where all the summers have come to rot,
jewels of thirst burn at its depths,
the face that vanishes upon recall,
the hand that crumbles at my touch,
the hair spun by a mob of spiders
over the smiles of years ago,

setting out from my forehead, I search,
I search without finding, search for a moment,
a face of storm and lightning-flashes
racing through the trees of night,
a face of rain in a darkened garden,
relentless water that flows by my side,

I search without finding, I write alone,
there's no one here, and the day falls,
the year falls, I fall with the moment,
I fall to the depths, invisible path
over mirrors repeating my shattered image,
I walk through the days, the trampled moments,
I walk through all the thoughts of my shadow,
I walk through my shadow in search of a moment,

busco una fecha viva como un pájaro,
busco el sol de las cinco de la tarde
templado por los muros de tezontle:
la hora maduraba sus racimos
y al abrirse salían las muchachas
de su entraña rosada y se esparcían
por los patios de piedra del colegio,
alta como el otoño caminaba
envuelta por la luz bajo la arcada
y el espacio al ceñirla la vestía
de una piel más dorada y transparente,

tigre color de luz, pardo venado
por los alrededores de la noche,
entrevista muchacha reclinada
en los balcones verdes de la lluvia,
adolescente rostro innumerable,
he olvidado tu nombre, Melusina,
Laura, Isabel, Perséfona, María,
tienes todos los rostros y ninguno,
eres todas las horas y ninguna,
te pareces al árbol y a la nube,
eres todos los pájaros y un astro,
te pareces al filo de la espada
y a la copa de sangre del verdugo,
yedra que avanza, envuelve y desarraiga
al alma y la divide de sí misma,

escritura de fuego sobre el jade,
grieta en la roca, reina de serpientes,
columna de vapor, fuente en la peña,
circo lunar, peñasco de las águilas,
grano de anís, espina diminuta
y mortal que da penas inmortales,
pastora de los valles submarinos
y guardiana del valle de los muertos,
liana que cuelga del cantil del vértigo,

I search for an instant alive as a bird,
for the sun of five in the afternoon
tempered by walls of porous stone:
the hour ripened its cluster of grapes,
and bursting, girls spilled out from the fruit,
scattering in the cobblestone patios of the school,
one was tall as autumn and walked
through the arcades enveloped in light,
and space encircled and dressed her in a skin
even more golden and more transparent,

tiger the color of light, brown deer
on the outskirts of night, girl glimpsed
leaning over green balconies of rain,
adolescent incalculable face,
I've forgotten your name, Melusina,
Laura, Isabel, Persephone, Mary,
your face is all the faces and none,
you are all the hours and none,
you're a tree and a cloud, all the birds
and a single star, the edge of the sword
and the executioner's bowl of blood,
the ivy that creeps, envelops, uproots
the soul, and severs it from itself,

writing of fire on a piece of jade,
crack in the stone, queen of snakes,
column of mist, spring in the rock,
lunar circus, aerie of eagles,
anise seed, thorn tiny and mortal,
thorn that brings immortal pain,
shepherdess of valleys under the sea,
gatekeeper of the valley of the dead,
liana that drops from the cliffs of vertigo,

enredadera, planta venenosa,
flor de resurrección, uva de vida,
señora de la flauta y del relámpago,
terraza del jazmín, sal en la herida,
ramo de rosas para el fusilado,
nieve en agosto, luna del patíbulo,
escritura del mar sobre el basalto,
escritura del viento en el desierto,
testamento del sol, granada, espiga,

rostro de llamas, rostro devorado,
adolescente rostro perseguido
años fantasmas, días circulares
que dan al mismo patio, al mismo muro,
arde el instante y son un solo rostro
los sucesivos rostros de la llama,
todos los nombres son un solo nombre,
todos los rostros son un solo rostro,
todos los siglos son un solo instante
y por todos los siglos de los siglos
cierra el paso al futuro un par de ojos,

no hay nada frente a mí, sólo un instante
rescatado esta noche, contra un sueño
de ayuntadas imágenes soñado,
duramente esculpido contra el sueño,
arrancado a la nada de esta noche,
a pulso levantado letra a letra,
mientras afuera el tiempo se desboca
y golpea las puertas de mi alma
el mundo con su horario carnicero,

sólo un instante mientras las ciudades,
los nombres, los sabores, lo vivido,
se desmoronan en mi frente ciega,
mientras la pesadumbre de la noche
mi pensamiento humilla y mi esqueleto,

tangling vine, poisonous plant,
resurrection flower, grape of life,
lady of the flute and the lightning-flash,
terrace of jasmine, salt in the wound,
branch of roses for the man shot down,
snow in August, gallows' moon,
writing of the sea on basalt rock,
writing of the wind on desert sand,
the sun's last will, pomegranate, wheat,

face of flames, face devoured,
adolescent face plagued by phantom years
and circular days that open out
on the same patio, the same wall,
the moment is aflame, and all the faces
that appear in the flames are a single face,
all of the names are a single name,
all of the faces a single face,
all of the centuries a single moment,
and through all the centuries of the centuries
a pair of eyes blocks the way to the future,

there's nothing in front of me,
only a moment salvaged this night
from a dream of coupled images dreamed,
a moment chiseled from the dream,
torn from the nothing of this night,
lifted by hand, letter by letter,
while time, outside, is screaming curses,
and pounding at the doors of my soul
is the world with its bloodstained schedules,

only a moment while cities, names,
flavors and everything that is alive
all crumble inside my blind skull,
while the sorrows of night press on my thoughts,

y mi sangre camina más despacio
y mis dientes se aflojan y mis ojos
se nublan y los días y los años
sus horrores vacíos acumulan,

mientras el tiempo cierra su abanico
y no hay nada detrás de sus imágenes
el instante se abisma y sobrenada
rodeado de muerte, amenazado
por la noche y su lúgubre bostezo,
amenazado por la algarabía
de la muerte vivaz y enmascarada
el instante se abisma y se penetra,
como un puño se cierra, como un fruto
que madura hacia dentro de sí mismo
y a sí mismo se bebe y se derrama
el instante translúcido se cierra
y madura hacia dentro, echa raíces,
crece dentro de mí, me ocupa todo,
me expulsa su follaje delirante,
mis pensamientos sólo son sus pájaros,
su mercurio circula por mis venas,
árbol mental, frutos sabor de tiempo,

oh vida por vivir y ya vivida,
tiempo que vuelve en una marejada
y se retira sin volver el rostro,
lo que pasó no fue pero está siendo
y silenciosamente desemboca
en otro instante que se desvanece:

frente a la tarde de salitre y piedra
armada de navajas invisibles
una roja escritura indescifrable
escribes en mi piel y esas heridas
como un traje de llamas me recubren,

weigh down my spine, and my blood runs
a little slower, my teeth wobble,
my eyes cloud over, and the days
and years heap their empty horrors,

while time folds its fan shut
and behind its images there's nothing,
the moment plunges into itself
and floats surrounded by death,
threatened by night's lugubrious yawn,
threatened by death that is masked and alive,
the moment plunges into itself,
enters itself like a closing fist,
like a fruit that ripens towards its center
and drinks from itself, spilling over,
the moment, translucent, seals itself off
and ripens inward, sends out roots,
grows within me, taking me over,
its feverish leafing drives me away,
my thoughts are nothing more than its birds,
its mercury runs through my veins, tree
of the mind, fruit that tastes of time,

oh life to live, life already lived,
time that comes back in a swell of sea,
time that recedes without turning its head,
the past is not past, it is still passing by,
flowing silently into the next vanishing moment:

in an afternoon of stone and saltpeter,
armed with invisible razors you write
in red illegible script on my skin,
and the wounds dress me like a suit of flames,

ardo sin consumirme, busco el agua
y en tus ojos no hay agua, son de piedra,
y tus pechos, tu vientre, tus caderas
son de piedra, tu boca sabe a polvo,
tu boca sabe a tiempo emponzoñado,
tu cuerpo sabe a pozo sin salida,
pasadizo de espejos que repiten
los ojos del sediento, pasadizo
que vuelve siempre al punto de partida,
y tú me llevas ciego de la mano
por esas galerías obstinadas
hacia el centro del círculo y te yergues
como un fulgor que se congela en hacha,
como luz que desuella, fascinante
como el cadalso para el condenado,
flexible como el látigo y esbelta
como un arma gemela de la luna,
y tus palabras afiladas cavan
mi pecho y me despueblan y vacían,
uno a uno me arrancas los recuerdos,
he olvidado mi nombre, mis amigos
gruñen entre los cerdos o se pudren
comidos por el sol en un barranco,

no hay nada en mí sino una larga herida,
una oquedad que ya nadie recorre,
presente sin ventanas, pensamiento
que vuelve, se repite, se refleja
y se pierde en su misma transparencia,
conciencia traspasada por un ojo
que se mira mirarse hasta anegarse
de claridad:
        yo vi tu atroz escama,
Melusina, brillar verdosa al alba,
dormías enroscada entre las sábanas
y al despertar gritaste como un pájaro

I burn without end, I search for water,
in your eyes there's no water, they're made of stone,
and your breasts, your belly, your hips are stone,
your mouth tastes of dust, your mouth tastes
like poisoned time, your body tastes
like a well that's been sealed, passage of mirrors
where anxious eyes repeat, passage
that always leads back to where it began,
you take me, a blind man, led by the hand,
through relentless galleries toward the center
of the circle, and you rise like splendor
hardened into an ax, like light that flays,
engrossing as a gallows is to the doomed,
flexible as whips and thin as a weapon
that's twin to the moon, your sharpened words
dig out my chest, depopulate me
and leave me empty, one by one
you extract my memories, I've forgotten my name,
my friends grunt in a wallow with the pigs
or rot in ravines eaten by the sun,

there is nothing inside me but a large wound,
a hollow place where no one goes,
a windowless present, a thought that returns
and repeats itself, reflects itself,
and loses itself in its own transparency,
a mind transfixed by an eye that watches
it watching itself till it drowns itself
in clarity:
                    I saw your horrid scales,
Melusina, shining green in the dawn,
you slept twisting between the sheets,
you woke shrieking like a bird,

y caíste sin fin, quebrada y blanca,
nada quedó de ti sino tu grito,
y al cabo de los siglos me descubro
con tos y mala vista, barajando
viejas fotos:
                        no hay nadie, no eres nadie,
un montón de ceniza y una escoba,
un cuchillo mellado y un plumero,
un pellejo colgado de unos huesos,
un racimo ya seco, un hoyo negro
y en el fondo del hoyo los dos ojos
de una niña ahogada hace mil años,

miradas enterradas en un pozo,
miradas que nos ven desde el principio,
mirada niña de la madre vieja
que ve en el hijo grande un padre joven,
mirada madre de la niña sola
que ve en el padre grande un hijo niño,
miradas que nos miran desde el fondo
de la vida y son trampas de la muerte
—¿o es al revés: caer en esos ojos
es volver a la vida verdadera?,

¡caer, volver, soñarme y que me sueñen
otros ojos futuros, otra vida,
otras nubes, morirme de otra muerte!
—esta noche me basta, y este instante
que no acaba de abrirse y revelarme
dónde estuve, quién fui, cómo te llamas,
cómo me llamo yo:
                        ¿hacía planes
para el verano—y todos los veranos—
en Christopher Street, hace diez años,
con Filis que tenía dos hoyuelos
donde bebían luz los gorriones?,

and you fell and fell, till white and broken,
nothing remained of you but your scream,
and I find myself at the end of time
with bad eyes and a cough, rummaging through
the old photos:
                        there's no one, you're no one,
a heap of ashes and a worn-out broom,
a rusted knife and a feather-duster,
a pelt that hangs from a pack of bones,
a withered branch, a black hole,
and there at the bottom the eyes of a girl
drowned a thousand years ago,

glances buried deep in a well,
glances that have watched us since the beginning,
the girl's glance of the aged mother
who sees her grown son a young father,
the mother's glance of the lonely girl
who sees her father a young son,
glances that watch us from the depths
of life, and are the traps of death
—or what if that falling into those eyes
were the way back to true life?

to fall, to go back, to dream myself,
to be dreamed by other eyes that will come,
another life, other clouds,
to die yet another death!
—this night is enough, this moment that never
stops opening out, revealing to me
where I was, who I was, what your name is,
what my name is:
                        was it I making plans
for the summer—and for all the summers—
on Christopher Street, ten years ago,
with Phyllis, who had two dimples in her cheeks
where sparrows came to drink the light?

¿por la Reforma Carmen me decía
«no pesa el aire, aquí siempre es octubre»,
o se lo dijo a otro que he perdido
o yo lo invento y nadie me lo ha dicho?,
¿caminé por la noche de Oaxaca,
inmensa y verdinegra como un árbol,
hablando solo como el viento loco
y al llegar a mi cuarto—siempre un cuarto—
no me reconocieron los espejos?,
¿desde el hotel Vernet vimos al alba
bailar con los castaños—«ya es muy tarde»
decías al peinarte y yo veía
manchas en la pared, sin decir nada?,
¿subimos juntos a la torre, vimos
caer la tarde desde el arrecife?,
¿comimos uvas en Bidart?, ¿compramos
gardenias en Perote?,

                        nombres, sitios,
calles y calles, rostros, plazas, calles,
estaciones, un parque, cuartos solos,
manchas en la pared, alguien se peina,
alguien canta a mi lado, alguien se viste,
cuartos, lugares, calles, nombres, cuartos,

Madrid, 1937,
en la Plaza del Ángel las mujeres
cosían y cantaban con sus hijos,
después sonó la alarma y hubo gritos,
casas arrodilladas en el polvo,
torres hendidas, frentes escupidas
y el huracán de los motores, fijo:
los dos se desnudaron y se amaron
por defender nuestra porción eterna,
nuestra ración de tiempo y paraíso,
tocar nuestra raíz y recobrarnos,
recobrar nuestra herencia arrebatada

on the Reforma did Carmen say to me,
"the air's so crisp here, it's always October,"
or was she speaking to another I've forgotten,
or did I invent it and no one said it?
in Oaxaca was I walking through a night
black-green and enormous as a tree,
talking to myself like the crazy wind,
and reaching my room—always a room—
was it true the mirrors didn't know me?
did we watch the dawn from the Hotel Vernet
dancing with the chestnut trees—
did you say "it's late," combing your hair,
did I watch the stains on the wall and say nothing?
did the two of us climb the tower together,
did we watch evening fall on the reef?
did we eat grapes in Bidart? in Perote
did we buy gardenias?
                names, places,
streets and streets, faces, plazas,
streets, a park, stations, single
rooms, stains on the wall, someone
combing her hair, someone dressing,
someone singing at my side, rooms,
places, streets, names, rooms,

Madrid, 1937,
in the Plaza del Ángel the women were sewing
and singing along with their children,
then: the sirens' wail, and the screaming,
houses brought to their knees in the dust,
towers cracked, facades spat out
and the hurricane drone of the engines:
the two took off their clothes and made love
to protect our share of all that's eternal,
to defend our ration of paradise and time,
to touch our roots, to rescue ourselves,
to rescue the inheritance stolen from us

por ladrones de vida hace mil siglos,
los dos se desnudaron y besaron
porque las desnudeces enlazadas
saltan el tiempo y son invulnerables,
nada las toca, vuelven al principio,
no hay tú ni yo, mañana, ayer ni nombres,
verdad de dos en sólo un cuerpo y alma,
oh ser total ...
              cuartos a la deriva
entre ciudades que se van a pique,
cuartos y calles, nombres como heridas,
el cuarto con ventanas a otros cuartos
con el mismo papel descolorido
donde un hombre en camisa lee el periódico
o plancha una mujer; el cuarto claro
que visitan las ramas del durazno;
el otro cuarto: afuera siempre llueve
y hay un patio y tres niños oxidados;
cuartos que son navíos que se mecen
en un golfo de luz; o submarinos:
el silencio se esparce en olas verdes,
todo lo que tocamos fosforece;
mausoleos del lujo, ya roídos
los retratos, raídos los tapetes;
trampas, celdas, cavernas encantadas,
pajareras y cuartos numerados,
todos se transfiguran, todos vuelan,
cada moldura es nube, cada puerta
da al mar, al campo, al aire, cada mesa
es un festín; cerrados como conchas
el tiempo inútilmente los asedia,
no hay tiempo ya, ni muro: ¡espacio, espacio,
abre la mano, coge esta riqueza,
corta los frutos, come de la vida,
tiéndete al pie del árbol, bebe el agua!,

by the thieves of life centuries ago,
the two took off their clothes and kissed
because two bodies, naked and entwined,
leap over time, they are invulnerable,
nothing can touch them, they return to the source,
there is no you, no I, no tomorrow,
no yesterday, no names, the truth of two
in a single body, a single soul,
oh total being . . .
                    rooms adrift
in the foundering cities, rooms and streets,
names like wounds, the room with windows
looking out on other rooms
with the same discolored wallpaper,
where a man in shirtsleeves reads the news
or a woman irons; the sunlit room
whose only guest is the branches of a peach;
and the other room, where it's always raining
outside on the patio and the three boys
who have rusted green; rooms that are ships
that rock in a gulf of light; rooms
that are submarines: where silence dissolves
into green waves, and all that we touch
phosphoresces; and the tombs of luxury,
with their portraits nibbled, their rugs unraveling;
and the traps, the cells, the enchanted grottoes,
the bird cages and the numbered rooms,
all are transformed, all take flight,
every moulding is a cloud, every door
leads to the sea, the country, the open
air, every table is set for a banquet;
impenetrable as conches, time lays siege
to them in vain, there is no more time,
there are no walls: space, space,
open your hand, gather these riches,
pluck the fruit, eat of life,
stretch out under the tree and drink!

todo se transfigura y es sagrado,
es el centro del mundo cada cuarto,
es la primera noche, el primer día,
el mundo nace cuando dos se besan,
gota de luz de entrañas transparentes
el cuarto como un fruto se entreabre
o estalla como un astro taciturno
y las leyes comidas de ratones,
las rejas de los bancos y las cárceles,
las rejas de papel, las alambradas,
los timbres y las púas y los pinchos,
el sermón monocorde de las armas,
el escorpión meloso y con bonete,
el tigre con chistera, presidente
del Club Vegetariano y la Cruz Roja,
el burro pedagogo, el cocodrilo
metido a redentor, padre de pueblos,
el Jefe, el tiburón, el arquitecto
del porvenir, el cerdo uniformado,
el hijo predilecto de la Iglesia
que se lava la negra dentadura
con el agua bendita y toma clases
de inglés y democracia, las paredes
invisibles, las máscaras podridas
que dividen al hombre de los hombres,
al hombre de sí mismo,
                        se derrumban
por un instante inmenso y vislumbramos
nuestra unidad perdida, el desamparo
que es ser hombres, la gloria que es ser hombres
y compartir el pan, el sol, la muerte,
el olvidado asombro de estar vivos;

amar es combatir, si dos se besan
el mundo cambia, encarnan los deseos,
el pensamiento encarna, brotan alas

all is transformed, all is sacred,
every room is the center of the world,
it's still the first night, and the first day,
the world is born when two people kiss,
a drop of light from transparent juices,
the room cracks half-open like a fruit
or explodes in silence like a star,
and the laws chewed away by the rats,
the iron bars of the banks and jails,
the paper bars, the barbed wire,
the rubber stamps, the pricks and goads,
the droning one-note sermon on war,
the mellifluous scorpion in a cap and gown,
the top-hatted tiger, chairman of the board
of the Red Cross and the Vegetarian Society,
the schoolmaster donkey, the crocodile cast
in the role of savior, father of the people,
the Boss, the shark, the architect of the future,
the uniformed pig, the favorite son
of the Church who washes his blackened dentures
in holy water and takes classes in civics
and conversational English, the invisible walls,
the rotten masks that divide one man
from another, one man from himself,
                                   they crumble
for one enormous moment and we glimpse
the unity that we lost, the desolation
of being man, and all its glories,
sharing bread and sun and death,
the forgotten astonishment of being alive;

to love is to battle, if two kiss
the world changes, desires take flesh,
thoughts take flesh, wings sprout

en las espaldas del esclavo, el mundo
es real y tangible, el vino es vino,
el pan vuelve a saber, el agua es agua,
amar es combatir, es abrir puertas,
dejar de ser fantasma con un número
a perpetua cadena condenado
por un amo sin rostro;

       el mundo cambia
si dos se miran y se reconocen,
amar es desnudarse de los nombres:
«déjame ser tu puta», son palabras
de Eloísa, mas él cedió a las leyes,
la tomó por esposa y como premio
lo castraron después;

       mejor el crimen,
los amantes suicidas, el incesto
de los hermanos como dos espejos
enamorados de su semejanza,
mejor comer el pan envenenado,
el adulterio en lechos de ceniza,
los amores feroces, el delirio,
su yedra ponzoñosa, el sodomita
que lleva por clavel en la solapa
un gargajo, mejor ser lapidado
en las plazas que dar vuelta a la noria
que exprime la substancia de la vida,
cambia la eternidad en horas huecas,
los minutos en cárceles, el tiempo
en monedas de cobre y mierda abstracta;

mejor la castidad, flor invisible
que se mece en los tallos del silencio,
el difícil diamante de los santos
que filtra los deseos, sacia al tiempo,
nupcias de la quietud y el movimiento,
canta la soledad en su corola,

on the backs of the slave, the world is real
and tangible, wine is wine, bread
regains its savor, water is water,
to love is to battle, to open doors,
to cease to be a ghost with a number
forever in chains, forever condemned
by a faceless master;
                          the world changes
if two look at each other and see,
to love is to undress our names:
"let me be your whore" said Héloise,
but he chose to submit to the law
and made her his wife, and they rewarded him
with castration;
                    better the crime,
the suicides of lovers, the incest committed
by brother and sister like two mirrors
in love with their likeness, better to eat
the poisoned bread, adultery on a bed
of ashes, ferocious love, the poisonous
vines of delirium, the sodomite who wears
a gob of spit for a rose in his lapel,
better to be stoned in the plaza than to turn
the mill that squeezes out the juice of life,
that turns eternity into empty hours,
minutes into prisons, and time into
copper coins and abstract shit;

better chastity, the invisible flower
that rocks atop the stalks of silence,
the difficult diamond of the holy saints
that filters desires, satiates time,
the marriage of quietude and motion,
solitude sings within its corolla,

pétalo de cristal es cada hora,
el mundo se despoja de sus máscaras
y en su centro, vibrante transparencia,
lo que llamamos Dios, el ser sin nombre,
se contempla en la nada, el ser sin rostro
emerge de sí mismo, sol de soles,
plenitud de presencias y de nombres;

sigo mi desvarío, cuartos, calles,
camino a tientas por los corredores
del tiempo y subo y bajo sus peldaños
y sus paredes palpo y no me muevo,
vuelvo a donde empecé, busco tu rostro,
camino por las calles de mí mismo
bajo un sol sin edad, y tú a mi lado
caminas como un árbol, como un río
caminas y me hablas como un río,
creces como una espiga entre mis manos,
lates como una ardilla entre mis manos,
vuelas como mil pájaros, tu risa
me ha cubierto de espumas, tu cabeza
es un astro pequeño entre mis manos,
el mundo reverdece si sonríes
comiendo una naranja,

                              el mundo cambia
si dos, vertiginosos y enlazados,
caen sobre la yerba: el cielo baja,
los árboles ascienden, el espacio
sólo es luz y silencio, sólo espacio
abierto para el águila del ojo,
pasa la blanca tribu de las nubes,
rompe amarras el cuerpo, zarpa el alma,
perdemos nuestros nombres y flotamos
a la deriva entre el azul y el verde,
tiempo total donde no pasa nada
sino su propio transcurrir dichoso,

every hour is a petal of crystal,
the world strips off its masks,
and at its heart, a transparent shimmer
that we call God, nameless being
who studies himself in the void, faceless
being emerged from himself, sun
of suns, plenitude of presences and names;

I follow my raving, rooms, streets,
I grope my way through corridors of time,
I climb and descend its stairs, I touch
its walls and do not move, I go back
to where I began, I search for your face,
I walk through the streets of myself
under an ageless sun, and by my side
you walk like a tree, you walk like a river,
and talk to me like the course of a river,
you grow like wheat between my hands,
you throb like a squirrel between my hands,
you fly like a thousand birds, and your laugh
is like the spray of the sea, your head
is a star between my hands, the world
grows green again when you smile,
eating an orange,
                        the world changes
if two, dizzy and entwined, fall
on the grass: the sky comes down, trees
rise, space becomes nothing but light
and silence, open space for the eagle
of the eye, the white tribe of clouds
goes by, and the body weighs anchor,
the soul sets sail, and we lose
our names and float adrift in the blue
and green, total time where nothing
happens but its own, easy crossing,

no pasa nada, callas, parpadeas
(silencio: cruzó un ángel este instante
grande como la vida de cien soles),
¿no pasa nada, sólo un parpadeo?
—y el festín, el destierro, el primer crimen,
la quijada del asno, el ruido opaco
y la mirada incrédula del muerto
al caer en el llano ceniciento,
Agamenón y su mugido inmenso
y el repetido grito de Casandra
más fuerte que los gritos de las olas,
Sócrates en cadenas (el sol nace,
morir es despertar: «Critón, un gallo
a Esculapio, ya sano de la vida»),
el chacal que diserta entre las ruinas
de Nínive, la sombra que vio Bruto
antes de la batalla, Moctezuma
en el lecho de espinas de su insomnio,
el viaje en la carreta hacia la muerte
—el viaje interminable mas contado
por Robespierre minuto tras minuto,
la mandíbula rota entre las manos—,
Churruca en su barrica como un trono
escarlata, los pasos ya contados
de Lincoln al salir hacia el teatro,
el estertor de Trotski y sus quejidos
de jabalí, Madero y su mirada
que nadie contestó: ¿por qué me matan?,
los carajos, los ayes, los silencios
del criminal, el santo, el pobre diablo,
cementerios de frases y de anécdotas
que los perros retóricos escarban,
el animal que muere y que lo sabe,
saber común, inútil, ruido obscuro
de la piedra que cae, el son monótono
de huesos machacados en la riña
y la boca de espuma del profeta

nothing happens, you're quiet, you blink,
(silence: just now an angel crossed,
huge as the life of a hundred suns),
is nothing happening, only a blink?
—and the banquet, the exile, the first crime,
the jawbone of the ass, the opaque thud
and the startled glance of the dead falling
on an ash-strewn plain, Agamemnon's
great bellow, the screams of Cassandra,
over and over, louder than the sea,
Socrates in chains (the sun rises,
to die is to wake: "Crito, a cock
for Aesculapius, I am cured of life"),
the jackal discoursing in the ruins of Nineveh,
the shade that appeared to Brutus on the eve
of the battle, Moctezuma insomniac
on his bed of thorns, the ride in the carriage
toward death—the interminable ride,
counted minute by minute by Robespierre,
his broken jaw between his hands,
Churruca on his cask like a scarlet throne,
the numbered steps of Lincoln as he left
for the theater, Trotsky's death-rattle
and his howl like a boar, Madero's gaze
that no one returned: why are they killing me?,
and the curses, the sighs, the silence
of the criminal, the saint, the poor devil,
graveyards of anecdotes and phrases scratched up
by rhetorical dogs, the animal who's dying
and knows it, the useless common knowledge,
the dark sound of the falling stone, the monotonous
sound of bones being crushed in the fray
and the foaming mouth of the prophet

y su grito y el grito del verdugo
y el grito de la víctima ...
                              son llamas
los ojos y son llamas lo que miran,
llama la oreja y el sonido llama,
brasa los labios y tizón la lengua,
el tacto y lo que toca, el pensamiento
y lo pensado, llama el que lo piensa,
todo se quema, el universo es llama,
arde la misma nada que no es nada
sino un pensar en llamas, al fin humo:
no hay verdugo ni víctima ...
                              ¿y el grito
en la tarde del viernes?, y el silencio
que se cubre de signos, el silencio
que dice sin decir, ¿no dice nada?,
¿no son nada los gritos de los hombres?,
¿no pasa nada cuando pasa el tiempo?

—no pasa nada, sólo un parpadeo
del sol, un movimiento apenas, nada,
no hay redención, no vuelve atrás el tiempo,
los muertos están fijos en su muerte
y no pueden morirse de otra muerte,
intocables, clavados en su gesto,
desde su soledad, desde su muerte
sin remedio nos miran sin mirarnos,
su muerte ya es la estatua de su vida,
un siempre estar ya nada para siempre,
cada minuto es nada para siempre,
un rey fantasma rige tus latidos
y tu gesto final, tu dura máscara
labra sobre tu rostro cambiante:
el monumento somos de una vida
ajena y no vivida, apenas nuestra,

and his scream and the scream of the hangman
and the scream of the victim ...
                              eyes are flames,
what they see is flames, the ear a flame
and sounds a flame, lips are coals,
the tongue is a poker, touch and the touched,
thought and the thought-of, he who thinks
is flame, all is burning, the universe
is flame, the nothing is burning, the nothing
that is only a thought in flames, and nothing
in the end but smoke: there is no victim,
there is no hangman ...
                              and the cry on Friday
afternoon?, and the silence covered in signs,
the silence that speaks without ever speaking,
does it say nothing? are cries nothing?
does nothing happen as time passes by?

—nothing happens, only a blink
of the sun, nothing, barely a motion,
there is no redemption, time can never
turn back, the dead are forever
fixed in death and cannot die
another death, they are untouchable,
frozen in a gesture, and from their solitude,
from their death, they watch us,
helpless, without ever watching,
their death is now a statue of their life,
an eternal being eternally nothing,
every minute is eternally nothing,
a ghostly king rules over your heartbeat
and your final expression, a hard mask
is formed over your changing face:
the monument that we are to a life,
unlived and alien, barely ours,

—¿la vida, cuándo fue de veras nuestra?,
¿cuándo somos de veras lo que somos?,
bien mirado no somos, nunca somos
a solas sino vértigo y vacío,
muecas en el espejo, horror y vómito,
nunca la vida es nuestra, es de los otros,
la vida no es de nadie, todos somos
la vida—pan de sol para los otros,
los otros todos que nosotros somos—,
soy otro cuando soy, los actos míos
son más míos si son también de todos,
para que pueda ser he de ser otro,
salir de mí, buscarme entre los otros,
los otros que no son si yo no existo,
los otros que me dan plena existencia,
no soy, no hay yo, siempre somos nosotros,
la vida es otra, siempre allá, más lejos,
fuera de ti, de mí, siempre horizonte,
vida que nos desvive y enajena,
que nos inventa un rostro y lo desgasta,
hambre de ser, oh muerte, pan de todos,

Eloísa, Perséfona, María,
muestra tu rostro al fin para que vea
mi cara verdadera, la del otro,
mi cara de nosotros siempre todos,
cara de árbol y de panadero,
de chofer y de nube y de marino,
cara de sol y arroyo y Pedro y Pablo,
cara de solitario colectivo,
despiértame, ya nazco:
                              vida y muerte
pactan en ti, señora de la noche,
torre de claridad, reina del alba,

—when was life ever truly ours?
when are we ever what we are?
we are ill-reputed, nothing more
than vertigo and emptiness, a frown in the mirror,
horror and vomit, life is never
truly ours, it always belongs to the others,
life is no one's, we all are life—
bread of the sun for the others,
the others that we all are—,
when I am I am another, my acts
are more mine when they are the acts
of others, in order to be I must be another,
leave myself, search for myself
in the others, the others that don't exist
if I don't exist, the others that give me
total existence, I am not,
there is no I, we are always us,
life is other, always there,
further off, beyond you and
beyond me, always on the horizon,
life which unlives us and makes us strangers,
that invents our face and wears it away,
hunger for being, oh death, our bread,

Mary, Persephone, Héloise, show me
your face that I may see at last
my true face, that of another,
my face forever the face of us all,
face of the tree and the baker of bread,
face of the driver and the cloud and the sailor,
face of the sun and face of the stream,
face of Peter and Paul, face
of this crowd of hermits, wake me up,
I've already been born:
                              life and death
make a pact within you, lady of night,
tower of clarity, queen of dawn,

virgen lunar, madre del agua madre,
cuerpo del mundo, casa de la muerte,
caigo sin fin desde mi nacimiento,
caigo en mí mismo sin tocar mi fondo,
recógeme en tus ojos, junta el polvo
disperso y reconcilia mis cenizas,
ata mis huesos divididos, sopla
sobre mi ser, entiérrame en tu tierra,
tu silencio dé paz al pensamiento
contra sí mismo airado;
                              abre la mano,
señora de semillas que son días,
el día es inmortal, asciende, crece,
acaba de nacer y nunca acaba,
cada día es nacer, un nacimiento
es cada amanecer y yo amanezco,
amanecemos todos, amanece
el sol cara de sol, Juan amanece
con su cara de Juan cara de todos,
puerta del ser, despiértame, amanece,
déjame ver el rostro de este día,
déjame ver el rostro de esta noche,
todo se comunica y transfigura,
arco de sangre, puente de latidos,
llévame al otro lado de esta noche,
adonde yo soy tú somos nosotros,
al reino de pronombres enlazados,

puerta del ser: abre tu ser, despierta,
aprende a ser también, labra tu cara,
trabaja tus facciones, ten un rostro
para mirar mi rostro y que te mire,
para mirar la vida hasta la muerte,
rostro de mar, de pan, de roca y fuente,
manantial que disuelve nuestros rostros

lunar virgin, mother of mother sea,
body of the world, house of death,
I've been falling endlessly since my birth,
I fall in myself without touching bottom,
gather me in your eyes, collect
my scattered dust and reconcile my ashes,
bind these unjointed bones, blow over
my being, bury me deep in your earth,
and let your silence bring peace to thought
that rages against itself:
                              open
your hand, lady of seeds that are days,
the day is immortal, it rises and grows,
it has just been born, its birth never ends,
each day is a birth, each dawn is a birth
and I am dawning, we all are dawning,
the sun dawns with the face of the sun,
John dawns with John's face,
the face of John that is everyone's face,

door of being, dawn and wake me,
allow me to see the face of this day,
allow me to see the face of this night,
all communicates, all is transformed,
arch of blood, bridge of the pulse,
take me to the other side of this night,
where I am you, we are us,
the kingdom where pronouns are intertwined,

door of being: open your being
and wake, learn to be, form
your face, develop your features, have
a face I can see to see my face,
to see life until its death, a face
of the sea, bread, rocks and a fountain,
source where all our faces dissolve

en el rostro sin nombre, el ser sin rostro,
indecible presencia de presencias ...

quiero seguir, ir más allá, y no puedo:
se despeñó el instante en otro y otro,
dormí sueños de piedra que no sueña
y al cabo de los años como piedras
oí cantar mi sangre encarcelada,
con un rumor de luz el mar cantaba,
una a una cedían las murallas,
todas las puertas se desmoronaban
y el sol entraba a saco por mi frente,
despegaba mis párpados cerrados,
desprendía mi ser de su envoltura,
me arrancaba de mí, me separaba
de mi bruto dormir siglos de piedra
y su magia de espejos revivía
un sauce de cristal, un chopo de agua,
un alto surtidor que el viento arquea,
un árbol bien plantado mas danzante,
un caminar de río que se curva,
avanza, retrocede, da un rodeo
y llega siempre:

México, 1957

in the nameless face, the faceless being,
the unspeakable presence of presences ...

I want to go on, to go further, and cannot:
as each moment was dropping into another
I dreamt the dreams of dreamless stones,
and there at the end of the years like stones
I heard my blood, singing in its prison,
and the sea sang with a murmur of light,
one by one the walls gave way,
all of the doors were broken down,
and the sun came bursting through my forehead,
it tore apart my closed lids,
cut loose my being from its wrappers,
and pulled me out of myself to wake me
from this animal sleep and its centuries of stone,
and the sun's magic of mirrors revived
a crystal willow, a poplar of water,
a tall fountain the wind arches over,
a tree deep-rooted yet dancing still,
a course of a river that turns, moves on,
doubles back, and comes full circle,
forever arriving:

Mexico City, 1957

FROM

Salamandra

❖❧ ❖❧

Salamander

[1958–1961]

Madrugada

Rápidas manos frías
retiran una a una
las vendas de la sombra
Abro los ojos
                    todavía
estoy vivo
                    en el centro
de una herida todavía fresca

Aquí

Mis pasos en esta calle
resuenan
                    en otra calle
donde
                    oigo mis pasos
pasar en esta calle
donde

Sólo es real la niebla

Dawn

Cold rapid hands
draw back one by one
the bandages of dark
I open my eyes
             still
I am living
          at the center
of a wound still fresh

                     [CT]

Here

My footsteps in this street
echo
        in another street
where
        I hear my footsteps
passing in this street
where

Only the mist is real

Disparo

A Lasse Söderberg

Salta la palabra
adelante del pensamiento
adelante del sonido
la palabra salta como un caballo
adelante del viento
como un novillo de azufre
adelante de la noche
se pierde por las calles de mi cráneo
en todas partes las huellas de la fiera
en la cara del árbol el tatuaje escarlata
en la frente del torreón el tatuaje de hielo
en el sexo de la iglesia el tatuaje eléctrico
sus uñas en tu cuello
sus patas en tu vientre
la señal violeta
el tornasol que gira hasta el blanco
hasta el grito hasta el basta
el girasol que gira como un ay desollado
la firma del sin nombre a lo largo de tu piel
en todas partes el grito que ciega
la oleada negra que cubre el pensamiento
la campana furiosa que tañe en mi frente
la campana de sangre en mi pecho
la imagen que ríe en lo alto de la torre
la palabra que revienta las palabras
la imagen que incendia todos los puentes
la desaparecida en mitad del abrazo
la vagabunda que asesina a los niños
la idiota la mentirosa la incestuosa
la corza perseguida
la mendiga profética
la muchacha que en mitad de la vida
me despierta y me dice *acuérdate*

Shot
for Lasse Söderberg

The word leaps
in front of thought
in front of sound
the word leaps like a horse
in front of the wind
like a sulfur bull
in front of the night
it's lost in the streets of my skull
the tracks of the beast are everywhere
the scarlet tattoo on the face of the tree
the ice tattoo on the tower's forehead
the electric tattoo on the sex of the church
its claws in your neck
its paws on your belly
the violet sign
the sunflower that turns toward the target
toward the scream toward the bored
the sunflower that turns like a flayed sigh
the signature of the nameless across your skin
everywhere the blinding scream
the black swell that covers thought
the angry bell that clangs in my head
the bell of blood in my chest
the image that laughs at the top of the tower
the word that explodes the words
the image that burns all the bridges
the woman who vanished in the middle of a kiss
the derelict who killed her children
the idiot the liar the incestuous daughter
the persecuted doe
the prophetic beggarwoman
the girl who in the middle of my life
wakes me and says *remember*

Peatón

Iba entre el gentío
por el bulevar Sebastó,
pensando en sus cosas.
El rojo lo detuvo.
Miró hacia arriba:
                    sobre
las grises azoteas, plateado
entre los pardos pájaros,
un pescado volaba.
Cambió el semáforo hacia el verde.
Se preguntó al cruzar la calle
en qué estaba pensando.

Pausa

A la memoria de Pierre Reverdy

Llegan
unos cuantos pájaros
y una idea negra.

Rumor de árboles,
rumor de trenes y motores,
¿va o viene este instante?

El silencio del sol
traspasa risas y gemidos,
hunde su pica
hasta el grito de piedra de las piedras.

Sol-corazón, piedra que late,
piedra de sangre que se vuelve fruto:
las heridas se abren y no duelen,
mi vida fluye parecida a la vida.

Pedestrian

He walked among the crowds
on the Boulevard Sebastó,
thinking about things.
A red light stopped him.
He looked up:
                    over
the gray roofs, a fish flew,
silvery among the brown birds.
The light turned green.
As he crossed the street he wondered
what he'd been thinking.

Pause

in memory of Pierre Reverdy

They've come:
a few birds
and a black thought.

Murmur of trees,
murmur of trains and engines,
is this moment coming or going?

The silence of the sun
is beyond lamentation and laughter,
it sinks its beak
deep in the rocks' rock scream.

Heart-sun, beating rock,
blood rock that becomes a fruit:
wounds open without pain,
my life flows on, resembling life.

Certeza

Si es real la luz blanca
de esta lámpara, real
la mano que escribe, ¿son reales
los ojos que miran lo escrito?

De una palabra a la otra
lo que digo se desvanece.
Yo sé que estoy vivo
entre dos paréntesis.

Paisaje

Peña y precipicio,
más tiempo que piedra,
materia sin tiempo.

Por sus cicatrices
sin moverse cae
perpetua agua virgen.

Reposa lo inmenso
piedra sobre piedra,
piedras sobre aire.

Se despliega el mundo
tal cual es, inmóvil
sol en el abismo.

Balanza del vértigo:
las rocas no pesan
más que nuestras sombras.

Certainty

If it is real the white
light from this lamp, real
the writing hand, are they
real, the eyes looking at what I write?

From one word to the other
what I say vanishes.
I know that I am alive
between two parentheses.

[CT]

Landscape

Rock and precipice,
more time than stone,
timeless matter.

Through its scars
falling without moving,
perpetual virgin water.

The immense rests,
stone on stone,
stone on air.

The world unfolds
as it is, unmoving
sun in the abyss.

Scales of vertigo:
the rocks weigh
no more than our shadows.

Identidad

En el patio un pájaro pía,
como el centavo en su alcancía.

Un poco de aire su plumaje
se desvanece en un viraje.

Tal vez no hay pájaro ni soy
ese del patio en donde estoy.

Andando por la luz

Adelantas la pierna
izquierda el día
se detiene sonríe
y se echa a andar ligero
bajo el sol detenido

Adelantas la pierna
derecha el sol
camina más ligero
a lo largo del día
varado entre los árboles

Caminas altos senos
andan los árboles
te sigue el sol el día
sale a tu encuentro el cielo
inventa nubes súbitas

Identity

In the patio a bird squawks,
a penny in a money-box.

Its feathers are a little air,
and vanish in a sudden flare.

There's no bird, perhaps, and no man,
that one in the patio where I am.

Walking Through the Light

You lift your left
foot forward the day
stops and laughs
and starts to step lightly
while the sun stands still

You lift your right
foot forward the sun
strolls lightly
along the day that's
at a standstill in the trees

Breast high you stroll
the trees walk the sun
follows you the day
goes off to meet you the sky
invents sudden clouds

El mismo tiempo

No es el viento
no son los pasos sonámbulos del río
entre las casas petrificadas y los árboles
a lo largo de la noche rojiza
no es la sombra subiendo las escaleras
Todo está quieto
                 reposa el mundo natural
Es la ciudad en torno de su sombra
buscando siempre buscándose
perdida en su propia inmensidad
sin alcanzarse nunca
               ni poder salir de sí misma
Cierro los ojos y veo pasar los autos
se encienden y apagan y encienden
se apagan
        no sé adónde van
Todos vamos a morir
             ¿sabemos algo más?

En una banca un viejo habla solo
¿Con quién hablamos al hablar a solas?
Olvidó su pasado
           no tocará el futuro
No sabe quién es
está vivo en mitad de la noche
              habla para oírse
Junto a la verja se abraza una pareja
ella ríe y pregunta algo
su pregunta sube y se abre en lo alto
A esta hora el cielo no tiene una sola arruga
caen tres hojas de un árbol
alguien silba en la esquina
en la casa de enfrente se enciende una ventana
¡Qué extraño es saberse vivo!

Identical Time

It is not the wind
not the steps of the water sleepwalking
past the petrified houses and the trees
far from the reddish night
it is not the sea climbing the stairs
Everything is still
                the natural world is at rest
It is the city turning on its shadow
searching always searching itself
lost in its immensity
never catching up
                never able to abandon itself
I close my eyes and watch the cars go by
they flare up and burn out and flare up
burn out
        I don't know where they're going
All of us going to die
              What else do we know?

On a bench an old man talks to himself
To whom do we talk talking to ourselves?
He's forgotten his past
              he will not reach the future
He doesn't know who he is
alive in the middle of the night
                talking to hear himself
A couple embraces by an iron railing
she laughs and asks something
her question floats up and opens high above
At this hour there's not a wrinkle in the sky
three leaves fall from a tree
someone whistles on the corner
a window lights in the house across the way
How strange to know yourself as alive!

Caminar entre la gente
con el secreto a voces de estar vivo

Madrugadas sin nadie en el Zócalo
sólo nuestro delirio
                    y los tranvías
Tacuba Tacubaya Xochimilco San Ángel Coyoacán
en la plaza más grande que la noche
encendidos
                    listos para llevarnos
en la vastedad de la hora
                              al fin del mundo
Rayas negras
las pértigas enhiestas de los troles
                                    contra el cielo de piedra
y su moña de chispas su lengüeta de fuego
brasa que perfora la noche
                          pájaro
volando silbando volando
entre la sombra enmarañada de los fresnos
desde San Pedro hasta Mixcoac en doble fila
Bóveda verdinegra
                    masa de húmedo silencio
sobre nuestras cabezas en llamas
mientras hablábamos a gritos
en los tranvías rezagados
atravesando los suburbios
con un fragor de torres desgajadas

Si estoy vivo camino todavía
por esas mismas calles empedradas
charcos lodos de junio a septiembre
zaguanes tapias altas huertas dormidas
en vela sólo
                    blanco morado blanco
el olor de las flores
                        impalpables racimos

To walk among people
with the open secret of being alive

Dawns with no one in the Zócalo
only our delirium
                    and the streetcars
Tacuba Tacubaya Xochimilco San Ángel Coyoacán
in the plaza bigger than the night
lit
    ready to take us
through the vastness of the hour
                                to the end of the world
Black rays
trolley poles erect
                    against a sky of stone
their tuft of sparks small tongues of fire
ember that punctures the night
                                bird
flying whistling flying
among the tangled shadows of the ash trees
in a double file from San Pedro to Mixcoac
Green-black vault
                    mass of humid silence
in flames above our heads
while we talk shouting
on the straggling streetcars
that cross the suburbs
with the crash of towers crumbling

If I am alive I still walk
those same pitted streets
muddy puddles from June to September
entranceways high mud walls sleeping gardens
watched only by
                    white purple white
the smell of the flowers
                            the ghost clusters of grapes

En la tiniebla
        un farol casi vivo
contra la pared yerta
           Un perro ladra
preguntas a la noche
          No es nadie
el viento ha entrado en la arboleda
Nubes nubes gestación y ruina y más nubes
templos caídos nuevas dinastías
escollos y desastres en el cielo
            Mar de arriba
nubes del altiplano ¿dónde está el otro mar?

Maestras de los ojos
          nubes
arquitectos de silencio
Y de pronto sin más porque sí
llegaba la palabra
         alabastro
esbelta transparencia no llamada
Dijiste
      haré música con ella
castillos de sílabas
           No hiciste nada
Alabastro
      sin flor ni aroma
tallo sin sangre ni savia
blancura cortada
          garganta sólo garganta
canto sin pies ni cabeza

Hoy estoy vivo y sin nostalgia
la noche fluye
        la ciudad fluye
yo escribo sobre la página que fluye
transcurro con las palabras que transcurren

In the darkness
                    a streetlight almost alive
against the unyielding wall
                              A dog cries
questions to the night
                        There's no one
the wind has come into the park
Clouds clouds gestation and ruin and more clouds
fallen temples new dynasties
reefs and disasters in the sky
                                Sea above
high plains clouds
                    Where is the other sea?

Mistresses of eyes
                    clouds
architects of silence
And suddenly for no reason
the word would appear
                        alabaster
thin unsummoned transparency
You said
          I will make music with it
castles of syllables
                      You made nothing
Alabaster
            without flower or scent
stalk without blood or sap
lopped whiteness
                  throat only a throat
a song with no feet no head

Today I am alive and without nostalgia
the night flows
                the city flows
I write on this page that flows
I shuttle with these shuttling words

Conmigo no empezó el mundo
no ha de acabar conmigo
                    Soy
un latido en el río de latidos
Hace veinte años me dijo Vasconcelos
«Dedíquese a la filosofía
Vida no da
                  defiende de la muerte»
Y Ortega y Gasset
                        en un bar sobre el Ródano
«Aprenda el alemán
y póngase a pensar
                  olvide lo demás»

Yo no escribo para matar al tiempo
ni para revivirlo
escribo para que me viva y reviva
Hoy en la tarde desde un puente
vi al sol entrar en las aguas del río
Todo estaba en llamas
ardían las estatuas las casas los pórticos
En los jardines racimos femeninos
lingotes de luz líquida
frescura de vasijas solares
Un follaje de chispas la alameda
el agua horizontal inmóvil
bajo los cielos y los mundos incendiados
Cada gota de agua
                  un ojo fijo
el peso de la enorme hermosura
sobre cada pupila abierta
Realidad suspendida
                  en el tallo del tiempo
la belleza no pesa
                  Reflejo sosegado
tiempo y belleza son lo mismo
                        luz y agua

The world did not begin with me
it will not end with me
                    I am
one pulsebeat in the throbbing river
Twenty years ago Vasconcelos told me
"Devote yourself to philosophy
It won't give you life
                    but it is a defense against death"
And Ortega y Gasset
                    in the bar of the Hôtel du Rhône
"Learn German
and apply yourself to thinking
                    Forget the rest"

I do not write to kill time
nor to revive it
I write that I may live and be revived
This afternoon from a bridge I saw
the sun enter the waters of the river
All was in flames
the statues the houses the porticoes burned
In the gardens feminine clusters of grapes
ingots of liquid light
the coolness of solar vessels
The poplar a foliage of sparks
the water horizontal unmoving
under the flaming earths and skies
Each drop of water
                    a fixed eye
the weight of enormous beauty
on each open eye
Reality suspended
                    on the stalk of time
beauty weighs nothing
                    Peaceful reflection
time and beauty are the same
                    light and water

Mirada que sostiene a la hermosura
tiempo que se embelesa en la mirada
mundo sin peso
                    si el hombre pesa
¿no basta la hermosura?
                              No sé nada
Sé lo que sobra
                    no lo que basta
La ignorancia es ardua como la belleza
un día sabré menos y abriré los ojos
Tal vez no pasa el tiempo
pasan imágenes de tiempo
si no vuelven las horas vuelven las presencias
En esta vida hay otra vida
la higuera aquella volverá esta noche
esta noche regresan otras noches

Mientras escribo oigo pasar el río
no éste
          aquel que es éste
Vaivén de momentos y visiones
el mirlo está sobre la piedra gris
en un claro de marzo
                        negro
centro de claridades
No lo maravilloso presentido
                              lo presente sentido
la presencia sin más
                        nada más pleno colmado

No es la memoria
                    nada pensado ni querido
No son las mismas horas
                              otras
son otras siempre y son la misma

Gaze that sustains the loveliness
time enchanted in a gaze
world weightless
                    as man is weighted
Is not beauty enough?
                        I know nothing
I know what is too much
                        not what is enough
Ignorance is as difficult as beauty
someday I will know less and open my eyes
Perhaps time doesn't pass
images of time pass
and if the hours do not come back
                            presences come back
There is another life within this life
that fig tree will come back tonight
other nights return tonight

As I write I hear the river go by
not this
          that which is this
The back and forth of moments and visions
blackbird on a gray stone
in the clarity of March
                    black
center of clarities
Not the marvelous presented
                            but the present sensed
the presence with nothing more
                            nothing more full and
                            abundant

It is not memory
                    nothing thought nor desired
Not the same hours
                    others
are always others and are the same

entran y nos expulsan de nosotros
con nuestros ojos ven lo que no ven los ojos
Dentro del tiempo hay otro tiempo
quieto
            sin horas ni peso ni sombra
sin pasado o futuro
                        sólo vivo
como el viejo del banco
unimismado idéntico perpetuo
Nunca lo vemos
                Es la transparencia

they enter and drive us from ourselves
they see with our eyes what eyes do not see
There is another time within time
still
    with no hours no weight no shadow
without past or future
            only alive
like the old man on the bench
indivisible identical perpetual
We never see it
       It is transparency

Cosante

Con la lengua cortada
y los ojos abiertos
el ruiseñor en la muralla

Ojos de pena acumulada
y plumaje de sangre
el ruiseñor en la muralla

Plumas de sangre y breve llamarada
agua recién nacida en la garganta
el ruiseñor en la muralla

Agua que corre enamorada
agua con alas
el ruiseñor en la muralla

Entre las piedras negras la voz blanca
del agua enamorada
el ruiseñor en la muralla

Con la lengua cortada canta
sangre sobre la piedra
el ruiseñor en la muralla

Cosante

With a slit tongue
and open eyes
the nightingale on the ramparts

Eyes of stored-up pain
and feathers of blood
the nightingale on the ramparts

Feathers of blood and brief dazzle
fresh water given birth in the throat
the nightingale on the ramparts

Water that runs stricken with love
water with wings
the nightingale on the ramparts

Among black stones the white voice
of love-struck water
the nightingale on the ramparts

Singing with slit tongue
blood on the stone
the nightingale on the ramparts

[DL]

Movimiento

Si tú eres la yegua de ámbar
    yo soy el camino de sangre
Si tú eres la primer nevada
    yo soy el que enciende el brasero del alba
Si tú eres la torre de la noche
    yo soy el clavo ardiendo en tu frente
Si tú eres la marea matutina
    yo soy el grito del primer pájaro
Si tú eres la cesta de naranjas
    yo soy el cuchillo de sol
Si tú eres el altar de piedra
    yo soy la mano sacrílega
Si tu eres la tierra acostada
    yo soy la caña verde
Si tú eres el salto del viento
    yo soy el fuego enterrado Si tú eres la boca del agua
    yo soy la boca del musgo
Si tú eres el bosque de las nubes
    yo soy el hacha que las parte
Si tú eres la ciudad profanada
    yo soy la lluvia de consagración
Si tú eres la montaña amarilla
    yo soy los brazos rojos del liquen
Si tú eres el sol que se levanta
    yo soy el camino de sangre

Motion

If you are the amber mare
    I am the road of blood
If you are the first snow
    I am he who lights the hearth of dawn
If you are the tower of night
    I am the spike burning in your mind
If you are the morning tide
    I am the cry of the first bird
If you are the basket of oranges
    I am the knife of the sun
If you are the stone altar
    I am the sacrilegious hand
If you are the sleeping land
    I am the green sugarcane
If you are the wind's leap
    I am the buried fire
If you are the water's mouth
    I am the mouth of moss
If you are the forest of the clouds
    I am the ax that parts it
If you are the profaned city
    I am the rain of consecration
If you are the yellow mountain
    I am the red arms of lichen
If you are the rising sun
    I am the road of blood

Duración

Trueno y viento: duración
                    I Ching

I

Negro el cielo
            Amarilla la tierra
El gallo desgarra la noche
El agua se levanta y pregunta la hora
El viento se levanta y pregunta por ti
Pasa un caballo blanco

II

Como el bosque en su lecho de hojas
tú duermes en tu lecho de lluvia
tú cantas en tu lecho de viento
tú besas en tu lecho de chispas

III

Olor vehemencia numerosa
cuerpo de muchas manos
Sobre un tallo invisible
una sola blancura

IV

Habla escucha respóndeme
lo que dice el trueno
lo comprende el bosque

V

Entro por tus ojos
sales por mi boca
Duermes en mi sangre
despierto en tu frente

Duration

> *Thunder and wind: duration.*
>
>   I Ching

I

Sky black
          Yellow earth
The rooster tears the night apart
The water wakes and asks what time it is
The wind wakes and asks for you
A white horse goes by

II

As the forest in its bed of leaves
you sleep in your bed of rain
you sing in your bed of wind
you kiss in your bed of sparks

III

Multiple vehement odor
many-handed body
On an invisible stem a single
whiteness

IV

Speak listen answer me
what the thunderclap
says, the woods
understand

V

I enter by your eyes
you come forth by my mouth
You sleep in my blood
I waken in your head

VI

Te hablaré un lenguaje de piedra
(respondes con un monosílabo verde)
Te hablaré un lenguaje de nieve
(respondes con un abanico de abejas)
Te hablaré un lenguaje de agua
(respondes con una canoa de relámpagos)
Te hablaré un lenguaje de sangre
(respondes con una torre de pájaros)

Palpar

Mis manos
abren las cortinas de tu ser
te visten con otra desnudez
descubren los cuerpos de tu cuerpo
Mis manos
inventan otro cuerpo a tu cuerpo

Complementarios

En mi cuerpo tú buscas al monte,
a su sol enterrado en el bosque.
En tu cuerpo yo busco la barca
en mitad de la noche perdida.

VI

I will speak to you in stone-language
(answer with a green syllable)
I will speak to you in snow-language
(answer with a fan of bees)
I will speak to you in water-language
(answer with a canoe of lightning)
I will speak to you in blood-language
(answer with a tower of birds)

[DL]

To Touch

My hands
open the curtains of your being
dress you in another nakedness
discover the bodies of your body
My hands
invent another body for your body

Counterparts

In my body you search the mountain
for the sun buried in its forest.
In your body I search for the boat
adrift in the middle of the night.

Rotación

Alta columna de latidos
sobre el eje inmóvil del tiempo
el sol te viste y te desnuda
El día se desprende de tu cuerpo
y se pierde en tu noche

La noche se desprende de tu día
y se pierde en tu cuerpo
Nunca eres la misma
acabas siempre de llegar
estás aquí desde el principio

El puente

Entre ahora y ahora,
entre yo soy y tú eres,
la palabra puente.

Entras en ti misma
al entrar en ella:
como un anillo
el mundo se cierra.

De una orilla a la otra
siempre se tiende un cuerpo,
un arco iris.

Yo dormiré bajo sus arcos.

Rotation

Tall column of pulsebeats
on the unmoving axis of time
the sun dresses and undresses you
The day shakes loose from your body
and is lost in your night

The night shakes loose from your day
and is lost in your body
You are never the same
you have always just arrived
you have been here since the beginning

The Bridge

Between now and now,
between I am and you are,
the word *bridge*.

Entering it
you enter yourself:
the world connects
and closes like a ring.

From one bank to another,
always a body stretched:
a rainbow.

I'll sleep beneath its arches.

Interior

Pensamientos en guerra
quieren romper mi frente

Por caminos de pájaros
avanza la escritura

La mano piensa en voz alta
una palabra llama a otra

En la hoja en que escribo
van y vienen los seres que veo

El libro y el cuaderno
repliegan las alas y reposan

Ya encendieron las lámparas
la hora se abre y cierra como un lecho

Con medias rojas y cara pálida
entran tú y la noche

Interior

Warring thoughts
want to split my skull

This writing moves
through streets of birds

My hand thinks out loud
a word calls to another

On the page where I write
I see beings come and go

Book and notebook
unfold their wings and rest

Lamps are lit the hour
opens and closes like a bed

With red stockings and a pale face
you and the night come in

A través

Doblo la página del día,
escribo lo que me dicta
el movimiento de tus pestañas.

*

Entro en ti,
veracidad de la tiniebla.
Quiero las evidencias de lo obscuro,
beber el vino negro:
toma mis ojos y reviéntalos.

*

Una gota de noche
sobre la punta de tus senos:
enigmas del clavel.

*

Al cerrar los ojos
los abro dentro de tus ojos.

*

En su lecho granate
siempre está despierta
y húmeda tu lengua.

*

Hay fuentes
en el jardín de tus arterias.

*

Across

I turn the page of the day,
writing what I'm told
by the motion of your eyelashes.

★

I enter you,
the truthfulness of the dark.
I want proof of the darkness, want
to drink the black wine:
take my eyes and crush them.

★

A drop of night
on your breast's tip:
mysteries of the carnation.

★

Closing my eyes
I open them inside your eyes.

★

Always awake
on its garnet bed:
your wet tongue.

★

There are fountains
in the garden of your veins.

★

Con una máscara de sangre
atravieso tu pensamiento en blanco:
desmemoria me guía
hacia el reverso de la vida.

Pares y nones

Una palabra de poco peso
para saludar al día
una palabra de vuelo a vela
    ¡Ah!

*

Grandes ojeras
en tu cara todavía es de noche

*

Invisible collar de miradas
a tu garganta encadenadas

*

Mientras los periódicos
se deshojan
tú te cubres de pájaros

*

Estamos como el agua en el agua
como el agua que guarda el secreto

*

With a mask of blood
I cross your thoughts blankly:
amnesia guides me
to the other side of life.

Odd or Even

A weightless word
to greet the day
a word for setting sail
       Ah!

★

Rings under your eyes
in your face it still is night

★

An invisible necklace of glances
fastened around your throat

★

While the newspapers
pontificate
you surround yourself with birds

★

We are like water in water
like the water that keeps the secret

★

Una mirada te enlaza
otra te desenlaza
La transparencia te desvanece

★

Tus dos pechos entre mis manos
agua otra vez despeñada

★

De un balcón
          (El abanico)
a otro balcón
          (se abre)
salta el sol
          (y se cierra)

Alba última

Tus cabellos se pierden en el bosque,
tus pies tocan los míos.
Dormida eres más grande que la noche
pero tu sueño cabe en este cuarto.
¡Cuánto somos qué poco somos!
Afuera pasa un taxi
con su carga de espectros.
El río que se va
          siempre
está de regreso.

¿Mañana será otro día?

A glance ties
and another unties you
scattered by transparency

*

Your breasts between my hands
water again rushes down

*

From one balcony
                    (The fan)
to another
            (opens)
the sun leaps
                (and closes)

Last Dawn

Your hair lost in the forest,
your feet touching mine.
Asleep you are bigger than the night,
but your dream fits within this room.
How much we are who are so little!
Outside a taxi passes
with its load of ghosts.
The river that runs by
                        is always
running back.

Will tomorrow be another day?

Salamandra

Salamandra
          (negra
armadura viste el fuego)
calorífero de combustión lenta
entre las fauces de la chimenea
—o mármol o ladrillo—
                    tortuga estática
o agazapado guerrero japonés
y una u otro
          —el martirio es reposo—
impasible en la tortura

                    Salamandra
nombre antiguo del fuego
y antídoto antiguo contra el fuego
y desollada planta sobre brasas
amianto amante amianto

Salamandra
          en la ciudad abstracta
entre las geometrías vertiginosas
—vidrio cemento piedra hierro—
formidables quimeras
levantadas por el cálculo
multiplicadas por el lucro
al flanco del muro anónimo
amapola súbita

                    Salamandra
garra amarilla
          roja escritura

Salamander

Salamander
> (the fire wears
>> black armor)

a slow-burning stove
>> between the jaws
>> —marble or brick—
>> of the chimney it is
>> an ecstatic tortoise, a crouched
>> Japanese warrior:

whatever it is, martyrdom
is repose
impassive under torture

Salamander
ancient name of fire
>> and ancient
>> antidote to fire

flayed sole of the foot
on hot coals
amianthus amante amianthus

Salamander
in the abstract city between
dizzy geometries
—glass cement stone iron—
formidable chimeras appear
raised up by calculus
multiplied by profit
by the side of the anonymous wall
sudden poppy

Salamander
Yellow claw a scrawl
of red letters on a

en la pared de sal
                    garra de sol
sobre el montón de huesos

Salamandra
                    estrella caída
en el sinfín del ópalo sangriento
sepultada
bajo los párpados del sílex
niña perdida
en el túnel del ónix
en los círculos del basalto
enterrada semilla
                        grano de energía
dormida en la medula del granito

Salamandra
                    niña dinamitera
en el pecho azul y negro del hierro
estallas como un sol
te abres como una herida
hablas como una fuente

Salamandra
                espiga
hija del fuego
espíritu del fuego
condensación de la sangre
sublimación de la sangre
evaporación de la sangre

Salamandra de aire
la roca es llama
                    la llama es humo
vapor rojo
                recta plegaria
alta palabra de alabanza

wall of salt
        Claw of sunlight
        on a heap of bones

Salamander
fallen star
in the endlessness of bloodstained opal
ensepulchred
beneath eyelids of quartz
lost girl
in tunnels of onyx
in the circles of basalt
buried seed
        grain of energy
        in the marrow of granite

Salamander, you who lay dynamite in iron's
black and blue breast
you explode like a sun
you open yourself like a wound
you speak
        as a fountain speaks
Salamander
        blade of wheat
daughter of fire
spirit of fire
condensation of blood
sublimation of blood
evaporation of blood

Salamander of air
the rock is flame
        the flame is smoke
red vapor
        straight-rising prayer
lofty word of praise

exclamación
        corona de incendio
en la testa del himno
reina escarlata
(y muchacha de medias moradas
corriendo despeinada por el bosque)

Salamandra
        animal taciturno
negro paño de lágrimas de azufre
(Un húmedo verano
entre las baldosas desunidas
de un patio petrificado por la luna
oí vibrar tu cola cilíndrica)

Salamandra caucásica
en la espalda cenicienta de la peña
aparece y desaparece
breve y negra lengüeta
moteada de azafrán

        Salamandra
bicho negro y brillante
escalofrío del musgo
devorador de insectos
heraldo diminuto del chubasco
y familiar de la centella
(Fecundación interna
reproducción ovípara
las crías viven en el agua
ya adultas nadan con torpeza)

Salamandra
Puente colgante entre las eras
puente de sangre fría

exclamation
        crown
of fire on the head of the psalm
scarlet queen
(and girl with purple stockings
running disheveled through the woods)

Salamander, you are
silent, the
black consoler of sulfur tears
                   (One wet summer I heard
                   the vibration of your
                   cylindrical tail
                      between loose tiles of a
                      dead-calm moonlit patio)
Caucasian salamander
               in the rock's
               cindery shoulder appears
               and disappears
                 a brief black tongue
                 flecked with saffron

Black and brilliant creature
the moss
quivers
you devour
insects
diminutive herald of the rainshower
familiar spirit of the lightning
(Internal fecundation
oviparous reproduction
the young live in the water
once adult they swim sluggishly)

Salamander
Hanging bridge between eras
                   bridge of cold blood

eje del movimiento
(Los cambios de la alpina
la especie más esbelta
se cumplen en el claustro de la madre
Entre los huevecillos se logran dos apenas
y hasta el alumbramiento
medran los embriones en un caldo nutricio
la masa fraternal de huevos abortados)
La salamandra española
montañesa negra y roja

No late el sol clavado en la mitad del cielo
no respira
no comienza la vida sin la sangre
sin la brasa del sacrificio
no se mueve la rueda de los días
Xólotl se niega a consumirse
se escondió en el maíz pero lo hallaron
se escondió en el maguey pero lo hallaron
cayó en el agua y fue el pez axólotl
el dos-seres
                y «luego lo mataron»
Comenzó el movimiento anduvo el mundo
la procesión de fechas y de nombres
Xólotl el perro guía del infierno
el que desenterró los huesos de los padres
el que coció los huesos en la olla
el que encendió la lumbre de los años
el hacedor de hombres
Xólotl el penitente
el ojo reventado que llora por nosotros
Xólotl la larva de la mariposa
el doble de la Estrella
el caracol marino
la otra cara del Señor de la Aurora

axis of movement
(The changes in the alpine species
the most slender of all
take place in the mother's womb
Of all the tiny eggs no more than two mature
and until they hatch
the embryos are nourished on a broth
composed of the doughy mass of their aborted
       brother-eggs)
The Spanish Salamander
black and red mountaineer

The sun nailed to the sky's center does not throb
does not breathe
life does not commence without blood
without the embers of sacrifice
the wheel of days does not revolve
Xólotl refuses to consume himself
he hid himself in the corn but they found him
he hid himself in the maguey but they found him
he fell into the water and became the fish axólotl
the Double-Being
                    "and then they killed him"
Movement began, the world was set in motion
the procession of dates and names
Xólotl the dog, guide to Hell
he who dug up the bones of the fathers
he who cooked the bones in a pot
he who lit the fire of the years
the maker of men
Xólotl the penitent
the burst eye that weeps for us
Xólotl
        larva of the butterfly
        double of the Star
        sea shell
        other face of the Lord of Dawn

Xólotl el ajolote

                Salamandra
dardo solar
                lámpara de la luna
columna del mediodía
nombre de mujer
balanza de la noche
(El infinito peso de la luz
un adarme de sombra en tus pestañas)

Salamandra
                llama negra
heliotropo
                sol tú misma
y luna siempre en torno de ti misma
granada que se abre cada noche
astro fijo en la frente del cielo
y latido del mar y luz ya quieta
mente sobre el vaivén del mar abierta

Salamandria
saurio de unos ocho centímetros
vive en las grietas y es color de polvo

Salamandra de tierra y de agua
piedra verde en la boca de los muertos
piedra de encarnación
piedra de lumbre
sudor de la tierra
sal llameante y quemante
sal de la destrucción
y máscara de cal que consume los rostros

Xólotl the axólotl

          Salamander
solar arrow
lamp of the moon
column of noonday
name of woman
scales of night
               (The infinite weight of light
               a half-drachm on your eyelashes)

Salamander
back flame
sunflower
          you yourself the sun
          the moon
          turning forever around you
pomegranate that bursts itself open each night
fixed star on the brow of the sky
and beat of the sea and the stilled light
open mind above the
                    to-and-fro of the sea

The star-lizard, salamandria
saurian scarcely eight centimeters long
lives in crevices and is the color of dust

Salamander of earth and water
green stone in the mouth of the dead
stone of incarnation
stone of fire
sweat of the earth
salt flaming and scorching
salt of destruction and
mask of lime that consumes the face

Salamandra de aire y de fuego
avispero de soles
roja palabra del principio

La salamandra es un lagarto
su lengua termina en un dardo
su cola termina en un dardo
Es inasible Es indecible
reposa sobre brasas
reina sobre tizones
Si en la llama se esculpe
su monumento incendia
El fuego es su pasión es su *paciencia*

Salamadre   Aguamadre

Salamander of air and fire
                    wasp's nest of suns
                        red word of beginning

The salamander
a lizard
her tongue ends in a dart
her tail ends in a dart
She is unhissable   She is unsayable
she rests upon hot coals
queens it over firebrands
If she carves herself in the flame
she burns her monument
Fire is her passion, her patience

Salamander   Salamate

                    [DL]

FROM

Ladera este

❧❧ ❧❧

East Slope

[1962–1968]

El Balcón

Quieta
en mitad de la noche
no a la deriva de los siglos
no tendida
        clavada
como idea fija
en el centro de la incandescencia
Delhi
      Dos sílabas altas
rodeadas de arena e insomnio
En voz baja las digo

                Nada se mueve
pero la hora crece
         se dilata
Es el verano
marejada que se derrama
Oigo la vibración del cielo bajo
sobre los llanos en letargo
Masas enormes cónclaves obscenos
nubes llenas de insectos
aplastan
        indecisos bultos enanos
(Mañana tendrán nombre
erguidos serán casas
mañana serán árboles)

Nada se mueve
La hora es más grande
              yo más solo
clavado
      en el centro del torbellino
Si extiendo la mano
un cuerpo fofo el aire
un ser promiscuo sin cara

The Balcony

Stillness
in the middle of the night
not adrift with centuries
not spreading out
                nailed
like a fixed idea
to the center of incandescence
Delhi
        Two tall syllables
surrounded by insomnia and sand
I say them in a low voice

                        Nothing moves
the hour grows
              stretching out
It's summer
tide that spills over
I hear the low sky vibrate
over lethargic plains
Great masses obscene conclaves
clouds full of insects
flatten
        the vague dwarfed bulks
(Tomorrow they'll have names
they'll stand up and be houses
tomorrow they'll be trees)

Nothing moves
The hour is larger
                and I more alone
nailed
        to the center of the whirlwind
If I stretch out my hand
the air is a spongy body
a promiscuous faceless being

Acodado al balcón
         veo

(*No te apoyes,*
si estás solo, contra la balaustrada,
dice el poeta chino)

No es la altura ni la noche y su luna
no son los infinitos a la vista
es la memoria y sus vértigos
Esto que veo
         esto que gira
son las acechanzas las trampas
detrás no hay nada
son las fechas y sus remolinos
(Trono de hueso
         trono del mediodía
aquella isla
         En su cantil leonado
por un instante vi la vida verdadera
Tenía la cara de la muerte
eran el mismo rostro
         disuelto
en el mismo mar centelleante)

Lo que viviste hoy te desvive
no estás allá
         aquí
estoy aquí
         en mi comienzo
No me reniego
         me sustento
Acodado al balcón
         veo
nubarrones y un pedazo de luna
lo que está aquí visible

Leaning over the balcony
                    I see

(*Never lean on a balcony*
when you're alone,
the Chinese poet writes)

It is not height nor the night and its moon
it is not the infinities that can be seen
but memory and its vertigoes
This that I see
                    this spinning
is the tricks the traps
behind it there is nothing
it is the whirlwind of days
(Throne of bone
                    throne of noon
that island
                    On its lion-colored cliffs
I saw for an instant true life
It had the face of death
the same face
                    dissolved
in the same sparkling sea)

What you have lived you will unlive today
you are not there
                    but here
I am here
            at my beginning
I don't deny myself
                    I sustain myself
Leaning over the balcony
                        I see
huge clouds and a piece of the moon
all that is visible here

casas gente
        lo real presente
vencido por la hora
           lo que está aquí
invisible
     mi horizonte
Si es un comienzo este comienzo
no principia conmigo
           con él comienzo
en él me perpetúo

          Acodado al balcón
veo
   esta lejanía tan próxima
No sé cómo nombrarla
aunque la toco con el pensamiento
La noche que se va a pique
la ciudad como un monte caído
blancas luces azules amarillas
faros súbitos paredes de infamia
y los racimos terribles
las piñas de hombres y bestias por el suelo
y la maraña de sus sueños enlazados

Vieja Delhi fétida Delhi
callejas y plazuelas y mezquitas
como un cuerpo acuchillado
como un jardín enterrado
Desde hace siglos llueve polvo
tu manto son las tolvaneras
tu almohada un ladrillo roto
En una hoja de higuera
comes las sobras de tus dioses
tus templos son burdeles de incurables
estás cubierta de hormigas
corral desamparado
         mausoleo desmoronado

people houses
        the real the present
conquered by the hour
           and all the invisible
here
    my horizon
If this beginning is a beginning
it does not begin with me
           I begin with it
I perpetuate myself in it

           Leaning over the balcony
I see
    this distance that is so close
I don't know what to call it
though I touch it with my thoughts
The night founders
the city like a mountain fallen
white lights blues yellows
sudden headlights walls of disgrace
and the terrible clusters
the clumps of people and animals on the ground
and the bramble of their tangled dreams

Old Delhi fetid Delhi
alleys and little squares and mosques
like a stabbed body
like a buried garden
For centuries it has rained dust
your cape is a dust-cloud
your pillow a broken brick
On a fig leaf
you eat the leftovers of your gods
your temples are bordellos of the incurable
you are covered with ants
abandoned courtyard
           ruined mausoleum

estás desnuda
                como un cadáver profanado
te arrancaron joyas y mortaja
Estabas cubierta de poemas
todo tu cuerpo era escritura
acuérdate
                recobra la palabra
eres hermosa
                sabes hablar cantar bailar

Delhi
        dos torres
plantadas en el llano
                        dos sílabas altas
Yo las digo en voz baja
acodado al balcón
                clavado
no en el suelo
                en su vértigo
en el centro de la incandescencia
Estuve allá
                no sé adónde
Estoy aquí
            no sé es dónde
No la tierra
                el tiempo
en sus manos vacías me sostiene
Noche y luna
                movimientos de nubes
temblor de árboles
                        estupor del espacio
infinito y violencia en el aire
polvo iracundo que despierta
encienden luces en el puerto aéreo
rumor de cantos por el Fuerte Rojo
Lejanías
            pasos de un peregrino son errante

you are naked
              like a violated corpse
they stole your jewels and your burial clothes
You were covered with poems
your whole body was writing
remember
           recover the words
you are beautiful
              you know how to talk and sing and dance

Delhi
       two towers
planted on the plains
              two tall syllables
I say them in a low voice
leaning over the balcony
              nailed
not to the ground
            but to its vertigo
to the center of incandescence
I was there
         I don't know where
I am here
       I don't know is where
Not the earth
         time
holds me in its empty hands
Night and moon
           movements of clouds
tremor of trees
         stupor of space
infinity and violence in the air
furious dust that wakes
The lights are on at the airport
murmur of song from the Red Fort
Distances
       pilgrim's steps are a vagabond music

sobre este frágil puente de palabras
La hora me levanta
hambre de encarnación padece el tiempo
Más allá de mí mismo
en algún lado aguardo mi llegada

El mausoleo de Humayún

Al debate de las avispas
la dialéctica de los monos
gorjeos de las estadísticas
opone
        (alta llama rosa
hecha de piedra y aire y pájaros
tiempo en reposo sobre el agua)

la arquitectura del silencio

En los jardines de los Lodi
A Claude Esteban

En el azul unánime
los domos de los mausoleos
—negros, reconcentrados, pensativos—
emitieron de pronto
            pájaros

on this fragile bridge of words
The hour lifts me
time suffers hungry for incarnation
Beyond myself
somewhere I wait for my arrival

Humayun's Tomb

To the debate of wasps
the dialectic of monkeys
the chirping of statistics
it offers
            (tall pink flame
made of stone and air and birds
time at rest on the water)

the architecture of silence

In the Lodi Gardens
for Claude Esteban

The black, pensive, dense
domes of the mausoleums
suddenly shot birds
into the unanimous blue

El *día en Udaipur*

Blanco el palacio,
blanco en el lago negro.
Lingam y *yoni*.

        Como la diosa al dios
        tú me rodeas, noche.

Fresca terraza.
Eres inmensa, inmensa
a la medida.

        Estrellas inhumanas.
        Pero la hora es nuestra.

Caigo y me elevo,
ardo y me anego. ¿Sólo
tienes un cuerpo?

        Pájaros sobre el agua,
        alba sobre los párpados.

Ensimismados,
altos como la muerte,
brotan los mármoles.

        Encallan los palacios,
        blancura a la deriva.

Mujeres, niños
por los caminos: frutas
desparramadas.

        ¿Harapos o relámpagos?
        Procesión en el llano.

Sonora y fresca
por brazos y tobillos
canta la plata.

        Con un traje alquilado
        el niño va a su boda.

The Day in Udaipur

White palace,
white on the black lake.
Lingam and yoni.
                    As the goddess to the god,
                    you surround me, night.

Cool terrace.
You are immense, immense
is your measure.
                    Inhuman stars.
                    But this hour is ours.

I fall and rise,
I burn, drenched.
Are you only one body?
                    Birds on the water,
                    dawn on eyelids.

Self-absorbed,
high as death,
the marble sprouts.
                    Hushed palaces,
                    whiteness adrift.

Women and children
on the roads:
scattered fruit.
                    Rags or rays of lightning?
                    A procession on the plain.

Silver running cool
and clanking:
ankle and wrist.
                    In a rented costume
                    the boy goes to his wedding.

La ropa limpia
tendida entre las piedras.
Mírala y calla.
>En el islote chillan
>monos de culo rojo.

Cuelga del muro,
obscuro sol en celo,
un avispero.
>También mi frente es sol
>de pensamientos negros.

Moscas y sangre.
En el patio de Kali
trisca un cabrito.
>Del mismo plato comen
>dioses, hombres y bestias.

Sobre el dios pálido
la diosa negra baila,
decapitada.
>Calor, hora rajada,
>y esos mangos podridos ...

Tu frente, el lago:
lisos, sin pensamientos.
Salta una trucha.
>Luces sobre las aguas:
>ánimas navegantes.

Ondulaciones:
ocre el llano—y la grieta ...
Tu ropa al lado.
>Sobre tu cuerpo en sombra
>estoy como una lámpara.

Clean clothes
spread out on the rocks.
Look at them and say nothing.
　　　　　On the little island
　　　　　monkeys with red asses screech.

Hanging from the wall,
a dark and angry sun:
wasps' nest.
　　　　　And my head is another sun,
　　　　　full of black thoughts.

Flies and blood.
A small goat skips
in Kali's court.
　　　　　Gods, men, and beasts
　　　　　eat from the same plate.

Over the pale god
the black goddess dances,
decapitated.
　　　　　Heat, the hour split open,
　　　　　and those mangoes, rotten . . .

Your face, the lake:
smooth, without thoughts.
A trout leaps.
　　　　　Lights on the water:
　　　　　souls sailing.

Ripples:
the golden plain—and the cleft . . .
Your clothes nearby.
　　　　　I, like a lamp
　　　　　on your shadow body.

Viva balanza:
los cuerpos enlazados
sobre el vacío.
                    El cielo nos aplasta,
                    el agua nos sostiene.

Abro los ojos:
nacieron muchos árboles
hoy por la noche.
                    Esto que he visto y digo,
                    el sol, blanco, lo borra.

El otro

Se inventó una cara.
                    Detrás de ella
vivió, murió y resucitó
muchas veces.
                    Su cara
hoy tiene las arrugas de esa cara.
Sus arrugas no tienen cara.

Epitafio de una vieja

La enterraron en la tumba familiar
y en las profundidades
tembló el polvo del que fue su marido.

A living scales:
bodies entwined
over the void.

      The sky crushes us,
      the water sustains us.

I open my eyes:
so many trees
were born tonight.

      What I've seen here, what I say,
      the white sun erases.

The Other

He invented a face for himself.

          Behind it

he lived died and was reborn
many times.

     His face now

has the wrinkles from that face.
His wrinkles have no face.

Epitaph for an Old Woman

They buried her in the family tomb
and in the depths the dust
of what was once her husband trembled.

Felicidad en Herat

A Carlos Pellicer

Vine aquí
como escribo estas líneas,
sin idea fija:
una mezquita azul y verde,
seis minaretes truncos,
dos o tres tumbas,
memorias de un poeta santo,
los nombres de Timur y su linaje.

Encontré al viento de los cien días.
Todas las noches las cubrió de arena,
acosó mi frente, me quemó los párpados.
La madrugada:
                dispersión de pájaros
y ese rumor de agua entre piedras
que son los pasos campesinos.
(Pero el agua sabía a polvo.)
Murmullos en el llano,
apariciones
                desapariciones,
ocres torbellinos
insubstanciales como mis pensamientos.
Vueltas y vueltas
en un cuarto de hotel o en las colinas:
la tierra un cementerio de camellos
y en mis cavilaciones siempre
los mismos rostros que se desmoronan.
¿El viento, el señor de las ruinas,
es mi único maestro?
Erosiones:
el menos crece más y más.

En la tumba del santo,
hondo en el árbol seco,

Happiness in Herat
for Carlos Pellicer

I came here
as I write these lines,
with no fixed idea:
a blue and green mosque,
six truncated minarets,
two or three tombs,
memorials to a poet-saint,
the names of Timur and his line.

I met the wind of the hundred days.
It covered all the nights with sand,
badgered my forehead, scorched my eyelids.
Daybreak:
            scattering of birds
and that murmur of water on stones:
the footsteps of peasants.
(But the water tasted like dust.)
Whispers on the plains,
appearances
            disappearances,
golden whirlwinds
insubstantial as my thoughts.
Turning and turning
in a hotel room or in the hills:
the land a graveyard of camels
and in my quarrels always
the same crumbling faces.
Is the wind, lord of ruins,
my only master?
Erosions:
less grows more and more.

At the saint's tomb,
I drove a nail

clavé un clavo,

              no,

como los otros, contra el mal de ojo:

contra mí mismo.

                 (Algo dije:

palabras que se lleva el viento.)

Una tarde pactaron las alturas.

Sin cambiar de lugar

                     caminaron los chopos.

Sol en los azulejos,

                  súbitas primaveras.

En el Jardín de las Señoras

subí a la cúpula turquesa.

Minaretes tatuados de signos:

la escritura cúfica, más allá de la letra,

se volvió transparente.

No tuve la visión sin imágenes,

no vi girar las formas hasta desvanecerse

en claridad inmóvil,

el ser ya sin substancia del sufí.

No bebí plenitud en el vacío

ni vi las treinta y dos señales

del bodisatva cuerpo de diamante.

Vi un cielo azul y todos los azules,

del blanco al verde

todo el abanico de los álamos

y sobre el pino, más aire que pájaro,

el mirlo blanquinegro.

Vi al mundo reposar en sí mismo.

Vi las apariencias.

Y llamé a esa media hora:

Perfección de lo Finito.

deep into the dry tree,
                    not
like the others, against the evil eye:
against myself.
                    (I said something:
words the wind carried away.)

One afternoon the heights made a pact.
The poplars walked
                    going nowhere.
Sun on the tiles
                    sudden springtimes.
In the Ladies' Garden
I climbed to the turquoise cupola.
Minarets tattooed with signs:
the Cufic scripts, beyond letters,
became transparent.
I did not have the imageless vision,
I did not see forms whirl until they vanished
in unmoving clarity,
the being without substance of the Sufis.
I did not drink the plenitude in the void,
nor see the thirty-two marks
of the Bodhisattva's diamond body.
I saw a blue sky and all the blues,
from white to green,
the spread fan of the poplars,
and, on a pine, more air than bird,
a black and white mynah.
I saw the world resting on itself.
I saw the appearances.
And I named that half-hour:
The Perfection of the Finite.

Efectos del bautismo

El joven Hassan,
por casarse con una cristiana,
se bautizó.
       El cura,
como a un vikingo,
lo llamó Erik.
         Ahora
tiene dos nombres
y una sola mujer.

Prueba

Si el hombre es polvo
esos que andan por el llano
son hombres

Pueblo

Las piedras son tiempo
             El viento
siglos de viento
          Los árboles son tiempo
las gentes son piedras
          El viento
vuelve sobre sí mismo y se entierra
en el día de piedra

No hay agua pero brillan los ojos

The Effects of Baptism

Young Hassan,
in order to marry a Christian,
was baptized.
                    The priest
named him Erik,
as though he were a Viking.
                                        Now
he has two names
but only one wife.

Proof

If man is dust
those traveling across the plain
are men

Village

The stones are time
                    Wind
centuries of wind
                        The trees are time
the people stones
                    Wind
turns on itself and is buried
in the stone day

There's no water but their eyes shine

Himachal Pradesh (1)
A Juan Liscano

Vi
al pie de los contrafuertes
la dispersión de los horizontes
(En un cráneo de caballo
una colmena de abejas atareadas)

Vi
el vértigo petrificado
el jardín suspendido de la asfixia
(Una mariposa atigrada
inmóvil sobre la punta de un aroma)

Vi
las montañas de los sabios
donde el viento destroza a las águilas
(Una niña y una vieja en los huesos
cargar fardos más grandes que estos montes)

Madrugada al raso

Los labios y las manos del viento
el corazón del agua
                    un eucalipto
el campamento de las nubes
la vida que nace cada día
la muerte que nace cada vida

Froto mis párpados:
el cielo anda en la tierra

Himachal Pradesh (1)
for Juan Liscano

I saw
at the foot of the ridge
horizons undone
(In the skull of a horse
a hive of diligent bees)

I saw
vertigo petrified
the hanging gardens of asphyxia
(A tiger butterfly
motionless on the tip of a scent)

I saw
the mountains of the sages
where the wind mangles eagles
(A girl and an old woman, skin and bones
carry bundles bigger than these peaks)

Daybreak

Hands and lips of water
heart of water
                eucalyptus
campground of the clouds
the life that is born every day
the death that is born every life

I rub my eyes:
the sky walks the land

Intermitencias del oeste (3)
(México: Olimpiada de 1968)
A Dore y Adja Yunkers

La limpidez
                (quizá valga la pena
escribirlo sobre la limpieza
de esta hoja)
                    no es límpida:
es una rabia
                (amarilla y negra
acumulación de bilis en español)
extendida sobre la página.
¿Por qué?
            La vergüenza es ira
vuelta contra uno mismo:
                            si
una nación entera se avergüenza
es león que se agazapa
para saltar.
                (Los empleados
municipales lavan la sangre
en la Plaza de los Sacrificios.)
Mira ahora,
                manchada
antes de haber dicho algo
que valga la pena
                        la limpidez.

Interruptions from the West (3)
(Mexico City: The 1968 Olympiad)
for Dore and Adja Yunkers

Lucidity
          (perhaps it's worth
writing across the purity
of this page)
                    is not lucid:
it is fury
          (yellow and black
mass of bile in Spanish)
spreading over the page.
Why?
          Shame is anger
turned against oneself:
                              if
an entire nation is ashamed
it is a lion poised
to leap.
          (The municipal
employees wash the blood
from the Plaza of the Sacrificed.)
Look now
          stained
before anything worth it
was said:
          lucidity.

Un anochecer

¿Qué la sostiene, entreabierta
claridad anochecida,
luz por los jardines suelta?

Todas las ramas, vencidas
por un agobio de pájaros,
hacia lo obscuro se inclinan.

Sobre las bardas—intactos:
todavía resplandores—
instantes ensimismados.

Para recibir la noche
se cambian las arboledas
en callados surtidores.

Cae un pájaro, la yerba
ensombrece, los confines
se borran, la cal es negra,
el mundo es menos creíble.

La exclamación

Quieto
      no en la rama
en el aire
         No en el aire
en el instante
         el colibrí

Nightfall

What sustains it,
the half-closed clarity of nightfall,
its light let loose in the gardens?

All the branches,
conquered by the weight of birds,
lean toward the darkness.

Moments, self-absorbed and pure,
still gleam
on the brambled tops of walls.

To welcome night,
the groves become
hushed fountains.

A bird swoops,
the grass grows dark,
edges blur, lime is black,
the world is less believable.

Exclamation

Stillness
      not on the branch
in the air
      Not in the air
in the moment
        hummingbird

Lectura de John Cage

Leído
    desleído:
Music without measurements,
sounds passing through circumstances.
Dentro de mí los oigo
                pasar afuera,
fuera de mí los veo
                pasar conmigo.
Yo soy la circunstancia.
Música:
        oigo adentro lo que veo afuera,
        veo dentro lo que oigo fuera.
(No puedo oírme oír: Duchamp.)
                    Soy
una arquitectura de sonidos
instantáneos
        sobre
un espacio que se desintegra.
              (Everything
we come across is to the point.) La música
inventa al silencio,
        la arquitectura
inventa al espacio.
        Fábricas de aire.
El silencio
        es el espacio de la música:
un espacio
        inextenso:
        no hay silencio
salvo en la mente.
        El silencio es una idea,
        la idea fija de la música.
La música no es una idea:
        es movimiento,

Reading John Cage

Read
    unread:
Music without measurements,
sounds passing through circumstances.
Within me I hear them
                passing outside,
outside me I see them
                passing with me.
I am the circumstance.
Music:
        I hear within what I see outside,
        I see within what I hear outside.
(Duchamp: I can't hear myself hearing.)
                      I am
an architecture
           of instantaneous sounds
on a space that disintegrates
              (Everything
we come across is to the point.)
              Music
invents silence,
           architecture
invents space.
          Factories of air.
Silence
      is the space of music:
a confined
        space:
          there is no silence
except in the mind.
           Silence is an idea,
           the fixed idea of music.
Music is not an idea:
          it is movement,

sonidos caminando sobre el silencio.
(Not one sound fears the silence

that extinguishes it.)
Silencio es música,

música no es silencio.
Nirvana es *samsara,*

samsara no es *nirvana.*
El saber no es saber:

recobrar la ignorancia,
saber del saber.
No es lo mismo
oír los pasos de esta tarde
entre los árboles y las casas

que
ver la misma tarde ahora
entre los mismos árboles y casas

después de leer
Silence:

nirvana es *samsara,*

silencio es música.
(Let life obscure

the difference between art and life.)
Música no es silencio:

no es decir
lo que dice el silencio,

es decir
lo que no dice.

Silencio no tiene sentido,

sentido no tiene silencio.
Sin ser oída

la música se desliza entre ambos.
(Every something is an echo of nothing.)
En el silencio de mi cuarto

el rumor de mi cuerpo:
inaudito.

Un día oiré sus pensamientos.

La tarde

sounds walking over the silence.
(Not one sound fears the silence

                that extinguishes it.)
Silence is music,

           music is not silence.
Nirvana is Samsara,

             Samsara is not Nirvana.
Knowledge is not knowledge:

                  a recovery of ignorance,
the knowledge of knowledge.

                  It is not the same,
hearing footsteps this afternoon
among the trees and houses,

            as
seeing this same afternoon
among the same trees and houses now

                  after reading
Silence:

    Nirvana is *Samsara*,

           silence is music.
(Let life obscure

        the difference between art and life.)
Music is not silence:

           it is not saying
what silence says,

        it is saying
what it doesn't say.

          Silence has no meaning,

          meaning has no silence.
Without being heard

          music slips between the two.
(Every something is an echo of nothing.)
In the silence of my room

          the murmur of my body:
unheard.

      One day I will hear its thoughts.

                The afternoon

se ha detenido:
                         no obstante—camina.
Mi cuerpo oye al cuerpo de mi mujer
                                        (a cable of sound)
y le responde:
                         esto se llama música.
La música es real,
                         el silencio es una idea.
John Cage es japonés
                         y no es una idea:
es sol sobre nieve.
                         Sol y nieve no son lo mismo:
el sol es nieve y la nieve es nieve
                         o
el sol no es nieve ni la nieve es nieve
o
    John Cage no es americano
(U.S.A. is determined to keep the Free World free,
U.S.A. determined)
                         o
John Cage es americano
                         (that the U.S.A. may become
just another part of the world.
                         No more, no less.)
La nieve no es sol,
                         la música no es silencio,
el sol es nieve,
                         el silencio es música.
(The situation must be Yes-and-No,
                         not either-or)
Entre el silencio y la música,
                         el arte y la vida,
la nieve y el sol
                         hay un hombre.
Ese hombre es John Cage
                         (committed
to the nothing in between).

has stopped:
                    and yet—it goes on.
My body hears the body of my wife
                              (a cable of sound)
and answers:
                    this is called music.
Music is real,
                    silence is an idea.
John Cage is Japanese
                         and is not an idea:
he is sun on snow.
                         Sun and snow are not the same:
sun is snow and snow is snow
                              or
sun is not snow nor is snow snow
or
    John Cage is not American
*(U.S.A. is determined to keep the Free World free,
U.S.A. determined)*
                         or
John Cage is American
                         *(that the U.S.A. may become
just another part of the world.
                         No more, no less.)*
Snow is not sun,
                    music is not silence,
sun is snow,
                    silence is music.
*(The situation must be Yes-and-No,
                         not either-or.)*
Between silence and music,
                         art and life,
snow and sun,
                    there is a man.
That man is John Cage
                         *(committed
to the nothing in between).*

                         Dice una palabra:
no nieve no sol,
                    una palabra
que no es
            silencio:
A year from Monday you will hear it.

La tarde se ha vuelto invisible.

Concierto en el jardín
(Vina y mridangam)
A Carmen Figueroa de Meyer

Llovió.
La hora es un ojo inmenso.
En ella andamos como reflejos.
El río de la música
entra en mi sangre.
Si digo: cuerpo, contesta: viento.
Si digo: tierra, contesta: ¿dónde?

Se abre, flor doble, el mundo:
tristeza de haber venido,
alegría de estar aquí.

Ando perdido en mi propio centro.

He says a word:
not snow not sun,
a word
which is not
silence:
A year from Monday you will hear it.

The afternoon has become invisible.

Concert in the Garden
(Vina y Mridangam)
for Carmen Figueroa de Mayer

It rained.
The hour is an enormous eye.
Inside it, we come and go like reflections.
The river of music
enters my blood.
If I say *body*, it answers *wind*.
If I say *earth*, it answers *where?*

The world, a double blossom, opens:
sadness of having come,
joy of being here.

I walk lost in my own center.

Prójimo lejano

Anoche un fresno
a punto de decirme
algo—callóse.

Escritura

Yo dibujo estas letras
como el día dibuja sus imágenes
y sopla sobre ellas y no vuelve

Concorde
A Carlos Fuentes

Arriba el agua
abajo el bosque
el viento por los caminos

Quietud del pozo
El cubo es negro El agua firme

El agua baja hasta los árboles
El cielo sube hasta los labios

Distant Neighbor

Last night an ash tree
was about to tell
me something—and didn't.

Writing

I draw these letters
as the day draws its images
and blows over them and does not return

Concord
for Carlos Fuentes

Water above
Grove below
Wind on the roads

Quiet well
Bucket's black Spring water

Water coming down to the trees
Sky rising to the lips

Viento entero

El presente es perpetuo
Los montes son de hueso y son de nieve
están aquí desde el principio
El viento acaba de nacer
                              sin edad
como la luz y como el polvo
                              Molino de sonidos
el bazar tornasolea
                              timbres motores radios
el trote pétreo de los asnos opacos
cantos y quejas enredados
entre las barbas de los comerciantes
alto fulgor a martillazos esculpido
En los claros de silencio
                              estallan
los gritos de los niños
                              Príncipes en harapos
a la orilla del río atormentado
rezan orinan meditan

                              El presente es perpetuo
Se abren las compuertas del año
                              el día salta
            ágata
      El pájaro caído
entre la calle Montalambert y la de Bac
es una muchacha
                  detenida
sobre un precipicio de miradas
Si el agua es fuego
                  llama
En el centro de la hora redonda
                              encandilada
      potranca alazana

Wind from All Compass Points

The present is motionless
The mountains are of bone and of snow
they have been here since the beginning
The wind has just been born
                              ageless
as the light and the dust
                        A windmill of sounds
the bazaar spins its colors
                              bells motors radios
the stony trot of dark donkeys
songs and complaints entangled
among the beards of the merchants
the tall light chiseled with hammer-strokes
In the clearings of silence
                        boys' cries
        explode
Princes in tattered clothes
on the banks of the tortured river
pray pee meditate

                        The present is motionless
The floodgates of the year open
                              day flashes out
        agate
        The fallen bird
between rue Montalambert and rue de Bac
is a girl
        held back
at the edge of a precipice of looks
If water is fire
                flame
                        dazzled
in the center of the spherical hour
                              a sorrel filly

Un haz de chispas
                    una muchacha real
entre las casas y las gentes espectrales
Presencia chorro de evidencias
yo vi a través de mis actos irreales
la tomé de la mano
                            juntos atravesamos
los cuatro espacios los tres tiempos
pueblos errantes de reflejos
y volvimos al día del comienzo

El presente es perpetuo
                    21 de junio
hoy comienza el verano
                            Dos o tres pájaros
inventan un jardín
                        Tú lees y comes un durazno
sobre la colcha roja
                    desnuda
como el vino en el cántaro de vidrio
                        Un gran vuelo de cuervos
En Santo Domingo mueren nuestros hermanos
Si hubiera parque no estarían ustedes aquí
                        Nosotros nos roemos los codos
En los jardines de su alcázar de estío
Tipú Sultán plantó el árbol de los jacobinos
luego distribuyó pedazos de vidrio
entre los oficiales ingleses prisioneros
y ordenó que se cortasen el prepucio
y se lo comiesen
                        El siglo
se ha encendido en nuestras tierras
¿Con su lumbre
                        las manos abrasadas
los constructores de catedrales y pirámides
levantarán sus casas transparentes?

A marching battalion of sparks
                              a real girl
among wraithlike houses and people
Presence a fountain of reality
I looked out through my own unrealities
I took her hand
                    together we crossed
the four quadrants the three times
floating tribes of reflections
and we returned to the day of beginning

The present is motionless
                              June 21st
today is the beginning of summer
                                   Two or three birds
invent a garden
                    You read and eat a peach
on the red couch
                    naked
like the wine in the glass pitcher
                    A great flock of crows
Our brothers are dying in Santo Domingo
"If we had the munitions
                         You people would not be here"
                    We chew our nails down to the elbow
In the gardens of his summer fortress
Tipu Sultan planted the Jacobin tree
then distributed glass shards among
the imprisoned English officers
and ordered them to cut their foreskins
and eat them
                    The century
has set fire to itself in our lands
Will the builders of cathedrals and pyramids
charred hands
                    raise their transparent houses
by its light?

El presente es perpetuo

El sol se ha dormido entre tus pechos
La colcha roja es negra y palpita
Ni astro ni alhaja
                    fruta
tú te llamas dátil
                    Datia
castillo de sal si puedes
                         mancha escarlata
sobre la piedra empedernida
Galerías terrazas escaleras
desmanteladas salas nupciales
del escorpión
                    Ecos repeticiones
relojería erótica
                    deshora
                         Tú recorres
los patios taciturnos bajo la tarde impía
manto de agujas en tus hombros indemnes
Si el fuego es agua
                         eres una gota diáfana
la muchacha real
                    transparencia del mundo

El presente es perpetuo
                         Los montes
          soles destazados
petrificada tempestad ocre
                              El viento rasga
          ver duele
El cielo es otro abismo más alto
Garganta de Salang
la nube negra sobre la roca negra

The present is motionless
The sun has fallen asleep between your breasts
The red covering is black and heaves
Not planet and not jewel
                              fruit
you are named
                    date
                  Datia
castle of Leave-If-You-Can
                                    scarlet stain
upon the obdurate stone
Corridors
            terraces
                  stairways
dismantled nuptial chambers
of the scorpion
                  Echoes repetitions
the intricate and erotic works of a watch
                                        beyond time
                                              You
                                              cross
taciturn patios under the pitiless afternoon
a cloak of needles on your untouched shoulders
If fire is water
                  you are a diaphanous drop
the real girl
            transparency of the world

The present is motionless
                              The mountains
            quartered suns
petrified storm earth-yellow
                        The wind whips
            it hurts to see
The sky is another deeper abyss
Gorge of the Salang Pass
black cloud over black rock

El puño de la sangre golpea
                     puertas de piedra
Sólo el agua es humana
en estas soledades despeñadas
Sólo tus ojos de agua humana
                Abajo
en el espacio hendido
el deseo te cubre con sus dos alas negras
Tus ojos se abren y se cierran
                   animales fosforescentes
Abajo
      el desfiladero caliente
la ola que se dilata y se rompe
                tus piernas abiertas
el salto blanco
la espuma de nuestros cuerpos abandonados

           El presente es perpetuo
El morabito regaba la tumba del santo
sus barbas eran más blancas que las nubes
Frente al moral
         al flanco del torrente
repetiste mi nombre
            dispersión de sílabas
Un adolescente de ojos verdes
te regaló una granada
            Al otro lado del Amu-Darya
humeaban las casitas rusas
El son de la flauta uzbek
era otro río invisible y más puro
En la barcaza el batelero estrangulaba pollos
El país es una mano abierta
            sus líneas
      signos de un alfabeto roto
Osamentas de reses en el llano

Fist of blood strikes
                    gates of stone
Only the water is human
in these precipitous solitudes
Only your eyes of human water
                              Down there
in the cleft
desire covers you with its two black wings
Your eyes flash open and close
                              phosphorescent animals
Down there
              the hot canyon
the wave that stretches and breaks
                              your legs apart
the plunging whiteness
the foam of our bodies abandoned

              The present is motionless
The hermit watered the saint's tomb
his beard was whiter than the clouds
Facing the mulberry
                    on the flank of the rushing stream
you repeat my name
                    dispersion of syllables
A young man with green eyes presented you
with a pomegranate
                    On the other bank of the Amu-Darya
smoke rose from Russian cottages
The sound of an Usbek flute
was another river invisible clearer
The boatman
              on the barge was strangling chickens
The countryside is an open hand
                              its lines
              marks of a broken alphabet
Cow skeletons on the prairie

Bactriana
      estatua pulverizada
yo recogí del polvo unos cuantos nombres
Por esas sílabas caídas
granos de una granada cenicienta
juro ser tierra y viento
           remolino
sobre tus huesos

         El presente es perpetuo
La noche entra con todos sus árboles
noche de insectos eléctricos y fieras de seda
noche de yerbas que andan sobre los muertos
conjunción de aguas que vienen de lejos
murmullos
        los universos se desgranan
un mundo cae
         se enciende una semilla
cada palabra palpita
           Oigo tu latir en la sombra
enigma en forma de reloj de arena
             mujer dormida
Espacio espacios animados
Anima mundi
        materia maternal
perpetua desterrada de sí misma
y caída perpetua en su entraña vacía
           Anima mundi
madre de las razas errantes
          de los soles y los hombres
Emigran los espacios
        el presente es perpetuo
En el pico del mundo se acarician
Shiva y Párvati
        Cada caricia dura un siglo
para el dios y para el hombre
         un mismo tiempo

Bactria
      a shattered statue
I scraped a few names out of the dust
By these fallen syllables
seeds of a charred pomegranate
I swear to be earth and wind
                whirling
over your bones

            The present is motionless
Night comes down with its trees
night of electric insects and silken beasts
night of grasses which cover the dead
meeting of waters which come from far off
rustlings
          universes are strewn about
a world falls
          a seed flares up
each word beats
            I hear you throb in the shadow
a riddle shaped like an hourglass
               woman asleep
Space   living spaces
Anima mundi
         maternal substance
always torn from itself
always falling into your empty womb
              Anima mundi
mother of the nomadic tribes
          of suns and men
The spaces turn
         the present is motionless
At the top of the world
Shiva and Parvati caress
           Each caress lasts a century
for the god and for the man
           an identical time

un mismo despeñarse
                    Lahor
                            río rojo barcas negras
entre dos tamarindos una niña descalza
y su mirar sin tiempo
                    Un latido idéntico
muerte y nacimiento
Entre el cielo y la tierra suspendidos
unos cuantos álamos
vibrar de luz más que vaivén de hojas
                            ¿suben o bajan?

El presente es perpetuo
                    Llueve sobre mi infancia
llueve sobre el jardín de la fiebre
flores de sílex árboles de humo
En una hoja de higuera tú navegas
por mi frente
                    La lluvia no te moja
eres la llama de agua
                        la gota diáfana de fuego
derramada sobre mis párpados
Yo veo a través de mis actos irreales
el mismo día que comienza
                        Gira el espacio
arranca sus raíces el mundo
No pesan más que el alba nuestros cuerpos
                                tendidos

an equivalent hurling headlong
                              Lahore
                                        red river black boats
a barefoot girl
                    between two tamarinds
and her timeless gaze
                         An identical throbbing
death and birth
A group of poplars
suspended between sky and earth
they are a quiver of light more than a trembling of leaves
                         Do they rise
                                   or fall?

The present is motionless
                              It rains on my childhood
it rains on the feverish garden
flint flowers   trees of smoke
In a fig leaf you sail
                    on my brow
The rain does not wet you
you are a flame of water
                         the diaphanous drop of fire
spilling upon my eyelids
I look out through my own unrealities
the same day is beginning
                         Space wheels
the world wrenches up its roots
Our bodies
           stretched out
                         weigh no more than dawn

                                        [PB]

Madrigal

Más transparente
que esa gota de agua
entre los dedos de la enredadera
mi pensamiento tiende un puente
de ti misma a ti misma
                              Mírate
más real que el cuerpo que habitas
fija en el centro de mi frente

Naciste para vivir en una isla

Madrigal

More transparent
than this water dropping
through the vine's twined fingers
my thoughts stretch a bridge
from yourself to yourself
                    Look at you
more real than the body you inhabit
fixed at the center of my mind

You were born to live on an island

Con los ojos cerrados

Con los ojos cerrados
te iluminas por dentro
eres la piedra ciega

Noche a noche te labro
con los ojos cerrados
eres la piedra franca

Nos volvemos inmensos
sólo por conocernos
con los ojos cerrados

Pasaje

Más que aire
                    más que agua
más que labios
                    ligera ligera

Tu cuerpo es la huella de tu cuerpo

With Eyes Closed

With eyes closed
you light up within
you are blind stone

Night after night I carve you
with eyes closed
you are frank stone

We have become enormous
just knowing each other
with eyes closed

Passage

More than air
                more than water
more than lips
                lighter lighter

Your body is the trace of your body

Maithuna

Mis ojos te descubren
desnuda
       y te cubren
con una lluvia cálida
de miradas

    ★

Una jaula de sonidos
               abierta
en plena mañana
           más blanca
que tus nalgas
         en plena noche
tu risa
      o más bien tu follaje
tu camisa de luna
           al saltar de la cama

Luz cernida
        la espiral cantante
devana la blancura
           Aspa
X
  plantada en un abra

    ★

Mi día
      en tu noche
revienta
       Tu grito
salta en pedazos
         La noche

Maithuna

My eyes discover you
naked
        and cover you
with a warm rain
of glances

*

A cage of sounds
                open
to the morning
                whiter
than your thighs
                at night
your laughter
                and even more your foliage
your blouse of the moon
                        as you leap from bed

Sifted light
            the singing spiral
spools whiteness
                Chiasm
X
    planted in a chasm

*

My day
        exploded
in your night
            Your shriek
leaps in pieces
            Night

esparce
>tu cuerpo
Resaca
>tus cuerpos
se anudan
Otra vez tu cuerpo

★

Hora vertical
>la sequía
mueve sus ruedas espejeantes
Jardín de navajas
>festín de falacias
Por esas reverberaciones
>entras
ilesa
>en el río de mis manos

★

Más rápida que la fiebre
nadas en lo obscuro
>tu sombra es más clara
entre las caricias
>tu cuerpo es más negro
Saltas
>a la orilla de lo improbable
toboganes de cómo cuando porque sí
Tu risa incendia tu ropa
>tu risa
moja mi frente mis ojos mis razones
Tu cuerpo incendia tu sombra
Te meces en el trapecio del miedo
los terrores de tu infancia
>me miran

spreads
      your body
washing under
        your bodies
knot
Your body once again

  *

Vertical hour
        drought
spins its flashing wheels
Garden of knives
         feast of deceit
Through these reverberations
           you enter
unscathed
      the river of my hands

  *

Quicker than fever
you swim in darkness
          your shadow clearer
between caresses
        your body blacker
You leap
      to the bank of the improbable
toboggans of how when because yes
Your laughter burns your clothes
          your laughter
soaks my forehead my eyes my reasoning
Your body burns your shadow
You swing on a trapeze of fear
the terrors of your childhood
          watch me

desde tus ojos de precipicio
                    abiertos
en el acto de amor
                sobre el precipicio
Tu cuerpo es más claro
                        tu sombra es más negra
Tú ríes sobre tus cenizas

   ★

Lengua borgoña de sol flagelado
lengua que lame tu país de dunas insomnes
cabellera
                lengua de látigos
                        lenguajes
sobre tu espalda desatados
                        entrelazados
sobre tus senos
                escritura que te escribe
con letras aguijones
                    te niega
con signos tizones
                    vestidura que te desviste
escritura que te viste de adivinanzas
escritura en la que me entierro
                        Cabellera
gran noche súbita sobre tu cuerpo
jarra de vino caliente
                  derramado
sobre las tablas de la ley
nudo de aullidos y nube de silencios
racimo de culebras
                racimo de uvas
pisoteadas
            por las heladas plantas de la luna
lluvia de manos de hojas de dedos de viento

from your cliffhanging eyes
                              wide open
making love
                    at the cliff
Your body brighter
                              your shadow blacker
You laugh over your ashes

★

Burgundy tongue of the flayed sun
tongue that licks your land of sleepless dunes
hair unpinned
                    tongue of whips
                                        spoken tongues
unfastened on your back
                              enlaced
on your breasts
                    writing that writes you
with spurred letters
                         denies you
with branded signs
                              dress that undresses you
writing that dresses you in riddles
writing in which I am buried
                                   Hair unpinned
the great night sudden over your body
jar of hot wine
                    spilled
on the tablets of the law
knot of howling and cloud of silence
cluster of snakes
                         cluster of grapes
trampled
            by the cold soles of the moon
rain of hands leaves fingers wind

sobre tu cuerpo
                 sobre mi cuerpo sobre tu cuerpo
Cabellera
        follaje del árbol de huesos
el árbol de raíces aéreas que beben noche en el sol
El árbol carnal   El árbol mortal

    ★

Anoche
       en tu cama
éramos tres:
tú   yo   la luna

    ★

Abro
     los labios de tu noche
húmedas oquedades
                 ecos
desnacimientos:
            blancor
súbito de agua
             desencadenada

    ★

Dormir dormir en ti
o mejor despertar
            abrir los ojos
en tu centro
          negro blanco negro
blanco
      Ser sol insomne
que tu memoria quema
               (y
la memoria de mí en tu memoria)

on your body
        on my body on your body
Hair unpinned
          foliage of the tree of bones
the tree of aerial roots that drink night from the sun
The tree of flesh   The tree of death

★

Last night
     in your bed
there were three of us:
you and me and the moon

★

I open
     the lips of your night
damp hollows
        unborn
echoes:
     whiteness
a rush
     of unchained water

★

To sleep to sleep in you
or even better to wake
         to open my eyes
at your center
       black white black
white
   To be the unsleeping sun
your memory ignites
        (and
the memory of me in your memory)

★

Y nueva nubemente sube
savia
     (salvia te llamo
llama)
       El tallo
estalla
       (Llueve
nieve ardiente)
            Mi lengua está
allá
   (En la nieve se quema
tu rosa)
       Está
ya
   (sello tu sexo)
          el alba
salva

★

And again the sap skywise
rises
        (salvia your name
is flame)
                Sapling
crackling
                (rain
of blazing snow)
                        My tongue
is there
        (Your rose
burns through the snow)
                                is
now
        (I seal your sex)
                        dawn
from danger drawn

Eje

Por el arcaduz de sangre
mi cuerpo en tu cuerpo
                         manantial de noche
mi lengua de sol en tu bosque
                              artesa tu cuerpo
trigo rojo yo
              Por el arcaduz de hueso
yo noche yo agua
                   yo bosque que avanza
yo lengua
           yo cuerpo
                       yo hueso de sol
Por el arcaduz de noche
                          manantial de cuerpos
tú noche del trigo
                      tú bosque en el sol
tú agua que espera
                      tú artesa de huesos
Por el arcaduz de sol
                        mi noche en tu noche
mi sol en tu sol
                    mi trigo en tu artesa
tu bosque en mi lengua
                          Por el arcaduz del cuerpo
el agua en la noche
                       tu cuerpo en mi cuerpo
Manantial de huesos
                        Manantial de soles

Axis

Through the conduits of blood
my body in your body
                              spring of night
my tongue of sun in your forest
                                        a trough your body
I red wheat
              Through the conduits of bone
I night I water
                  I forest moving forward
I tongue
          I body
                  I bone of the sun
Through the conduits of night
                                  spring of bodies
You night of wheat
                      you forest in the sun
you waiting water
                    you trough of bones
Through the conduits of sun
                              my night in your night
my sun in your sun
                    my wheat in your trough
your forest in my tongue
                          Through the conduits of the body
water in the night
                    your body in my body
Spring of bones
              Spring of suns

Custodia

El nombre
Sus   sombras
El hombre   La hembra
El mazo   El gong
La i   La o
La torre   El aljibe
El índice   La hora
El hueso   La rosa
El rocío   La huesa
El venero   La llama
El tizón   La noche
El río   La ciudad
La quilla   El ancla
El hembro   La hombra
El   hombre
Su cuerpo de nombres
Tu nombre en mi nombre En tu nombre mi nombre
Uno frente al otro uno contra el otro uno en torno al otro
El uno en el otro
Sin nombres

Monstrance

Name

Its   shadows

He   She

Mallet   Gong

I   O

Tower   Pool

Finger   Clock

Bone   Rose

Mist   Tomb

Spring   Flame

Brand   Night

River   City

Keel   Anchor

She   Male

He

Body of names

Your name in my name In your name my name

One to another one against the other one around another

One in the other

Unnamed

Domingo en la isla de Elefanta

Imprecación

Al pie de las sublimes esculturas,
desfiguradas por los musulmanes y los portugueses,
la multitud ha dejado un *picnic* de basura
para los cuervos y los perros.
Yo la condeno a renacer cien veces
en un muladar,
                    como a los otros,
por eones, en carne viva han de tallarlos
en el infierno de los mutiladores de estatuas.

Invocación

Shiva y Párvati:
                    los adoramos
no como a dioses,
                    como a imágenes
de la divinidad de los hombres.
Ustedes son lo que el hombre hace y no es,
lo que el hombre ha de ser
cuando pague la condena del quehacer.
Shiva:
            tus cuatro brazos son cuatro ríos,
cuatro surtidores.
                    Todo tu ser es una fuente
y en ella se baña la linda Párvati,
en ella se mece como una barca graciosa.
El mar palpita bajo el sol:
son los gruesos labios de Shiva que sonríe;
el mar es una larga llamarada:
son los pasos de Párvati sobre las aguas.
Shiva y Párvati:
                    la mujer que es mi mujer

Sunday on the Island of Elephanta

Imprecation

At the feet of the sublime sculptures,
vandalized by the Muslims and the Portuguese,
the crowds have left a picnic of garbage
for the crows and dogs.
I condemn them to be reborn a hundred times
on a dungheap,
                    and as for the others,
for eons they must carve living flesh
in the hell for the mutilators of statues.

Invocation

Shiva and Parvati:
                    we worship you
not as gods
            but as images
of the divinity of man.
You are what man makes and is not,
what man will be
when he has served the sentence of hard labor.
Shiva:
        your four arms are four rivers,
four jets of water.
                    Your whole being is a fountain
where the lovely Parvati bathes,
where she rocks like a graceful boat.
The sea beats beneath the sun:
it is the great lips of Shiva laughing;
the sea is ablaze:
it is the steps of Parvati on the waters.
Shiva and Parvati:
                    the woman who is my wife

y yo,
        nada les pedimos, nada
que sea del otro mundo:
                        sólo
la luz sobre el mar,
la luz descalza sobre el mar y la tierra dormidos.

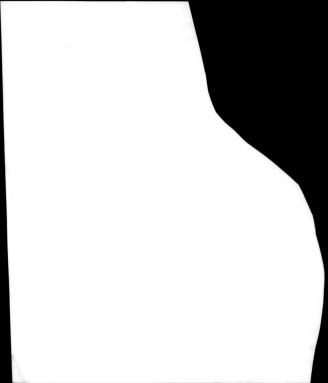

and I
     ask you for nothing, nothing
that comes from the other world:
                      only
the light on the sea,
the barefoot light on the sleeping land and sea.

Cuento de dos jardines

Una casa, un jardín,
                    no son lugares:
giran, van y vienen.
                    Sus apariciones
abren en el espacio
                    otro espacio,
otro tiempo en el tiempo.
                              Sus eclipses
no son abdicaciones:
                    nos quemaría
la vivacidad de uno de esos instantes
si durase otro instante.
                         Estamos condenados
a matar al tiempo:
                    así morimos,
poco a poco.
              Un jardín no es un lugar.
Por un sendero de arena rojiza
entramos en una gota de agua,
bebemos en su centro verdes claridades,
por la espiral de las horas
                         ascendemos
hasta la punta del día
                         descendemos
hasta la consumación de su brasa.
Fluye el jardín en la noche
                         río de rumores.

Aquel de Mixcoac, abandonado,
cubierto de cicatrices,
                         era un cuerpo
a punto de desplomarse.
                         Yo era niño
y el jardín se parecía a mi abuelo.
Trepaba por sus rodillas vegetales

A Tale of Two Gardens

A house, a garden,
                    are not places:
they spin, they come and go.
                              Their apparitions open
another space
              in space,
another time in time.
                      Their eclipses
are not abdications:
the vivacity of one of those moments
                                      would burn us
if it lasted a moment more.
                            We are condemned
to kill time:
              so we die,
little by little.
                  A garden is not a place.
Down a path of reddish sand,
we enter a drop of water,
drink green clarities from its center,
we climb
        the spiral of hours
to the tip of the day,
                       descend
to the last burning of its ember.
Mumbling river,
                the garden flows through the night.

That one in Mixcoac, abandoned,
covered with scars,
                    was a body
at the point of collapse.
                          I was a boy,
and the garden for me was like a grandfather.
I clambered up its leafy knees,

sin saber que lo habían condenado.
El jardín lo sabía:
                esperaba su destrucción
como el sentenciado el hacha.
La higuera era la diosa,
              la Madre.
Zumbar de insectos coléricos,
los sordos tambores de la sangre,
el sol y su martillo,
el verde abrazo de innumerables brazos.
La incisión del tronco:
                el mundo se entreabrió.
Yo creí que había visto a la muerte:
                     vi
la otra cara del ser,
          la vacía,
el fijo resplandor sin atributos.

Se agolpan, en la frente del Ajusco,
las blancas confederaciones.
                  Ennegrecen,
son ya una masa cárdena,
una protuberancia enorme que se desgarra:
el galope del aguacero cubre todo el llano.
Llueve sobre lavas:
              danza el agua
sobre la piedra ensangrentada.
                  Luz, luz:
substancia del tiempo y sus inventos.
Meses como espejos,
uno en el otro reflejado y anulado.
Días en que no pasa nada,
contemplación de un hormiguero,
sus trabajos subterráneos,
sus ritos feroces.
            Inmerso en la luz cruel,

not knowing it was doomed.
The garden knew it:
                    it awaited its destruction
as a condemned man awaits the axe.
The fig tree was a goddess,
                        the Mother.
Hum of irascible insects,
the muffled drums of the blood,
the sun and its hammer,
the green hug of innumerable limbs.
The cleft in the trunk:
                        the world half-opened.
I thought I had seen death:
                        I saw
the other face of being,
                        the feminine void,
the fixed featureless splendor.

White leagues batter
the peak of Ajusco,
                    turn black,
a purple mass,
                a great bulge splitting open:
the rainsquall's gallop covers the plain.
Rain on lava:
            the water dances
on bloodstained stone.
                        Light, light:
the stuff of time and its inventions.
Months like mirrors,
one by the other reflected and effaced.
Days when nothing happens,
studying an ants' nest,
its subterranean labor,
its fierce rites.
                    Immersed in the cruel light,

expiaba mi cuerpo-hormiguero,
>   espiaba
la febril construcción de mi ruina.
Élitros:
>   el afilado canto del insecto
corta las yerbas secas.
>   Cactos minerales,
lagartijas de azogue en los muros de adobe,
el pájaro que perfora el espacio,
sed, tedio, tolvaneras,
impalpables epifanías del viento.
Los pinos me enseñaron a hablar solo.
En aquel jardín aprendí a despedirme.

Después no hubo jardines
>   Un día,
como si regresara,
>   no a mi casa,
al comienzo del Comienzo,
>   llegué a una claridad.
Espacio hecho de aire
>   para los juegos pasionales
del agua y de la luz.
>   Diáfanas convergencias:
del gorjeo del verde
>   al azul más húmedo
al gris entre brasas
>   al más llagado rosa
al oro desenterrado.
>   Oí un rumor verdinegro
brotar del centro de la noche: el *nim*.
>   El cielo,
con todas sus joyas bárbaras,
>   sobre sus hombros.
El calor era una mano inmensa que se cerraba,
se oía el jadeo de las raíces,
la dilatación del espacio,

I washed my ants' nest body,
                    I watched
the restless construction of my ruin.
Elytra:
        the insect's razor song
slices the dry grass.
             Mineral cacti,
quicksilver lizards in adobe walls,
the bird that drills through space,
thirst, tedium, clouds of dust,
impalpable epiphanies of wind.
The pines taught me to talk to myself.
In that garden I learned to wave myself goodbye.

Later there were no gardens.
               One day,
as if I had returned,
          not to my house,
but to the beginning of the Beginning,
                  I reached a clarity.
Space made of air
          for the passionate games
of water and light.
          Diaphanous convergences:
from the twittering of green
             to the most humid blue
to the gray of embers
           to a woundlike pink
to an unburied gold.
          I heard a dark green murmur
burst from the center of the night: the neem tree.
On its shoulders,
        the sky
with all its barbarian jewels.
The heat was a huge closing hand,
one could hear the roots panting,
space expanding,

el desmoronamiento del año.
                                        El árbol no cedía.
Grande como el monumento a la paciencia,
justo como la balanza que pesa
                                    la gota de rocío,
                                    el grano de luz,
                                    el instante.
Entre sus brazos cabían muchas lunas.
Casa de las ardillas,
                            mesón de los mirlos.

La fuerza es fidelidad,
                            el poder acatamiento:
nadie acaba en sí mismo,
                                un todo es cada uno
en otro todo,
                        en otro uno.
El otro está en el uno,
                            el uno es otro:
somos constelaciones.
                            El *nim*, enorme,
sabía ser pequeño.
                        A sus pies
supe que estaba vivo,
                            supe
que morir es ensancharse,
                                negarse es crecer.
Aprendí,
            en la fraternidad de los árboles,
a reconciliarme,
                    no conmigo:
con lo que me levanta, me sostiene, me deja caer.

Me crucé con una muchacha.
                                Sus ojos:
el pacto del sol de verano con el sol de otoño.
Partidaria de acróbatas, astrónomos, camelleros.

the crumbling of the year.
                          The tree would not give way.
Huge as a monument to patience,
fair as the balance that weighs
                          a dewdrop,
                          a grain of light,
                          an instant.
Many moons fit in its branches.
House of squirrels,
                          blackbird inn.

Strength is fidelity,
                power reverence:
no one ends at himself,
                          each one is an all
in another all,
                in another one.
The other is contained in the one,
                               the one is another:
we are constellations.
                      The enormous neem
once knew how to be small.
                          At its feet
I knew I was alive,
                I knew
that death is expansion,
                        self-negation is growth.
I learned,
          in the brotherhood of the trees,
to reconcile myself,
                    not with myself:
with what lifts me, sustains me, lets me fall.

I crossed paths with a girl.
                          Her eyes:
the pact between the summer and the autumn suns.
She was a follower of acrobats, astronomers, camel drivers.

Yo de fareros, lógicos, *sadhúes*.
                              Nuestros cuerpos
se hablaron, se juntaron y se fueron.
Nosotros nos fuimos con ellos
                              Era el monzón.
Cielos de yerba machacada
                              y el viento en armas
por las encrucijadas.
                    Por la niña del cuento,
marinera de un estanque en borrasca,
la llamé Almendrita.
                    No un nombre:
un velero intrépido.
                    Llovía,
la tierra se vestía y así se desnudaba,
las serpientes salían de sus hoyos,
la luna era de agua,
                    el sol era de agua,
el cielo se destrenzaba,
sus trenzas eran ríos desatados,
los ríos tragaban pueblos,
muerte y vida se confundían,
amasijo de lodo y de sol,
estación de lujuria y pestilencia,
estación del rayo sobre el árbol de sándalo,
tronchados astros genitales
                              pudriéndose
resucitando en tu vagina,
                              madre India,
India niña,
empapada de savia, semen, jugos, venenos.

A la casa le brotaron escamas.
                              Almendrita:
llama intacta entre el culebreo y el ventarrón,
en la noche de hojas de banano
                              ascua verde,

I of lighthouse keepers, logicians, saddhus.
                                    Our bodies
spoke, mingled, and went off.
We went off with them.
                        It was the monsoon.
Skies of grass-bits
                and armed wind
at the crossroads.
                I named her Almendrita
after the girl of the story,
sailor of a stormy pond.
                        Not a name:
an intrepid sailboat.
                    It rained,
the earth dressed and became naked,
snakes left their holes,
the moon was made of water,
                            the sun was water,
the sky took out its braids
and its braids were unraveled rivers,
the rivers swallowed villages,
death and life were jumbled,
dough of mud and sun,
season of lust and plague,
season of lightning on a sandalwood tree,
mutilated genital stars
                    rotting,
reviving in your womb,
                    mother India,
girl India,
drenched in semen, sap, poisons, juices.

Scales grew on the house.
                    Almendrita:
flame intact through the snaking and the wind-gust,
in the night of the banana leaves,
                        green ember,

hamadríada,
>> *yakshi*:
>>>> risas en el matorral,
manojo de albores en la espesura,
>>>>> más música
que cuerpo,
>>>> más fuga de pájaro que música,
más mujer que pájaro:
>>>>> sol tu vientre,
sol en el agua,
>>>> agua de sol en la jarra,
grano de girasol que yo planté en mi pecho,
ágata,
>>>> mazorca de llamas en el jardín de huesos.
Chuang-tse le pidió al cielo sus luminarias,
sus címbalos al viento,
>>>>> para sus funerales.
Nosotros le pedimos al *nim* que nos casara.

Un jardín no es un lugar:
>>>>> es un tránsito,
una pasión.
>>>> No sabemos hacia dónde vamos,
transcurrir es suficiente,
>>>>> transcurrir es quedarse:
una vertiginosa inmovilidad.
>>>>> Las estaciones,
oleaje de los meses.
>>>> Cada invierno
una terraza sobre el año.
>>>>> Luz bien templada,
resonancias, transparencias,
>>>>> esculturas de aire
disipadas apenas pronunciadas:
>>>>> ¡sílabas,
islas afortunadas!
>>>> Engastado en la yerba

hamadryad,
        yakshi:
                laughter in the brambles,
bundle of brightness in the thicket,
                        more music
than body,
           more bird-flight than music,
more woman than bird:
                  your belly the sun,
sun in the water,
              sun-water in the earthen jar,
sunflower seed I planted in my chest,
agate
      ear of flame in the garden of bones.
For his funeral,
Chuang-tzu asked heaven for its lights,
                    the wind for its cymbals.
We asked the neem to marry us.

A garden is not a place:
              it is a passage,
a passion.
        We don't know where we're going,
to pass through is enough,
                to pass through is to remain:
a dizzying immobility.
            Seasons,
the waves of months.
            Each winter
a terrace above the year.
              Well-tempered light,
resonance, transparency,
             sculptures of air
dissolved as soon as they are said:
                 syllables,
the fortunate isles!
          A sneak in the grass,

el gato Demóstenes es un carbón luminoso,
la gata Semíramis persigue quimeras,

                             acecha
reflejos, sombras, ecos.

                    Arriba,
sarcasmos de cuervos;

                     el urogallo y su hembra,
príncipes desterrados;

                  la upupa,
pico y penacho, un alfiler engalanado;
la verde artillería de los pericos;
los murciélagos color de anochecer.
En el cielo

          liso, fijo, vacío,
el milano

          dibuja y borra círculos.

Ahora,

      quieto

           sobre la arista de una ola:
un albatros,

           peñasco de espuma.
Instantáneo,

          se dispersa en alas.
No estamos lejos de Durban

               (allí estudió Pessoa).
Cruzamos un petrolero.

           Iba a Mombasa,
ese puerto con nombre de fruta.

              (En mi sangre:
Camoens, Vasco de Gama y los otros ...)
El jardín se ha quedado atrás.

            ¿Atrás o adelante?
No hay más jardines que los que llevamos dentro.
¿Qué nos espera en la otra orilla?
Pasión es tránsito:

        la otra orilla está aquí,

Demosthenes the cat is a luminous coal;
the female; Semiramis, chases ghosts,
                                        stalks
reflections, shadows, echoes.
                        Above,
the sarcastic crows;
                    the capercaillie and his mate,
exiled princes;
                the hoopoe,
crest and beak a fancy brooch;
the green artillery of the parakeets;
bats the color of nightfall.
On the fixed, empty,
                    even sky,
a kite
        draws and erases circles.

Now,
        silent
                on a wave's arista:
an albatross,
                a cliff of foam.
Sudden
        scatter into wings.
We're not far from Durban
                        (where Pessoa studied).
We pass a tanker,
                heading for Mombassa,
that port with the name of a fruit.
                                (In my blood:
Camoens, Vasco da Gama, and the rest ...)
The garden has been left behind.
                            Behind or ahead?
There are no more gardens than those we carry within.
What waits for us on the other bank?
Passion is passage:
                the other bank is here,

luz en el aire sin orillas,

> *Prajñaparamita,*

Nuestra Señora de la Otra Orilla,

> > tú misma,

la muchacha del cuento,

> la alumna del jardín.

Olvidé a Nagarjuna y a Dharmakirti

> > en tus pechos,

en tu grito los encontré,

> *Maithuna,*

> > dos en uno,

uno en todo,

> todo en nada,

> > ¡*śunyata,*

plenitud vacía,

> vacuidad redonda como tu grupa!

> Los cormoranes:
> sobre un charco de luz
> pescan sus sombras.

La visión se disipa en torbellinos,
hélice de diecisiete sílabas

> > dibujada en el mar

no por Bashō:

> por mis ojos, el sol y los pájaros,

hoy, hacia las cuatro,

> a la altura de Mauritania.

Una ola estalla:

> mariposas de sal.

Metamorfosis de lo idéntico.

> > A esta misma hora

Delhi y sus piedras rojas,

> su río turbio,

sus domos blancos,

> sus siglos en añicos,

light in the bankless air,
>   *Prajnaparamita,*
Our Lady of the Other Bank,
>   you yourself,
the girl of the tale,
>   alumna of the garden.

I forgot Nagarjuna and Dharmakirti
>   in your breasts,
I found them in your cry,
>   *Maithuna,*
>   two in one,
one in all,
>   all in nothing,
>   *sunyata,*
the empty plenitude,
>   emptiness round as your hips!

>   Cormorants above
>   a rippling pool of light
>   fish for their shadows.

The vision scatters in a whirlwind,
helix of seventeen syllables
>   drawn on the sea,
not by Bashō:
>   by my eyes, the sun and the birds,
today, at about four,
>   at the latitude of Mauritania.
A wave explodes:
>   salt butterflies.
Metamorphosis into the identical.
>   At this same moment,
Delhi and its red stones,
>   its muddy river,
its white domes,
>   its centuries in smithereens,

se transfiguran:
                    arquitecturas sin peso,
cristalizaciones casi mentales.
                              Desvanecimientos,
alto vértigo sobre un espejo.
                         El jardín se abisma.
Ya es un nombre sin substancia.

Los signos se borran:
                    yo miro la claridad

transform:
           weightless structures,
almost mental crystallizations.
                     Dizziness,
vertigo high above a mirror.
                         The garden sinks.
Now it is a name with no substance.

The signs are erased:
                I watch clarity

Blanco

[1966]

By passion the world is bound,
by passion too it is released.
The Hevajra Tantra

Avec le seul object dont le
Néant s'honore.
Stéphane Mallarmé

Blanco

el comienzo
        el cimiento
la simiente
        latente
la palabra en la punta de la lengua
inaudita   inaudible
        impar
grávida   nula
        sin edad
la enterrada con los ojos abiertos
inocente   promiscua
        la palabra
sin nombre   sin habla

Blanco

      a stirring
           a steering
      a seed
           asleep
      a word at the tip of the tongue
      unheard   unhearable
           matchless
      fertile   barren
           ageless
      she who was buried with open eyes
      stainless   promiscuous
           a word
      speechless   nameless

Sube y baja,
escalera de escapulario,
el lenguaje deshabitado.
Bajo la piel de la penumbra
late una lámpara.
                    Superviviente
entre las confusiones taciturnas,
                                    asciende
en un tallo de cobre
                    resuelto
en un follaje de claridad:
                            amparo
de caídas realidades.
                        O dormido
o extinto,
            alto en su vara
(cabeza en una pica),
                        un girasol
ya luz carbonizada
                    sobre un vaso
de sombra.
                En la palma de una mano
ficticia,
        flor
ni vista ni pensada:
                        oída,
aparece
        amarillo
cáliz de consonantes y vocales
incendiadas.

en el muro la sombra del fuego   *llama rodeada de leones*
en el fuego tu sombra y la mía   *leona en el circo de las llamas*
                                            ánima entre las sensaciones

Climbing and descending
the spine of the mineshaft ladder,
abandoned language.
Under the skin of the penumbra
a lamp beats.
                    Survivor
in the sullen confusion,
                              it rises
in a copper stalk,
                        breaks
into leaves of clarity:
                            shelter
for fallen realities.
                    Asleep
or extinct,
                high on its pole
(head on a pike)
                        a sunflower
light charred
                        in a vase
of shadow.
                    In the palm of an
invented hand,
                    the flower,
not seen not imagined:
                            heard,
appears,
          a yellow chalice
of consonants and vowels,
burning.

on the wall the shadow of the fire   *flame encircled by lions*
in the fire your shadow and mine   *lioness in the circus of the flames*
                                                      soul among sensations

el fuego te desata y te anuda
Pan Grial Ascua   *frutos de luces de bengala*
    Muchacha   *los sentidos se abren*
tú ríes—desnuda   *en la noche magnética*
en los jardines de la llama

  La pasión de la brasa compasiva

   Un pulso, un insistir
   oleaje de sílabas húmedas.
   Sin decir palabra
   obscurece mi frente
   un presentimiento de lenguaje.
   Patience patience
   (Livingstone en la sequía)
   river rising a little.
   El mío es rojo y se agosta
   entre sableras llameantes:
   Castillas de arena, naipes rotos
   y el jeroglífico (agua y brasa)
   en el pecho de México caído.
   Polvo soy de aquellos lodos.
   Río de sangre,
       río de historias
   de sangre,
     río seco:
   boca de manantial
   amordazado
   por la conjuración anónima
   de los huesos,
   por la ceñuda peña de los siglos
   y los minutos:
       el lenguaje
   es una expiación,
       propiciación

the fire unlaces and fastens you
Ember Bread Grail   *fruits of the fireworks*
                    Girl   *the senses open*
you laugh—naked   *in the magnetic night*
in the gardens of the flame

The passion of compassionate coals

A pulse-beat, insisting,
a surge of wet syllables.
Without saying a word,
my forehead grows dark:
a presentiment of language.
Patience patience
(Livingston in the drought)
river rising a little
Mine is red and scorches
in the flaming dunes:
Castiles of sand,
shredded playing cards,
and the hieroglyph (water and coals)
fallen on the chest of Mexico.
I am the dust of that silt.
River of blood,
                    river of histories
of blood,
          dry river:
mouth of the source
gagged
by the anonymous conspiracy
of bones,
by the grim rocks of centuries
and minutes:
                    language
is atonement,
                    an appeasement

al que no habla,

emparedado,

cada día

asesinado,

el muerto innumerable.

Hablar

mientras los otros trabajan

es pulir huesos,

aguzar

silencios

hasta la transparencia,

hasta la ondulación,

el cabrilleo,

hasta el agua:

los ríos de tu cuerpo   *el río de los cuerpos*
país de latidos   *astros infusorios reptiles*
entrar en ti   *torrente de cinabrio sonámbulo*
país de ojos cerrados   *oleaje de las genealogías*
agua sin pensamientos   *juegos conjugaciones juglarías*
entrar en mí   *subyecto y obyecto abyecto y*
   absuelto

al entrar en tu cuerpo   *río de soles*
país de espejos en vela   las altas fieras de la piel luciente
país de agua despierta   *rueda el río seminal de los mundos*
en la noche dormida   *el ojo que lo mira es otro río*

me miro en lo que miro   *es mi creación esto que veo*
como entrar por mis ojos   *la percepción es concepción*
en un ojo más límpido   *agua de pensamientos*
me mira lo que miro   *soy la creación de lo que veo*

delta de brazos del deseo   *agua de verdad*
en un lecho de vértigos   *verdad de agua*

La transparencia es todo lo que queda

of the speechless,
                          the entombed,
the daily
              assassinated,
the countless dead.
                              To speak
while others work
is to polish bones,
                          sharpen
silence
        to transparency,
waves,
          whitecaps,
    water:

the rivers of your body	*the river of bodies*
land of pulse-beats	*stars infusoria reptiles*
to enter you	*downpour of sleepwalking cinnabar*
land of closed eyes	*surge of genealogies*
water with no thoughts	*games antics tricks*
to enter me	*subject and object abject and absolved*
entering your body	*river of suns*
land of sleepless mirrors	*"the tall beasts with shining skins"*
land of waking water	*seminal river of the worlds wheeling*
in the sleeping night	*the eye that watches it is another river*

watching I watch myself   *what I see is my creation*
as though entering through
    my eyes   *perception is conception*
into an eye more crystal clear   *water of thoughts*
what I watch watches me   *I am the creation of what I see*

delta of arms of desire   *water of truth*
on a bed of vertigo   *truth of water*

Transparency is all that remains

Paramera abrasada
del amarillo al encarnado
la tierra es un lenguaje calcinado.
Hay púas invisibles, hay espinas
en los ojos.
        En un muro rosado
tres buitres ahítos.
No tiene cuerpo ni cara ni alma,
está en todas partes,
a todos nos aplasta:
           este sol es injusto.
La rabia es mineral.
          Los colores
se obstinan.
           Se obstina el horizonte.
Tambores tambores tambores.
El cielo se ennegrece
           como esta página.
Dispersión de cuervos.
Inminencia de violencias violetas.
Se levantan los arenales,
la cerrazón de reses de ceniza.
Mugen los árboles encadenados.
Tambores tambores tambores.
Te golpeo, cielo,
          tierra, te golpeo.
Cielo abierto tierra cerrada
flauta y tambor, centella y trueno,
te abro, te golpeo.
          Te abres, tierra,
tienes la boca llena de agua,
tu cuerpo chorrea cielo,
tremor,
       tu panza tiembla,
tus semillas estallan,
          verdea la palabra

Desert smoldering
from yellow to a fleshy pink,
the land is a language burnt to dust.
There are thorns, invisible spines
in the eyes.
                    Three satiated vultures
on a red wall.
Bodiless faceless soulless,
everywhere,
crushing all of us:
                          this sun is unjust.
Rage is mineral.
                    Colors
are relentless.
                    The horizon's relentless.
Drumbeats drumbeats drumbeats.
The sky blackens
                    like this page.
Scatter of crows.
Impending violet violence.
The sands whirl up,
thunderheads, herds of ash.
The chained trees howl.
Drumbeats drumbeats drumbeats.
Sky I beat you,
                    land I beat you.
Open sky, closed land,
flute and drum, lightning and thunder,
I open you and beat you.
                          You open, land,
your mouth full of water,
your body gushes sky,
you burst, land,
your seeds explode,
                    the word grows green.

se desata se esparce *árida ondulación*
se levanta se erige Ídolo *entre brazos de arena*
desnuda como la mente *brilla se multiplica se niega*
en la reverberación del deseo *renace se escapa se persigue*
girando girando *visión del pensamiento gavilán*
en torno a la idea negra *cabra en la peña hendida*
el vellón de la juntura *paraje desnudo*
en la mujer desnuda *snap-shot de un latido de tiempo*
pirausta nudo de presencias *real irreal quieto vibrante*
inmóvil bajo el sol inmóvil *pradera quemada*
del color de la tierra *color de sol en la arena*
la yerba de mi sombra *sobre el lugar de la juntura*
mis manos de lluvia *obscurecida por los pájaros*
sobre tus pechos verdes *beatitud suficiente*
mujer tendida *hecha a la imagen del mundo*

El mundo es tus imágenes

Del amarillo al rojo al verde,
peregrinación hacia las claridades,
la palabra se asoma a remolinos
azules.
            Gira el anillo beodo,
giran los cinco sentidos
alrededor de la amatista
ensimismada.
                        Traslumbramiento:
no pienso, veo
                —no lo que veo,
los reflejos, los pensamientos veo.
Las precipitaciones de la música,
el número cristalizado.
Un archipiélago de signos.
Aerofanía,
            boca de verdades,

unlacing spreading *arid ripples*
rising erecting an Idol *in the arms of sand*
naked as the mind *shining multiplying refusing*
in the reverberation of desire *reborn escaping pursuing*
turning turning *vision of hawk-thought*
around the black idea *goat in the rock cleft*
fleece at the joining *naked place*
in a naked woman *snapshot of a pulse-beat of time*
firefly tangle of beings *real unreal quiet vibrating*
motionless under the motionless sun *burnt meadow*
the color of earth *color of sun on the sand*
the grass of my shadow *on the place of the joining*
my hands of rain *darkened by birds*
on your green breasts *holiness enough*
woman stretched out *made in the image of the world*

The world a bundle of your images

From yellow to red to green,
pilgrimage to the clarities,
the word peers out from blue
whirls.
       The drunk ring spins,
the five senses spin
around the centripetal
amethyst.
         Dazzle:
I don't think, I see
           —not what I see,
the reflections, the thoughts I see.
Precipitations of music,
crystallized number.
An archipelago of signs.
Translucence,
        mouth of truths,

claridad que se anula en una sílaba
diáfana como el silencio:
no pienso, veo
                    —no lo que pienso,
la cara en blanco del olvido,
el resplandor de lo vacío.
Pierdo mi sombra,
                    avanzo
entre los bosques impalpables,
las esculturas rápidas del viento,
los sinfines,
                    desfiladeros afilados,
avanzo,
            mis pasos
                    se disuelven
en un espacio que se desvanece
en pensamientos que no pienso.

caes de tu cuerpo a tu sombra no *allá sino en mis ojos*
en un caer inmóvil de cascada *cielo y suelo se juntan*
caes de tu sombra a tu nombre *intocable horizonte*
te precipitas en tus semejanzas *yo soy tu lejanía*
caes de tu nombre a tu cuerpo *el más allá de la mirada*
en un presente que no acaba *las imaginaciones de la arena*
caes en tu comienzo *las disipadas fábulas del viento*
derramada en mi cuerpo *yo soy la estela de tus erosiones*
tú te repartes como el lenguaje *espacio dios descuartizado*
tú me repartes en tus partes *altar el pensamiento y el cuchillo*
vientre teatro de la sangre *eje de los solsticios*
yedra arbórea lengua tizón de frescura *el firmamento es macho y hembra*
temblor de tierra de tu grupa *testigos los testículos solares*
lluvia de tus talones en mi espalda *falo el pensar y vulva la palabra*
ojo jaguar en espesura de pestañas *espacio es cuerpo signo pensamiento*
la hendidura encarnada en la maleza *siempre dos sílabas enamoradas*
los labios negros de la profetisa *A d i v i n a n z a*
entera en cada parte te repartes *las espirales transfiguraciones*

clarity effaced by a syllable
diaphanous as silence:
I don't think, I see:
                    —not what I think,
the blank face of forgetting,
the radiant void.
I lose my shadow,
                    I walk
through intangible forests,
sudden sculptures of the wind,
endless things,
                    sharpened paths,
I walk
        my steps
                    dissolving
in a space that evaporates
into thoughts I don't think

you fall from your body to your shadow *not there but in my eyes*
in a motionless falling of waterfall *sky and earth joining*
you fall from your shadow to your name *untouchable horizon*
you drop through your likenesses *I am your remoteness*
you fall from your name to your body *the furthest point of seeing*
in a present that never ends *the imaginings of sand*
you fall to your beginning *scattered fables of wind*
spilling on my body *I am the stela of your erosion*
you divide me like parts of speech *space quartered god*
you divide me into your parts *altar of thought and knife*
belly theater of blood *axis of the solstices*
tree of ivy firebrand tongue of coolness *the heavens are male and female*
earthquake of your thighs *testimony of solar testicles*
rain of your heels on my back *thought phallus and word womb*
jaguar eye in the eyelash thicket *space is body sign thought*
the flesh-colored cleft in the brambles *always two syllables in love*
the black lips of the oracle *P r o p h e c y*
whole in each part you divide yourself *spirals transfigurations*

tu cuerpo son los cuerpos del instante *es cuerpo el tiempo el mundo*
visto tocado desvanecido *pensamiento sin cuerpo el cuerpo imaginario*

contemplada por mis oídos   *horizonte de música tendida*
olida por mis ojos   *puente colgante del color al aroma*
acariciada por mi olfato   *olor desnudez en las manos del aire*
oída por mi lengua   *cántico de los sabores*
comida por mi tacto   *festín de niebla*

habitar tu nombre   *despoblar tu cuerpo*
caer en tu grito contigo   *casa del viento*

La irrealidad de lo mirado
da realidad a la mirada

En el centro
del mundo del cuerpo del espíritu
la grieta   el resplandor
No
En el remolino de las desapariciones
el torbellino de las apariciones
Sí
El árbol de los nombres
No
es una palabra
Sí
es una palabra
aire son nada
son
este insecto
revoloteando entre las líneas
de la página
inacabada
inacabable
El pensamiento
revoloteando

your body is the bodies of the moment *time world is body*
thought dreamt made flesh *seen touch dissolved*

seen by my ears	*horizon of music spreading*
smelled by my eyes	*bridge hung from color to smell*
caressed by my nose	*naked smell in the hands of air*
heard by my tongue	*canticle of flavors*
eaten by my touch	*feast of mist*

to inhabit your name	*to depopulate your body*
to fall in your shriek with you	*house of the wind*

        The unreality of the seen
          brings reality to seeing

            At the center
       of the world of the body of the spirit
       the cleft   the splendor
           No
      In the whirl of disappearances
      the whirlwind of appearances
            Yes
        The tree of names
                 No
     is a word
         Yes
     is a word
         they are air nothing
    they are
         this insect
    fluttering among the lines
    of an unfinished
             unfinishable
                 page
    Thought
        fluttering

entre estas palabras
                    Son
tus pasos en el cuarto vecino
los pájaros que regresan
El árbol *nim* que nos protege
                              los protege
Sus ramas acallan al trueno
apagan al relámpago
En su follaje bebe agua la sequía
Son
        esta noche
                    (esta música)
Mírala fluir
              entre tus pechos caer
sobre tu vientre
                  blanca y negra
primavera nocturna
                    jazmín y ala de cuervo
tamborino y *sitar*
                  No y Sí
juntos
        dos sílabas enamoradas

Si el mundo es real
                    la palabra es irreal
Si es real la palabra
                  el mundo
es la grieta el resplandor el remolino
No
        las desapariciones y las apariciones
                                          Sí
el árbol de los nombres
                        Real irreal
son palabras
              aire son nada

among these words
                    They are
your footsteps in the next room
the birds that return
The neem tree that shelters us
                            shelters them
Its branches mute thunder
douse the lightning's flash
In its leaves the drought drinks water
They are
            this night
                        (this music)
Watch it flow
                between your breasts
to fall on your belly
                        white and black
spring night
                jasmine and crow's wing
tabla and sitar
                No and Yes
together
            two syllables in love

If the world is real
                        the word is unreal
If the word is real
                        the world
is the cleft the splendor the whirl
No
    disappearances and appearances
                                        Yes
the tree of names
                Real unreal
are words
            they are air nothing

El habla
    irreal
da realidad al silencio
            Callar
es un tejido de lenguaje
              Silencio
sello
    centelleo
         en la frente
en los labios
        antes de evaporarse
Apariciones y desapariciones
La realidad y sus resurrecciones
El silencio reposa en el habla

El espíritu
es una invención del cuerpo
El cuerpo
es una invención del mundo
El mundo
es una invención del espíritu
No   Sí
    irrealidad de lo mirado
la transparencia es todo lo que queda
Tus pasos en el cuarto vecino
el trueno verde
        madura
en el follaje del cielo
          Estás desnuda
como una sílaba
        como una llama
una isla de llamas
pasión de brasa compasiva
El mundo
     es tus imágenes

Unreal
      speech
brings reality to silence
                      Keeping still
is a strand of language
                  Silence
seal
    scintilla
             on the forehead
on the lips
           before it evaporates
Appearances and disappearances
Reality and its resurrections
Silence rests in speech

The spirit
is an invention of the body
The body
is an invention of the world
The world
is an invention of the spirit
No   Yes
  the unreality of the seen
transparency is all that remains
Your footsteps in the next room
the green thunder
                ripening
in the foliage of the sky
                    You are naked
like a syllable
            like a flame
an island of flames
the passion of compassionate coals
The world
          a bundle of your images

anegadas en la música
                    Tu cuerpo
derramado en mi cuerpo
                        visto
        desvanecido
                    da realidad a la mirada

Delhi, del 23 de julio al 25 de septiembre de 1966

drowned in music
                    Your body
spilled on my body
                    seen
        dissolved
                brings reality to seeing

                        Delhi, July 23–September 25, 1966

FROM

VUELTA

❧❧ ❧❧

RETURN

[1969–1975]

El fuego de cada día
A Juan García Ponce

Como el aire
            hace y deshace
sobre las páginas de la geología,
sobre las mesas planetarias,
sus invisibles edificios:
                        el hombre.
Su lenguaje es un grano apenas,
pero quemante,
                    en la palma del espacio.

Sílabas son incandescencias.
También son plantas:
                        sus raíces
fracturan el silencio,
                        sus ramas
construyen casas de sonidos.
                        Sílabas:
se enlazan y se desenlazan,
                        juegan
a las semejanzas y las desemejanzas.

Sílabas:
            maduran en las frentes,
florecen en las bocas.
                        Sus raíces
beben noche, comen luz.
                        Lenguajes:
árboles incandescentes
de follajes de lluvias.

Vegetaciones de relámpagos,
geometrías de ecos:
sobre la hoja de papel

The Daily Fire
for Juan García Ponce

As the air
            constructs and destructs
its invisible buildings
on the pages of geology,
on the tablelands of the planet:
                                    man.
His language is barely a seed,
yet it burns
            in the palm of space.

Syllables are incandescent.
And they are plants:
                        their roots
fracture silence,
                    their branches
build houses of sound.
                        Syllables
twine and untwine,
                    play
with likeness and unlikeness.

Syllables
        ripen in the mind,
flower in the mouth.
                        Their roots
drink night, eat light.
                        Languages:
trees incandescent
with leaves of rain.

Lightning vegetation,
geometries of echoes:
on a sheet of paper

el poema se hace
>> como el día
sobre la palma del espacio.

La arboleda

A Pere Gimferrer

Enorme y sólida
>> pero oscilante,
golpeada por el viento
>> pero encadenada,
rumor de un millón de hojas
contra mi ventana.
>> Motín de árboles,
oleaje de sonidos verdinegros.
>> La arboleda,
quieta de pronto,
>> es un tejido de ramas y frondas.
Hay claros llameantes.
>> Caída en esas redes
se resuelve,
>> respira
una materia violenta y resplandeciente,
un animal iracundo y rápido,
cuerpo de lumbre entre las hojas:
>> el día.

A la izquierda del macizo,
>> más idea que color,
poco cielo y muchas nubes,
>> el azuleo de una cuenca
rodeada de peñones en demolición,
>> arena precipitada

the poem constructs itself
                         as the day
on the palm of space.

The Grove
for Pere Gimferrer

Enormous and solid
                    but swaying,
beaten by the wind
                    but chained,
murmur of a million leaves
against my window.
                    Riot of trees,
surge of dark green sounds.
                         The grove,
suddenly still,
                    is a web of fronds and branches.
But there are flaming spaces
                         and, fallen into these meshes,
—restless,
          breathing—
is something violent and resplendent,
an animal swift and wrathful,
a body of light among the leaves:
                              the day.

To the left, above the wall,
                         more idea than color,
a bit of sky and many clouds,
                         a tile-blue basin
bordered by big, crumbling rocks,
                         sand cast down

en el embudo de la arboleda.
                          En la región central
gruesas gotas de tinta
                    esparcidas
sobre un papel que el poniente inflama,
negro casi enteramente allá,
                          en el extremo sudeste,
donde se derrumba el horizonte.
                          La enramada,
vuelta cobre, relumbra.
                          Tres mirlos
atraviesan la hoguera y reaparecen,
                                ilesos,
en una zona vacía: ni luz ni sombra.
                                Nubes
en marcha hacia su disolución.

Encienden luces en las casas.
El cielo se acumula en la ventana.
                          El patio,
encerrado en sus cuatro muros,
                          se aísla más y más.
Así perfecciona su realidad.
                          El bote de basura,
la maceta sin planta,
                    ya no son,
sobre el opaco cemento,
                          sino sacos de sombras.
Sobre sí mismo
                    el espacio
se cierra.
          Poco a poco se petrifican los nombres.

into the funnel of the grove.
                    In the middle
thick drops of ink
                spattered
on a sheet of paper inflamed by the west;
it's black, there, almost entirely,
                            in the far southeast,
where the horizon breaks down.
                        The bower
turns copper, shines.
                    Three blackbirds
pass through the blaze and reappear,
                            unharmed,
in the empty space: neither light nor shade.
                            Clouds
on the way to their dissolution.

Lights are lit in the houses.
The sky gathers in the window.
                    The patio
enclosed in its four walls
                    grows more and more secluded.
Thus it perfects its reality.
                    And now the trash can,
the empty flower pot,
                on the blind cement
contain nothing but shadows.
                    Space closes
over itself.
            Little by little the names petrify

                        [EB]

Paisaje inmemorial
A José de la Colina

Se mece aérea
                    se desliza
entre ramas   troncos   postes
revolotea
                    perezosa
entre los altos frutos eléctricos
cae
        oblicua
                    ya azul
sobre la otra nieve

                    Hecha
de la misma inmateria que la sombra
no arroja sombra alguna
                              Tiene
la densidad del silencio
                              La nieve
es nieve pero quema

                    Los faros
perforan súbitos túneles
                              al instante
desmoronados
                    La noche
acribillada
              crece se adentra
se ennochece
                    Pasan
los autos obstinados
                         todos
por distintas direcciones
hacia el mismo destino

Immemorial Landscape
for José de la Colina

Airily flutters
                 slips
among branches   trunks   poles
lazily
        hovers over
the high electric fruit
it falls
        aslant
                 still blue
on the other snow

                    Made
of the same immaterial as shadow
it casts no shadow
                    As dense
as silence
                 the snow
is snow but it burns

                    Headlights
drill sudden tunnels
                    collapsed
in a moment
                 Night
riddled
        grows inward
turns to night
                    Obstinate cars
go by
in different directions
to the same place

Un día
en los tallos de hierro
estallarán las lámparas
Un día
el mugido del río de motores
ha de apagarse
Un día
estas casas serán colinas
otra vez
el viento entre las piedras
hablará a solas
Oblicua
entre las sombras
insombra
ha de caer
casi azul
sobre la tierra
La misma de ahora
la nieve de hace un millón de años

Trowbridge Street

1.
El sol dentro del día
El frío dentro del sol
Calles sin nadie
autos parados
Todavía no hay nieve
hay viento viento
Arde todavía
en el aire helado
un arbolito rojo
Hablo con él al hablar contigo

One day
the streetlights will explode
on their iron stalks
One day
the bellowing river of engines
will stop
One day
these houses will be hills
once more
the wind in the stones
will talk only to itself
Aslant
among the shadows
unshadow
will fall
almost blue
on the earth
The same as tonight
the million year old snow

Trowbridge Street

1.
Sun throughout the day
Cold throughout the sun
Nobody on the streets
parked cars
Still no snow
but wind wind
A red tree
still burns
in the chilled air
Talking to it I talk to you

2.

Estoy en un cuarto abandonado del lenguaje
Tú estás en otro cuarto idéntico
O los dos estamos
en una calle que tu mirada ha despoblado
El mundo
imperceptiblemente se deshace
                              Memoria
desmoronada bajo nuestros pasos
Estoy parado a la mitad de esta línea
no escrita

3.

Las puertas se abren y cierran solas
                              El aire
entra y sale por nuestra casa
                        El aire
habla a solas al hablar contigo
                              El aire
sin nombre por el pasillo interminable
No se sabe quién está del otro lado
                              El aire
da vueltas y vueltas por mi cráneo vacío
                              El aire
vuelve aire todo lo que toca
                        El aire
con dedos de aire disipa lo que digo
Soy aire que no miras
No puedo abrir tus ojos
                        No puedo cerrar la puerta
El aire se ha vuelto sólido

4.

Esta hora tiene la forma de una pausa
La pausa tiene tu forma
Tú tienes la forma de una fuente
no de agua sino de tiempo

2.

I am in a room abandoned by language
You are in another identical room
Or we both are
on a street your glance has depopulated
The world
imperceptibly comes apart
                              Memory
decayed beneath our feet
I am stopped in the middle of this
unwritten line

3.

Doors open and close by themselves
                              Air
enters and leaves our house
                              Air
talks to itself talking to you
                              Air
nameless in the endless corridor
Who knows who is on the other side?
                              Air
turns and turns in my empty skull
                              Air
turns to air everything it touches
                              Air
with air-fingers scatters everything I say
I am the air you don't see
I can't open your eyes
                              I can't close the door
The air has turned solid

4.

This hour has the shape of a pause
This pause has your shape
You have the shape of a fountain made
not of water but of time

En lo alto del chorro de la fuente
saltan mis pedazos
el fui   el soy   el no soy todavía
Mi vida no pesa
                    El pasado se adelgaza
El futuro es un poco de agua en tus ojos

5.
Ahora tienes la forma de un puente
Bajo tus arcos navega nuestro cuarto
Desde tu pretil nos vemos pasar
Ondeas en el viento más luz que cuerpo
En la otra orilla el sol crece
                              al revés
Sus raíces se entierran en el cielo
Podríamos ocultarnos en su follaje
Con sus ramas prendemos una hoguera
El día es habitable

6.
El frío ha inmovilizado al mundo
El espacio es de vidrio
                              El vidrio es de aire
Los ruidos más leves erigen
súbitas esculturas
El eco las multiplica y las dispersa
Tal vez va a nevar
tiembla el árbol encendido
Ya está rodeado de noche
Al hablar con él hablo contigo

My pieces bob
at the jet's tip
what I was   am   still am not
My life is weightless
                    The past thins out
The future a little water in your eyes

5.
Now you have a bridge-shape
Our room navigates beneath your arches
From your railing we watch us pass
You ripple with wind more light than body
The sun on the other bank
                    grows upside down
Its roots buried deep in the sky
We could hide ourselves in its foliage
Build a bonfire with its branches
The day is habitable

6.
The cold has immobilized the world
Space is made of glass
                    Glass made of air
The lightest sounds build
quick sculptures
Echoes multiply and scatter them
Maybe it will snow
The burning tree quivers
surrounded now by night
Talking to it I talk to you

Objetos y apariciones
A Joseph Cornell

Hexaedros de madera y de vidrio
apenas más grandes que una caja de zapatos.
En ellos caben la noche y sus lámparas.

Monumentos a cada momento
hechos con los desechos de cada momento:
jaulas de infinito.

Canicas, botones, dedales, dados,
alfileres, timbres, cuentas de vidrio:
cuentos del tiempo.

Memoria teje y destejo los ecos:
en las cuatro esquinas de la caja
juegan al aleleví damas sin sombra.

El fuego enterrado en el espejo,
el agua dormida en el ágata:
solos de Jenny Lind y Jenny Colon.

«Hay que hacer un cuadro—dijo Degas—
como se comete un crimen.» Pero tú construiste
cajas donde las cosas se aligeran de sus nombres.

Slot machine de visiones,
vaso de encuentro de las reminiscencias,
hotel de grillos y de constelaciones.

Fragmentos mínimos, incoherentes:
al revés de la Historia, creadora de ruinas,
tú hiciste con tus ruinas creaciones.

Objects and Apparitions
for Joseph Cornell

Hexahedrons of wood and glass,
scarcely bigger than a shoebox,
with room in them for night and all its lights.

Monuments to every moment,
refuse of every moment, used:
cages for infinity.

Marbles, buttons, thimbles, dice,
pins, stamps, and glass beads:
tales of the time.

Memory weaves, unweaves the echoes:
in the four corners of the box
shadowless ladies play at hide-and-seek.

Fire buried in the mirror,
water sleeping in the agate:
solos of Jenny Colonne and Jenny Lind.

"One has to commit a painting," said Degas,
"the way one commits a crime." But you constructed
boxes where things hurry away from their names.

Slot machine of visions,
condensation flask for conversations,
hotel of crickets and constellations.

Minimal, incoherent fragments: ·
the opposite of History, creator of ruins,
out of your ruins you have made creations.

Teatro de los espíritus:
los objetos juegan al aro
con las leyes de la identidad.

Grand Hotel Couronne: en una redoma
el tres de tréboles y, toda ojos,
Almendrita en los jardines de un reflejo.

Un peine es un harpa
pulsada por la mirada de una niña
muda de nacimiento.

El reflector del ojo mental
disipa el espectáculo:
dios solitario sobre un mundo extinto.

Las apariciones son patentes.
Sus cuerpos pesan menos que la luz.
Duran lo que dura esta frase.

Joseph Cornell: en el interior de tus cajas
mis palabras se volvieron visibles un instante.

Theater of the spirits:
objects putting the laws
of identity through hoops.

"Grand Hotel de la Couronne": in a vial,
the three of clubs and, very surprised,
Thumbelina in gardens of reflection.

A comb is a harp strummed by the glance
of a little girl
born dumb.

The reflector of the inner eye
scatters the spectacle:
God all alone above an extinct world.

The apparitions are manifest,
their bodies weigh less than light,
lasting as long as this phrase lasts.

Joseph Cornell: inside your boxes
my words became visible for a moment.

[EB]

Vuelta

A José Alvarado

> *Mejor será no regresar al pueblo,*
> *al edén subvertido que se calla*
> *en la mutilación de la metralla.*

Ramón López Velarde

Voces al doblar la esquina

                    voces

entre los dedos del so

                    sombra y luz

casi líquidas

              Silba el carpintero

silba el nevero

              silban

tres fresnos en la plazuela

                    Crece

se eleva el invisible

follaje de los sonidos

                    Tiempo

tendido a secar en las azoteas

Estoy en Mixcoac

                    En los buzones

se pudren las cartas

                    Sobre la cal del muro

la mancha de la buganvilla

                         aplastada por el sol

escrita por el sol

                    morada caligrafía pasional

Camino hacia atrás

                    hacia lo que dejé

o me dejó

              Memoria

inminencia de precipicio

                         balcón

sobre el vacío

Return

for José Alvarado

> *It's better not to go back to the village,*
> *the subverted paradise silent*
> *in the shatter of shrapnel.*
>
>   Ramón López Velarde

Voices at the corner's turn
                          voices
through the sun's spread hand
                          almost liquid
shadow and light
                    The carpenter whistles
the iceman whistles
                    three ash trees
whistling in the plaza
                    The invisible
foliage of sounds growing
rising up
          Time
stretched to dry on the rooftops
I am in Mixcoac
                Letters rot
in the mailboxes
                The bougainvillea
against the wall's white lime
                          flattened by the sun
a stain a purple
                passionate calligraphy
written by the sun
I am walking back
                back to what I left
or to what left me
                Memory
edge of the cliff
                balcony
over the void

Camino sin avanzar
estoy rodeado de ciudad
Me falta aire
me falta cuerpo
me faltan
la piedra que es almohada y losa
la yerba que es nube y agua
Se apaga el ánima
Mediodía
puño de luz que golpea y golpea
Caer en una oficina
o sobre el asfalto
ir a parar a un hospital
la pena de morir así
no vale la pena
Miro hacia atrás
ese que pasa
ya no es sino bruma

Germinación de pesadillas
infestación de imágenes leprosas
en el vientre los sesos los pulmones
en el sexo del templo y del colegio
en los cines
impalpables poblaciones del deseo
en los sitios de convergencia del aquí y el allá
el esto y el aquello
en los telares del lenguaje
en la memoria y sus moradas
pululación de ideas con uñas y colmillos
multiplicación de razones en forma de cuchillos
en la plaza y en la catacumba
en el pozo del solitario
en la cama de espejos y en la cama de navajas
en los albañales sonámbulos
en los objetos del escaparate
sentados en un trono de miradas

I walk and do not move forward
I am surrounded by city
                    I need air
need a body
            need
the stone that is pillow and slab
the grass that is cloud and water
Spirit flickers
                Noon
pounding fist of light
To collapse in an office
                        or onto the pavement
to end up in a hospital
                        the pain of dying like that
isn't worth the pain
                    I look back
that passerby
            nothing now but mist

Germination of nightmares
infestation of leprous images
in the belly brains lungs
in the genitals of the college and the temple
in the movie houses
                    the phantom populations of desire
in the meeting-places of here and there
this and that
            in the looms of language
in memory and its mansions
teeming clawed tusked ideas
swarms of reasons shaped like knives
in the catacombs in the plaza
in the hermit's well
in the bed of mirrors and in the bed of razors
in the sleepwalking sewers
in the objects in the store window
seated on their throne of glances

Madura en el subsuelo
la vegetación de los desastres
                              Queman
millones y millones de billetes viejos
en el Banco de México
                              En esquinas y plazas
sobre anchos zócalos de lugares comunes
los Padres de la Iglesia cívica
cónclave taciturno de Gigantes y Cabezudos
ni águilas ni jaguares
                              los licenciados zopilotes
los tapachiches
                    alas de tinta mandíbulas de sierra
los coyotes ventrílocuos
                              traficantes de sombra
los beneméritos
                    el cacomixtle ladrón de gallinas
el monumento al Cascabel y a su víbora
los altares al máuser y al machete
el mausoleo del caimán con charreteras
esculpida retórica de frases de cemento

Arquitecturas paralíticas
                              barrios encallados
jardines en descomposición
                              médanos de salitre
baldíos
            campamentos de nómadas urbanos
hormigueros gusaneras
                              ciudades de la ciudad
costurones de cicatrices
                              callejas en carne viva
Ante la vitrina de los ataúdes
                    Pompas Fúnebres
putas
      pilares de la noche vana
                    Al amanecer

The vegetation of disaster
ripens beneath the ground
                    They are burning
millions and millions of old notes
in the Bank of Mexico
                    On corners and in plazas
on the wide pedestals of the public squares
the Fathers of the Civic Church
a silent conclave of puppet buffoons
neither eagles nor jaguars
                    buzzard lawyers
locusts
          wings of ink   sawing mandibles
ventriloquist coyotes
                    peddlers of shadows
beneficent satraps
                    the cacomistle   thief of hens
the monument to the Rattle and its snake
the altar to the Mauser and the machete
the mausoleum of the epauletted cayman
rhetoric sculpted in phrases of cement

Paralytic architecture
                    silenced neighborhoods
rotting municipal gardens
                    mounds of saltpeter
deserted lots
          camps of urban nomads
ant-nests worm-farms
                    cities of the city
thoroughfares of scars
                    alleys of living flesh
the Funeral Parlor
                    by the window display of coffins
whores
          pillars of vain night
                    At dawn

en el bar a la deriva
                el deshielo del enorme espejo
donde los bebedores solitarios
contemplan la disolución de sus facciones
El sol se levanta de su lecho de huesos
El aire no es aire
            ahoga sin brazos ni manos
El alba desgarra la cortina
              Ciudad
montón de palabras rotas

            El viento
en esquinas polvosas
             hojea los periódicos
Noticias de ayer
        más remotas
que una tablilla cuneiforme hecha pedazos
Escrituras hendidas
            lenguajes en añicos
se quebraron los signos
               atl tlachinolli
        se rompió
              agua quemada
No hay centro
        plaza de congregación y consagración
no hay eje
        dispersión de los años
desbandada de los horizontes
            Marcaron a la ciudad
en cada puerta
        en cada frente
        el signo $

Estamos rodeados
        He vuelto adonde empecé
¿Gané o perdí?
        (*Preguntas*
¿qué leyes rigen éxito y fracaso?

in the drifting bar
               the enormous mirror thaws
the solitary drinkers
contemplate the dissolution of their faces
The sun rises from its bed of bones
The air is not air
              it strangles without arms or hands
Dawn rips the curtains
            City
heap of broken words

        Wind
on the dusty corners
           turns the papers
Yesterday's news
          more remote
than a cuneiform tablet smashed to bits
Cracked scriptures
          languages in pieces
the signs were broken
         was split atl tlachinolli
                 burnt water
There is no center
          plaza of congregation and consecration
there is no axis
          the years dispersed
horizons disbanded
          They have branded the city
on every door
        on every forehead
            the $ sign

We are surrounded
          I have gone back to where I began
Did I win or lose?
        (*You ask*
what laws rule "success" and "failure"?

Flotan los cantos de los pescadores
ante la orilla inmóvil
                    Wang Wei al Prefecto Chang
desde su cabaña en el lago
                         Pero yo no quiero
una ermita intelectual
en San Ángel o en Coyoacán)
                            Todo es ganancia
si todo es pérdida
                    Camino hacia mí mismo
hacia la plazuela
                  El espacio está adentro
no es un *edén subvertido*
                         es un latido de tiempo
Los lugares son confluencias
                       aleteo de presencias
en un espacio instantáneo
                       Silba el viento
entre los fresnos
                  surtidores
luz y sombra casi líquidas
                       voces de agua
brillan   fluyen   se pierden
                            me dejan en las manos
un manojo de reflejos
                     Camino sin avanzar
Nunca llegamos
                  Nunca estamos en donde estamos
No el pasado
            el presente es intocable

The songs of the fishermen float up
from the unmoving riverbank
                        Wang Wei to the Prefect Chang
from his cabin on the lake
                        But I don't want
an intellectual hermitage
in San Ángel or Coyoacán)
                        All is gain
if all is lost
                I walk toward myself
toward the plaza
                        Space is within
it is not a *subverted paradise*
                        it is a pulse-beat of time
Places are confluences
                        flutters of beings
in an instantaneous space
                        Wind whistles
in the ash trees
                fountains
almost liquid light and shadow
                                voices of water
shine   flow   are lost
                        a bundle of reflections
left in my hands
                I walk without moving forward
We never arrive
                Never reach where we are
Not the past
                the present is untouchable

A la mitad de esta frase . . .

No estoy en la cresta del mundo.
                                        El instante
no es columna de estilita,
                            no sube
desde mis plantas el tiempo,
                                no estalla
en mi cráneo en una silenciosa explosión negra,
iluminación idéntica a la ceguera.
Estoy en un sexto piso,
                            estoy
en una jaula colgada del tiempo.

Sexto piso:
                marea y martilleo,
pelea de metales,
                        despeñavidrierío,
motores con rabia ya humana.
                                    La noche
es un rumor que se desgaja,
                                un cuerpo
que al abrazarse se desgarra.
                                Ciega,
religa a tientas sus pedazos,
                                junta
sus nombres rotos, los esparce.
Con las yemas cortadas
se palpa en sueños la ciudad.

No estoy en el crucero:
                            elegir
es equivocarse.
                    Estoy
en la mitad de esta frase.
                                ¿Hacia dónde me lleva?

In the Middle of This Phrase . . .

I am not at the top of the world.
                                        The moment
is not the stylite's pillar,
                    time
doesn't rise from my feet,
                            doesn't burst
in my skull with a silent black explosion,
an illumination identical to blindness.
I am on the sixth floor,
                    I am
in a cage dangling from time.

Sixth floor:
            clatter and surf,
battle of metals,
                    glass shatter,
engines with a human rage.
                        The night
is a disjointed murmur,
                    a body
caressing itself, tearing itself apart.
                            Blind,
clumsily soldering its pieces,
                        it collects
its broken names and scatters them.
With lopped fingers
the city touches itself in dreams.

I am not at a crossroads:
                        to choose
is to go wrong.
            I am
in the middle of this phrase.
                        Where will it take me?

Retumba de tumbo en tumbo,
                    hechos y fechas,
mi nacicaída:
          calendario que se desmiembra
por las concavidades de mi memoria.
Soy el costal de mis sombras.

                    Declive
hacia los senos fláccidos de mi madre.
Colinas arrugadas,
                    lavadas lavas,
llano de llanto,
               yantar de salitre.
Dos obreros abren el hoyo.
                    Desmoronada
boca de ladrillo y cemento.
                    Aparece
la caja desencajada:
               entre tablones hendidos
el sombrero gris perla,
                    el par de zapatos,
el traje negro de abogado.
                    Huesos, trapos, botones:
montón de polvo súbito
               a los pies de la luz.
Fría, *no usada luz*,
               casi dormida,
luz de la madrugada
               recién bajada del monte,
pastora de los muertos.
               Lo que fue mi padre
cabe en ese saco de lona
               que un obrero me tiende
mientras mi madre se persigna.
                    Antes de terminarse
la visión se disipa:
               estoy en la mitad,

Rumbling tumble,
                    data and date,
my birthfall:
                    a calendar dismembered
in the hollows of my memory.
I am the sack and bones of my shadows.

                                        A slope
to the slack breasts of my mother.
Wrinkled hills,
                    swabbed lava,
sobbing fields,
                    saltpeter meals.
Two workmen open the pit.
                                        Crumbled
mouth of cement and brick.
The wracked box appears:
                                    through the loose planks
the pearl-gray hat,
                    the pair of shoes,
the lawyer's black suit.
                                Bones, buttons, rags:
sudden heap of dust
                    at the feet of the light.
Cold, *unused light*,
                    almost sleeping,
dawn light,
                just down from the hills,
shepherdess of the dead.
                                That which was my father
fits in that canvas sack
                    a workman hands me
as my mother crosses herself.
                                    The vision dissolves
before it ends:
                    I am in the middle,

colgado en una jaula,
                    colgado en una imagen.
El origen se aleja,
                el fin se desvanece.

No hay fin ni principio:
                    estoy en la pausa,
no acabo ni comienzo,
                lo que digo
no tiene pies ni cabeza.
                    Doy vueltas en mí mismo
y siempre encuentro
                    los mismos nombres,
los mismos rostros
                    y a mí mismo no me encuentro.
Mi historia no es mía:
                    sílaba de esa frase rota
que en su delirio circular
                    repite la ciudad, repite.

Ciudad, mi ciudad,
                estela afrentada,
piedra deshonrada,
                    nombre escupido.
Tu historia es la Historia:
                    destino
enmascarado de libertad,
                    estrella
errante y sin órbita,
                juego
que todos jugamos sin saber las reglas,
juego que nadie gana,
                    juego sin reglas,
desvarío de un dios especulativo,
                        un hombre
vuelto dios tartamudo.
                    Nuestros oráculos

dangling in a cage,
                    dangling in an image.
The beginning drifts off,
                    the end vanishes.

There is neither start nor finish:
                    I am in the pause,
I neither end nor begin,
                    what I say
has neither hands nor feet.
                    I turn around within myself
and always find
                    the same names,
the same faces,
                    and never find myself.
My history is not mine:
                    a syllable from that broken phrase
the city in its circular fever
                    repeats and repeats.

City, my city,
                    scorned stela,
dishonored stone,
                    name spat out.
Your story is History:
                    fate
masked as freedom,
                    errant,
orbitless star,
                    a game
we all play without knowing the rules,
a game that no one wins,
                    a game without rules,
the whim of a speculative god,
                    a man
turned into a stuttering god.
                    Our oracles

son los discursos del afásico,
nuestros profetas
son videntes con anteojos.
Historia:
ir y venir sin fin, sin comienzo.

Nadie ha ido allá,
nadie
ha bebido en la fuente,
nadie
ha abierto los párpados de piedra del tiempo,
nadie
ha oído la primera palabra,
nadie oirá la última,
la boca que la dice habla a solas,
nadie
ha bajado al hoyo de los universos,
nadie
ha vuelto del muladar de soles.
Historia:
basurero y arco iris.
Escala
hacia las altas terrazas:
siete notas
desvanecidas en la claridad.
Palabras sin sombra.
No las oímos, las negamos,
dijimos que no existían:
nos quedamos con el ruido.
Sexto piso:
estoy en la mitad de esta frase:
¿hacia
dónde me lleva?
Lenguaje despedazado.
Poeta: jardinero de epitafios.

are aphasic,
                    our prophets
seers with glasses.
                         History:
a coming and going
                         with no beginning and no end.

No one has gone there,
                         no one
has drunk from the fountain,
                              no one
has opened the stone eyelids of time,
                                   no one
has heard the first word
                         no one will hear the last,
the mouth that speaks it talks only to itself,
                                        no one
has gone down to the pit of the universes,
                                        no one
has returned from the dungheap of the suns.
                                   History:
garbage dump and rainbow.
                         Scale
to the high terraces:
                         seven notes
dissolved in clarity.
                    Shadowless words.
We didn't hear them, we denied them,
                              we said they don't exist:
we were content with noise.
                         Sixth floor:
I am in the middle of this phrase:
                              where
will it take me?
                    Mangled language.
Poet: gardener of epitaphs.

Petrificada petrificante

Terramuerta
                    terrisombra nopaltorio temezquible
lodosa cenipolva pedrósea
                            fuego petrificado
cuenca vaciada
                    el sol no se bebió el lago
no lo sorbió la tierra
                        el agua no regresó al aire
los hombres fueron los ejecutores del polvo
el viento
            se revuelca en la cama fría del fuego
el viento
            en la tumba del agua
recita las letanías de la sequía
                                el viento
cuchillo roto en el cráter apagado
                                    el viento
susurro de salitre

                    El sol
anicorazol centrotal caledadoro
                                se partió
la palabra que baja en lenguas de fuego
                                    se quebró
el cuento y la cuenta de los años
el canto de los días
                    fue lluvia de chatarra
pedregal de palabras
                        silabarios de arena
gritos machacados
                        talómordaz afrenoboz alrronzal
caídos caínes neblinosos
                        abeles en jirones

The Petrifying Petrified

Deadland
   shadowland cactideous nopalopolis
rockboned mudded ashdust
      empty socket
petrified fire
    the sun did not drink the lake
the earth did not absorb it
       the water did not vanish into the air
men were the executors of the dust
wind
  swirled in the cold bed of fire
wind
  chanted litanies of drought
in the tomb of water
     wind
broken knife in the dormant crater
       wind
saltpeter whisper

    The sun
solaortasoul centrotal soldonage
      split
the word that came down in tongues of fire
        smashed
the account and the count of the years
the chant of the days
     was a rain of scrap iron
slagheap of words
    sand primers
crushed screams
     hoofmuz zlebridlehar nessbit
disgraced bleary Cains
     ragged Abels

sectarios sicarios
                    idólatras letrados
ladinos ladrones
                    ladridos del can tuerto
el guía de los muertos
                    perdido
en los giros del Ombligo de la Luna

Valle de México
                    boca opaca
lava de bava
                    desmoronado trono de la Ira
obstinada obsidiana
                    petrificada
petrificante
                    Ira
                    torre hendida
talla larga como un aullido
                    pechos embadurnados
frente enfoscada
                    mocosangre verdeseca
                    Ira
fijeza clavada en una herida
                    iranavaja cuchimirada
sobre un país de espinas y de púas

                    Circo de montes
teatro de las nubes
                    mesa del mediodía
estera de la luna
                    jardín de planetas
tambor de la lluvia
                    balcón de las brisas
silla del sol
                    juego de pelota de las constelaciones
Imágenes reventadas
                    imágenes empaladas

zealot assassins
                    punditic pagans
slick crooks
                    the woofs of the one-eyed dog
guide of the dead
                    lost
in the coils of the Navel of the Moon

Valley of Mexico
                    lips in eclipse
lava slobber
                    Rage's rotten throne
obstinate obsidian
                    petrified
petrifying
          Rage
                    broken tower
tall as a scream
                    smeared breasts
clenched brow
                    greendry bloodsnot
                              Rage
nailed in a wound
                    ragerazor gazerblade
on a land of tines and spines

                              Circus of mountains
theater of clouds
                    table of noon
mat of the moon
                    garden of planets
drum of rain
                    balcony of breezes
seat of the sun
                    ball game of the constellations
Bursting images
                    impaled images

salta la mano cortada
                    salta la lengua arrancada
saltan los senos tronchados
                        la verga guillotinada
tristrás en el polvo tristrás
                    en el patio trasero
podan el árbol de sangre
                    el árbol inteligente

Polvo de imágenes disecadas
                        La Virgen
corona de culebras
                    El Desollado
El Flechado
            El Crucificado
El Colibrí
            chispa con alas
tizónflor
        La Llama
que habla con palabras de agua
                            La Señora
pechos de vino y vientre de pan
                        horno
donde arden los muertos y se cuecen los vivos
La Araña
        hija del aire
en su casa de aire
                    hila la luz
hila los días y los siglos
                        El Conejo
viento
        esculpido en el espejo de la luna
                                Imágenes enterradas
en el ojo del perro de los muertos
                            caídas

the lopped hand leaps
                    the torn tongue leaps
the sliced breasts leap
                    the guillotined penis
over and over in the dust over and over
                                        in the courtyard
they trim the tree of blood
                    the intelligent tree

The dust of stuffed images
                    The Virgin
crown of snakes
                    The Flayed
The Felled-by-Arrows
                    The Crucified
The Hummingbird
                    winged spark
flowerbrand
                    The Flame
who speaks with words of water
                                        Our Lady
breasts of wine and belly of bread
                                oven
where the dead burn and the living bake
The Spider
                    daughter of air
in her house of air
                    spins light
spins centuries and days
                    The Rabbit
wind
        carved in the mirror of the moon
                                        Images buried
in the eye of the dog of the dead
                                fallen

en el pozo cegado del origen
                              torbellinos de reflejos
en el teatro de piedra de la memoria
                                        imágenes
girantes en el circo del ojo vaciado
                                      ideas
rojas verdes pardas
                        enjambre de moscas
las ideas se comieron a los dioses
                                    los dioses
se volvieron ideas
                      grandes vejigas de bilis
las vejigas reventaron
                            los ídolos estallaron
pudrición de dioses
                        fue muladar el sagrario
el muladar fue criadero
                            brotaron ideas armadas
idearios ideodioses
                        silogismos afilados
caníbales endiosados
                          ideas estúpidas como dioses
perras rabiosas
                    perras enamoradas de su vómito

Hemos desenterrado a la Ira
El anfiteatro del sol genital en un muladar
La fuente del agua lunar es un muladar
El parque de los enamorados es un muladar
La biblioteca es una madriguera de ratas feroces
La universidad es el charco de las ranas
El altar es la tramoya de Chanfalla
Los cerebros están manchados de tinta
Los doctores discuten en la ladronera
Los hombres de negocios
manos rápidas pensamientos lentos
ofician en el santuario

in the blocked well of origins
                              whirlwinds of reflections
in the stone theater of memory
                         images
whirling in the circus of the empty eye
                                   ideas
of red brown and green
                    swarms of flies
ideas ate the gods
                the gods
became ideas
             great bladders full of bile
the bladders burst
                 the idols exploded
putrefaction of the gods
                       the sanctuary was a dungheap
the dungheap a nursery
                    armed ideas sprouted
ideolized ideodeities
                  sharpened syllogisms
deified cannibals
                ideas idotic as deities
rabid dogs
        dogs in love with their own vomit

We have dug up Rage
The amphitheater of the genital sun is a dungheap
The fountain of lunar water is a dungheap
The lovers' park is a dungheap
The library is a nest of killer rats
The university is a muck full of frogs
The altar is Chanfalla's scam
The eggheads are stained with ink
The doctors dispute in a den of thieves
The businessmen
with fast hands and slow thoughts
negotiate in the graveyard

Los dialécticos exaltan la sutileza de la soga
Los casuistas hisopean a los sayones
Amamantan a la violencia con leche dogmática
La idea fija se emborracha con el contra
El ideólogo cubiletero
                              afilador de sofismas
en su casa de citas truncadas
trama edenes para eunucos aplicados
bosque de patíbulos   paraíso de jaulas
              Imágenes manchadas
              escupieron sobre el origen
carceleros del futuro   sanguijuelas del presente
        afrentaron el cuerpo vivo del tiempo
              Hemos desenterrado a la Ira

Sobre el pecho de México
                              tablas escritas por el sol
escalera de los siglos
                              terraza espiral del viento
baila la desenterrada
                              jadeo sed rabia
pelea de ciegos bajo el mediodía
                                        rabia sed jadeo
se golpean con piedras
                              los ciegos se golpean
se rompen los hombres
                              las piedras se rompen
adentro hay un agua que bebemos
                                        agua que amarga
agua que alarga más la sed

                              ¿Dónde está el agua otra?

The dialecticians exalt the subtlety of the rope
The casuists sprinkle thugs with holy water
nursing violence with dogmatic milk
The fixed idea gets drunk with its opposite
The juggling ideologist
                                        sharpener of sophisms
in his house of truncated quotations and assignations
plots Edens for industrious eunuchs
forest of gallows   paradise of cages
              Stained images
              spit on the origins
       future jailers   present leeches
       affront the living body of time
              We have dug up Rage

On the chest of Mexico
                                tablets written by the sun
stairway of the centuries
                                spiral terrace of wind
the disinterred dances
                                anger panting thirst
the blind in combat beneath the noon sun
                                        thirst panting anger
beating each other with rocks
                                the blind are beating each other
the men are cracking apart
                                the stones are cracking apart
within there is a water we drink
                                bitter water
water whetting thirst

              Where is the other water?

Nocturno de San Ildefonso

1.
Inventa la noche en mi ventana
                          otra noche,
otro espacio:
              fiesta convulsa
en un metro cuadrado de negrura.
                          Momentáneas
confederaciones de fuego,
                          nómadas geometrías,
números errantes.
                  Del amarillo al verde al rojo
se desovilla la espiral.
                  Ventana:
lámina imantada de llamadas y respuestas,
caligrafía de alto voltaje,
mentido cielo/infierno de la industria
sobre la piel cambiante del instante.

Signos-semillas:
                  la noche los dispara,
suben,
        estallan allá arriba,
                        se precipitan,
ya quemados,
            en un cono de sombra,
                                reaparecen,
lumbres divagantes,
                    racimos de sílabas,
incendios giratorios,
                      se dispersan,
                            otra vez añicos.
La ciudad los inventa y los anula.

San Ildefonso Nocturne

1.
In my window night
                    invents another night,
another space:
                    carnival convulsed
in a square yard of blackness.
                                        Momentary
confederations of fire,
                            nomadic geometries,
errant numbers.
                        From yellow to green to red,
the spiral unwinds.
                        Window:
magnetic plate of calls and answers,
high-voltage calligraphy,
false heaven / hell of industry
on the changing skin of the moment.

Sign-seeds:
            the night shoots them off,
they rise,
            bursting above,
                        fall
still burning
            in a cone of shadow,
                                    reappear,
rambling sparks,
                    syllable-clusters,
spinning flames
            that scatter,
                        smithereens once more.
The city invents and erases them.

Estoy a la entrada de un túnel.
Estas frases perforan el tiempo.
Tal vez yo soy ese que espera al final del túnel.
Hablo con los ojos cerrados.
                            Alguien
ha plantado en mis párpados
un bosque de agujas magnéticas,
                            alguien
guía la hilera de estas palabras.
                            La página
se ha vuelto un hormiguero.
                            El vacío
se estableció en la boca de mi estómago.
                            Caigo
interminablemente sobre ese vacío.
                            Caigo sin caer.
Tengo las manos frías,
                los pies fríos
—pero los alfabetos arden, arden.
                            El espacio
se hace y se deshace.
                    La noche insiste,
la noche palpa mi frente,
                    palpa mis pensamientos.
¿Qué quiere?

2.
Calles vacías, luces tuertas.
                        En una esquina,
el espectro de un perro.
                        Busca, en la basura,
un hueso fantasma.
                    Gallera alborotada:

I am at the entrance to a tunnel.
These phrases drill through time.
Perhaps I am that which waits at the end of the tunnel.
I speak with eyes closed.
                              Someone
has planted
                    a forest of magnetic needles
in my eyelids,
                    someone
guides the thread of these words.
                              The page
has become an ants' nest.
                              The void
has settled at the pit of my stomach.
                              I fall
endlessly through that void.
                              I fall without falling.
My hands are cold,
                    my feet cold—
but the alphabets are burning, burning.
                              Space
makes and unmakes itself.
                              The night insists,
the night touches my forehead,
                              touches my thoughts.
What does it want?

2.
Empty streets, squinting lights.
                              On a corner,
the ghost of a dog
                    scours the garbage
for a spectral bone.
                    Uproar in a nearby patio:

patio de vecindad y su mitote.

México, hacia 1931.

Gorriones callejeros,

una bandada de niños

con los periódicos que no vendieron

hace un nido.

Los faroles inventan,

en la soledumbre,

charcos irreales de luz amarillenta.

Apariciones,

el tiempo se abre:

un taconeo lúgubre, lascivo:

bajo un *cielo de hollín*

la llamarada de una falda.

C'est la mort—ou la morte . . .

El viento indiferente

arranca en las paredes anuncios lacerados.

A esta hora

los muros rojos de San Ildefonso

son negros y respiran:

sol hecho tiempo,

tiempo hecho piedra,

piedra hecha cuerpo.

Estas calles fueron canales.

Al sol,

las casas eran plata:

ciudad de cal y canto,

luna caída en el lago.

Los criollos levantaron,

sobre el canal cegado y el ídolo enterrado,

otra ciudad

—no blanca: rosa y oro—

idea vuelta espacio, número tangible.

La asentaron

cacophonous cockpit.
                     Mexico, circa 1931.
Loitering sparrows,
                 a flock of children
builds a nest
            of unsold newspapers.
In the desolation
               the streetlights invent
unreal pools of yellowish light.
                          Apparitions:
time splits open:
               a lugubrious, lascivious clatter of heels,
beneath *a sky of soot*
               the flash of a skirt.
C'est la mort—ou la morte . . .
                   The indifferent wind
rips posters from the walls.

At this hour,
             the red walls of San Ildefonso
are black, and they breathe:
                    sun turned to time,
time turned to stone,
                stone turned to body.
These streets were once canals.
                 In the sun,
the houses were silver:
               city of mortar and stone,
moon fallen in the lake.
               Over the filled canals
and the buried idols
            the *criollos* erected
another city
         —not white, but red and gold—
idea turned to space, tangible number.
                    They placed it

en el cruce de las ocho direcciones,

                             sus puertas

a lo invisible abiertas:

                 el cielo y el infierno.

Barrio dormido.

               Andamos por galerías de ecos,

entre imágenes rotas:

                   nuestra historia.

Callada nación de las piedras.

                   Iglesias,

vegetación de cúpulas,

                 sus fachadas

petrificados jardines de símbolos.

                       Embarrancados

en la proliferación rencorosa de casas enanas,

palacios humillados,

               fuentes sin agua,

afrentados frontispicios.

               Cúmulos,

madréporas insubstanciales:

                 se acumulan

sobre las graves moles,

               vencidas

no por la pesadumbre de los años,

por el oprobio del presente.

               Plaza del Zócalo,

vasta como firmamento:

                 espacio diáfano,

frontón de ecos.

               Allí inventamos,

entre Aliocha K. y Julian S.,

                 sinos de relámpago

cara al siglo y sus camarillas.

                 Nos arrastra

at the crossroads of eight directions,
                                        its doors
open to the invisible:
                        heaven and hell.

Sleeping district.
                    We walk through arcades of echoes,
past broken images:
                    our history.
Hushed nation of stones.
                            Churches,
dome-growths,
                    their facades
petrified gardens of symbols.
                                Shipwrecked
in the spiteful proliferation of dwarf houses:
humiliated palaces,
                    fountains without water,
affronted frontispieces.
                        Cumuli,
insubstantial madrepore,
                            accumulate
over the ponderous bulks,
                            conquered
not by the weight of the years
but by the infamy of the present.

                        Plaza del Zócalo,
vast as the heavens:
                    diaphanous space,
court of echoes.
                There,
with Alyosha K and Julien S,
                            we devised bolts of lightning
against the century and its cliques.
                            The wind of thought

el viento del pensamiento,
                    el viento verbal,
el viento que juega con espejos,
                    señor de reflejos,
constructor de ciudades de aire,
                    geometrías
suspendidas del hilo de la razón.

                    Gusanos gigantes:
amarillos tranvías apagados.
                    Eses y zetas:
un auto loco, insecto de ojos malignos.
                    Ideas,
frutos al alcance de la mano.
                    Frutos: astros.
                    Arden.
Arde, árbol de pólvora,
                    el diálogo adolescente,
súbito armazón chamuscado.
                    12 veces
golpea el puño de bronce de las torres.
                    La noche
estalla en pedazos,
                    los junta luego y a sí misma,
intacta, se une.
                    Nos dispersamos,
no allá en la plaza con sus trenes quemados,
                    aquí,
sobre esta página: letras petrificadas.

carried us away,
                    the verbal wind,
the wind that plays with mirrors,
                              master of reflections,
builder of cities of air,
                    geometries
hung from the thread of reason.

Shut down for the night,
                    the yellow trolleys,
giant worms.
          S's and Z's:
a crazed auto, insect with malicious eyes.
                              Ideas,
fruits within an arm's reach,
                    like stars,
                              burning.
The girandola is burning,
                    the adolescent dialogue,
the scorched hasty frame.
                    The bronze fist
of the towers beats
          12 times.
                    Night
bursts into pieces,
                    gathers them by itself,
and becomes one, intact.
                    We disperse,
not there in the plaza with its dead trains,
                              but here,
on this page: petrified letters.

3.

El muchacho que camina por este poema,
entre San Ildefonso y el Zócalo,
es el hombre que lo escribe:
      esta página
también es una caminata nocturna.
        Aquí encarnan
los espectros amigos,
     las ideas se disipan.

El bien, quisimos el bien:
       enderezar al mundo.
No nos faltó entereza:
      nos faltó humildad.
Lo que quisimos no lo quisimos con inocencia.
Preceptos y conceptos,
      soberbia de teólogos:
golpear con la cruz,
     fundar con sangre,
levantar la casa con ladrillos de crimen,
decretar la comunión obligatoria.
       Algunos
se convirtieron en secretarios de los secretarios
del Secretario General del Infierno.
       La rabia
se volvió filósofa,
     su baba ha cubierto al planeta.
La razón descendió a la tierra,
tomó la forma del patíbulo
     —y la adoran millones.
Enredo circular:
    todos hemos sido,
en el Gran Teatro del Inmundo;
jueces, verdugos, víctimas, testigos,
      todos
hemos levantado falso testimonio
      contra los otros

3.

The boy who walks through this poem,
between San Ildefonso and the Zócalo,
is the man who writes it:

                              this page too
is a ramble through the night.

                              Here the friendly ghosts
become flesh
                and ideas dissolve.

Good, we wanted good;

                        to set the world right.
We didn't lack integrity:

                        we lacked humility.
What we wanted was not wanted out of innocence.
Precepts and concepts,

                        the arrogance of theologians,
to beat with a cross,

                        to institute with blood,
to build the house with bricks of crime,
to declare obligatory communion.

                              Some
became secretaries to the secretary
to the Secretary General of Hell.

                              Rage
became philosophy,

                        its drivel has covered the planet.
Reason came down to earth,
took the form of a gallows

                        —and is worshipped by millions.
Circular plot:

                we have all been,
in the Grand Theater of Filth,
judge, executioner, victim, witness,

                              we have all
given false testimony

                against the others

y contra nosotros mismos.
                              Y lo más vil: fuimos
el público que aplaude o bosteza en su butaca.
La culpa que no se sabe culpa,
                              la inocencia,
fue la culpa mayor.
                         Cada año fue monte de huesos.

Conversiones, retractaciones, excomuniones,
reconciliaciones, apostasías, abjuraciones,
zig-zag de las demonolatrías y las androlatrías,
los embrujamientos y las desviaciones:
mi historia,
              ¿son las historias de un error?
La historia es el error.
                         La verdad es aquello,
más allá de las fechas,
                         más acá de los nombres,
que la historia desdeña:
                         el cada día
—latido anónimo de todos,
                         latido
único de cada uno—,
                    el irrepetible
cada día idéntico a todos los días.
                              La verdad
es el fondo del tiempo sin historia.
                              El peso
del instante que no pesa:
                         unas piedras con sol,
vistas hace ya mucho y que hoy regresan,
piedras de tiempo que son también de piedra
bajo este sol de tiempo,
sol que viene de un día sin fecha,
                              sol

and against ourselves.
                    And the most vile: we
were the public that applauded or yawned in its seats.
The guilt that knows no guilt,
                         innocence
was the greatest guilt.
                    Each year was a mountain of bones.

Conversions, retractions, excommunications,
reconciliations, apostasies, recantations,
the zigzag of the demonolatries and the androlatries,
bewitchments and aberrations:
my history.
               Are they the histories of an error?
History is the error.
                    Beyond dates,
before names,
               truth is that
which history scorns:
                    the everyday
—everyone's anonymous heartbeat,
                              the unique
beat of every one—
                    the unrepeatable
everyday, identical to all days.
                         Truth
is the base of a time without history.
                              The weight
of the weightless moment:
                         a few stones in the sun
seen long ago,
               today return,
stones of time that are also stone
beneath this sun of time,
sun that comes from a dateless day,
                              sun

que ilumina estas palabras,
                    sol de palabras
que se apaga al nombrarlas.
                    Arden y se apagan
soles, palabras, piedras:
                    el instante los quema
sin quemarse.
              Oculto, inmóvil, intocable,
el presente—no sus presencias—está siempre.

Entre el hacer y el ver,
                    acción o contemplación,
escogí el acto de palabras:
                    hacerlas, habitarlas,
dar ojos al lenguaje.
                    La poesía no es la verdad:
es la resurrección de las presencias,
                         la historia
transfigurada en la verdad del tiempo no fechado.
La poesía,
        como la historia, se hace;
                         la poesía,
como la verdad, se ve.
                    La poesía:
                         encarnación
del sol-sobre-las-piedras en un nombre,
                              disolución
del nombre en un más allá de las piedras.

La poesía,
        puente colgante entre historia y verdad,
no es camino hacia esto o aquello:
                              es ver
la quietud en el movimiento,
                         el tránsito
en la quietud.
              La historia es el camino:

that lights up these words,
                    sun of words
that burns out when they are named.
                              Suns, words, stones,
burn and burn out:
                    the moment burns them
without burning.
                    Hidden, unmoving, untouchable,
the present—not its presences—is always.

Between seeing and making,
                              contemplation or action,
I chose the act of words:
                              to make them, to inhabit them,
to give eyes to the language.
                    Poetry is not truth:
it is the resurrection of presences,
                              history
transfigured in the truth of undated time.
Poetry,
          like history, is made;
                              poetry,
like truth, is seen.
                    Poetry:
                              incarnation
of the-sun-on-the-stones in a name,
                              dissolution
of the name in a beyond of stones.

Poetry,
          suspension bridge between history and truth,
is not a path toward this or that:
                              it is to see
the stillness in motion,
                    the change
in stillness.
                    History is the path:

no va a ninguna parte,
>   todos lo caminamos,
la verdad es caminarlo.
>   No vamos ni venimos:
estamos en las manos del tiempo.
>   La verdad:
sabernos,
>   desde el origen,
>   suspendidos.
Fraternidad sobre el vacío.

4.
Las ideas se disipan,
>   quedan los espectros:
verdad de lo vivido y padecido.
Queda un sabor casi vacío:
>   el tiempo
—furor compartido—
>   el tiempo
—olvido compartido—
>   al fin transfigurado
en la memoria y sus encarnaciones.
>   Queda
el tiempo hecho cuerpo repartido: lenguaje.

En la ventana,
>   simulacro guerrero,
>   se enciende y apaga
el cielo comercial de los anuncios.
>   Atrás,
apenas visibles,
>   las constelaciones verdaderas.
Aparece,
>   entre tinacos, antenas, azoteas,

it goes nowhere,
                  we all walk it,
truth is to walk it.
                       We neither go nor come:
we are in the hands of time.
                            Truth:
to know ourselves,
                  from the beginning,
                                      hung.

A brotherhood over the void.

4.
Ideas scatter,
                  the ghosts remain:
the truth of what is lived and suffered.
An almost empty taste remains:
                                      time
—shared fury—
                  time
—shared oblivion—
                       in the end transfigured
in memory and its incarnations.
                            What remains is
time as apportioned body: language.

In the window,
                  travesties of battle
                                 flare up, go out,
the commercial sky of advertisements.
                                      Behind,
barely visible,
                  the true constellations.
Among the water towers, antennas, rooftops,

columna líquida,

             más mental que corpórea,
cascada de silencio:

               la luna.

                   Ni fantasma ni idea:
fue diosa y es hoy claridad errante.

Mi mujer está dormida.

               También es luna,
claridad que transcurre

                  —no entre escollos de nubes,
entre las peñas y las penas de los sueños:
también es alma.

             Fluye bajo sus ojos cerrados,
desde su frente se despeña,

                 torrente silencioso,
hasta sus pies,

          en sí misma se desploma
y de sí misma brota,

             sus latidos la esculpen,
se inventa al recorrerse,

             se copia al inventarse,
entre las islas de sus pechos

              es un brazo de mar,
su vientre es la laguna

             donde se desvanecen
la sombra y sus vegetaciones,

              fluye por su talle,
sube,

    desciende,

           en sí misma se esparce,

               se ata
a su fluir,

       se dispersa en su forma:

a liquid column,
> more mental than corporeal,

a waterfall of silence:
> the moon.

Neither phantom nor idea:
> once a goddess,

now a wandering clarity.

My wife sleeps.
> She too is a moon,

a clarity that travels—
> not between the reefs of the clouds,

but between the rocks and wracks of dreams:

she too is a soul.
> She flows below her closed eyes,

a silent torrent
> rushing down

from her forehead to her feet,
> she tumbles within,

bursts out from within,
> her heartbeats sculpt her,

traveling through herself
> she invents herself,

inventing herself
> she copies it,

she is an arm of the sea
> between the islands of her breasts,

her belly a lagoon
> where shadows and foliage blur,

she flows through her shape,

rises,
> falls,

> scatters in herself,
>> ties

herself to her flowing,
> disperses in her form:

también es cuerpo.
                    La verdad
es el oleaje de una respiración
y las visiones que miran unos ojos cerrados:
palpable misterio de la persona.

La noche está a punto de desbordarse.
                                   Clarea.
El horizonte se ha vuelto acuático.
                                   Despeñarse
desde la altura de esta hora:
                         ¿morir
será caer o subir,
                    una sensación o una cesación?
Cierro los ojos,
              oigo en mi cráneo
los pasos de mi sangre,
                      oigo
pasar el tiempo por mis sienes.
                            Todavía estoy vivo.
El cuarto se ha enarenado de luna.
                            Mujer:
fuente en la noche.
                    Yo me fío a su fluir sosegado.

she too is a body.
                    Truth
is the swell of a breath
and the visions closed eyes see:
the palpable mystery of the person.

The night is at the point of running over.
                                        It grows light.
The horizon has become aquatic.
                              To rush down
from the heights of this hour:
                        will dying
be a falling or a rising,
                        a sensation or a cessation?
I close my eyes,
              I hear in my skull
the footsteps of my blood,
                        I hear
time pass through my temples.
                          I am still alive.
The room is covered with moon.
                          Woman:
fountain in the night.
                    I am bound to her quiet flowing.

Pasado en claro

❖❖ ❖❖

A Draft of Shadows

[1974]

Fair seed-time had my soul, and I grew up
Foster'd alike by beauty and by fear ...

W. W. *The Prelude* (I, 265–266)

Pasado en claro

Oídos con el alma,
pasos mentales más que sombras,
sombras del pensamiento más que pasos,
por el camino de ecos
que la memoria inventa y borra:
sin caminar caminan
sobre este ahora, puente
tendido entre una letra y otra.
Como llovizna sobre brasas
dentro de mí los pasos pasan
hacia lugares que se vuelven aire.
Nombres: en una pausa
desaparecen, entre dos palabras.
El sol camina sobre los escombros
de lo que digo, el sol arrasa los parajes
confusamente apenas
amaneciendo en esta página,
el sol abre mi frente,
                      balcón al voladero
dentro de mí.

              Me alejo de mí mismo,
sigo los titubeos de esta frase,
senda de piedras y de cabras.
Relumbran las palabras en la sombra.
Y la negra marea de las sílabas
cubre el papel y entierra
sus raíces de tinta
en el subsuelo del lenguaje.
Desde mi frente salgo a un mediodía
del tamaño del tiempo.
El asalto de siglos del baniano
contra la vertical paciencia de la tapia
es menos largo que esta momentánea
bifurcación del pensamiento

A Draft of Shadows

Heard by the soul, footsteps
in the mind more than shadows,
shadows of thought more than footsteps
through the path of echoes
that memory invents and erases:
without walking they walk
over this present, bridge
slung from one letter to the next.
Like drizzle on embers,
footsteps within me step
toward places that turn to air.
Names: they vanish
in a pause between two words.
The sun walks through the rubble
of what I'm saying; the sun
razes the places as they dawn,
hesitantly, on this page;
the sun opens my forehead,
                              balcony
perched within me.

                    I drift away from myself,
following this meandering phrase,
this path of rocks and goats.
Words glitter in the shadows,
and the black tide of syllables
covers the page, sinking
its ink roots
in the subsoil of language.
From my forehead I set out
toward a noon the size of time.
A banyan's centuries of assault
on the vertical patience of a wall
last less than this brief
bifurcation of thought:

entre lo presentido y lo sentido.
Ni allá ni aquí: por esa linde
de duda, transitada
sólo por espejeos y vislumbres,
donde el lenguaje se desdice,
voy al encuentro de mí mismo.
La hora es bola de cristal.
Entro en un patio abandonado:
aparición de un fresno.
Verdes exclamaciones
del viento entre las ramas.
Del otro lado está el vacío.
Patio inconcluso, amenazado
por la escritura y sus incertidumbres.
Ando entre las imágenes de un ojo
desmemoriado. Soy una de sus imágenes.
El fresno, sinüosa llama líquida,
es un rumor que se levanta
hasta volverse torre hablante.
Jardín ya matorral: su fiebre inventa bichos
que luego copian las mitologías.
Adobes, cal y tiempo:
entre ser y no ser los pardos muros.
Infinitesimales prodigios en sus grietas:
el hongo duende, vegetal Mitrídates,
la lagartija y sus exhalaciones.
Estoy dentro del ojo: el pozo
donde desde el principio un niño
está cayendo, el pozo donde cuento
lo que tardo en caer desde el principio,
el pozo de la cuenta de mi cuento
por donde sube el agua y baja
mi sombra.

the seen and the foreseen.
Neither here nor there,
through that frontier of doubt,
crossed only by glimmers and mirages,
where language recants,
I travel toward myself.
The hour is a crystal ball.
I enter an abandoned patio:
apparition of an ash tree.
Green exclamations,
wind in the branches.
On the other side, the void.
Inconclusive patio, threatened
by writing and its uncertainties.
I walk among the images
of an eye that has lost its memory.
I am one of its images.
The ash tree, sinuous liquid flame,
is a murmur rising
till it becomes a speaking tower.
Garden turned to scrub:
its fever invents creatures
the mythologies later copy.
Adobe, lime, and time:
the dark walls that are and are not.
Infinitesimal wonders in their cracks:
the phantom mushroom, vegetable Mithridates,
the newt and its fiery breath.
I am inside the eye: the well where,
from the beginning, a boy is falling,
the well where I recount the time
spent falling from the beginning,
the well of the account of my account,
where the water rises
and my shadow falls.

El patio, el muro, el fresno, el pozo
en una claridad en forma de laguna
se desvanecen. Crece en sus orillas
una vegetación de transparencias.
Rima feliz de montes y edificios,
se desdobla el paisaje en el abstracto
espejo de la arquitectura.
Apenas dibujada,
suerte de coma horizontal (◡)
entre el cielo y la tierra,
una piragua solitaria.
Las olas hablan nahua.
Cruza un signo volante las alturas.
Tal vez es una fecha, conjunción de destinos:
el haz de cañas, prefiguración del brasero.
El pedernal, la cruz, esas llaves de sangre
¿alguna vez abrieron las puertas de la muerte?
La luz poniente se demora,
alza sobre la alfombra simétricos incendios,
vuelve llama quimérica
este volumen lacre que hojeo
(estampas: los volcanes, los cúes y, tendido,
manto de plumas sobre el agua,
Tenochtitlan todo empapado en sangre).
Los libros del estante son ya brasas
que el sol atiza con sus manos rojas.
Se rebela mi lápiz a seguir el dictado.
En la escritura que la nombra
se eclipsa la laguna.
Doblo la hoja. Cuchicheos:
me espían entre los follajes
de las letras.

Un charco es mi memoria.
Lodoso espejo: ¿dónde estuve?
Sin piedad y sin cólera mis ojos

                    Patio, wall, ash tree, well,
dissolve into a clarity in the form of a lake.
A foliage of transparency
grows on its shore. Fortunate
rhyme of peaks and pyramids,
the landscape unfolds
in the abstract mirror of the architecture.
Scarcely drawn,
a kind of horizontal comma (☺)
between the earth and sky:
a solitary canoe.
The waves speak Nahuatl.
A sign flies across the heights.
Perhaps it is a date, conjunction of destinies:
bundle of reeds, the omen of the pyre.
The flint and the cross, keys of blood:
have they ever opened the doors of death?
The western light lingers,
raising symmetrical fires
across the rug, changing
this scarlet book I skim
(engravings: volcanoes, temples,
and the feathered cloak stretched over the water:
Tenochtitlan soaked in blood)
into a chimerical flame.
The books on the shelf now are embers
the sun stirs with its red hands.
My pencil rebels against dictation.
The lake is eclipsed
by the writing that names it.
I fold the page. Whispers:
they are watching me
from the foliage of the letters.

                    My memory: a puddle.
A muddy mirror: where was I?
My eyes, without anger or pity,

me miran a los ojos
desde las aguas turbias de ese charco
que convocan ahora mis palabras.
No veo con los ojos: las palabras
son mis ojos. Vivimos entre nombres;
lo que no tiene nombre todavía
no existe: *Adán de lodo*,
no un muñeco de barro, una metáfora.
Ver al mundo es deletrearlo.
Espejo de palabras: ¿dónde estuve?
Mis palabras me miran desde el charco
de mi memoria. Brillan,
entre enramadas de reflejos,
nubes varadas y burbujas,
sobre un fondo del ocre al brasilado,
las sílabas de agua.
Ondulación de sombras, visos, ecos,
no escritura de signos: de rumores.
Mis ojos tienen sed. El charco es senequista:
el agua, aunque potable, no se bebe: se lee.
Al sol del altiplano se evaporan los charcos.
Queda un polvo desleal
y unos cuantos vestigios intestados.
¿Dónde estuve?

Yo estoy en donde estuve:
entre los muros indecisos
del mismo patio de palabras.
Abderramán, Pompeyo, Xicoténcatl,
batallas en el Oxus o en la barda
con Ernesto y Guillermo. La mil hojas,
verdinegra escultura del murmullo,
jaula del sol y la centella
breve del chupamirto: la higuera primordial,
capilla vegetal de ritüales
polimorfos, diversos y perversos.
Revelaciones y abominaciones:

look me in the eye
from the troubled waters
of the puddle my words evoke.
I don't see with my eyes: words
are my eyes. We live among names;
that which has no name
still does not exist:
Adam of mud,
not a clay doll: a metaphor.
To see the world is to spell it.
Mirror of words: where was I?
My words watch me from the puddle
of my memory. Syllables of water
shine in a grove of reflections,
stranded clouds, bubbles above a bottom
that changes from gold to rust.
Rippling shadows, flashes, echoes,
the writing not of signs, but of murmurs.
My eyes are thirsty. The puddle is Stoic:
the water is for reading, not drinking.
In the sun of the high plains the puddles evaporate.
Only some faithless dust remains,
and a few intestate relics.
Where was I?

             I am where I was:
within the indecisive walls
of that same patio of words.
Abd al-Rahman, Pompeii, Xicontencatl,
battles on the Oxus or on top of the wall
with Ernesto and Guillermo. Thousands of leaves,
dark green sculpture of whispers,
cage of the sun and the hummingbird's flash:
the primordial fig tree,
leafy chapel of polymorphous,
diverse and perverse rituals.
Revelations and abominations:

el cuerpo y sus lenguajes
entretejidos, nudo de fantasmas
palpados por el pensamiento
y por el tacto disipados,
argolla de la sangre, idea fija
en mi frente clavada.
El deseo es señor de espectros,
el deseo nos vuelve espectros:
somos enredaderas de aire
en árboles de viento,
manto de llamas inventado
y devorado por la llama.
La hendedura del tronco:
sexo, sello, pasaje serpentino
cerrado al sol y a mis miradas,
abierto a las hormigas.

La hendedura fue pórtico
del más allá de lo mirado y lo pensado:
allá dentro son verdes las mareas,
la sangre es verde, el fuego verde,
entre las yerbas negras arden estrellas verdes:
es la música verde de los élitros
en la prístina noche de la higuera;
—allá dentro son ojos las yemas de los dedos,
el tacto mira, palpan las miradas,
los ojos oyen los olores;
—allá dentro es afuera,
es todas partes y ninguna parte,
las cosas son las mismas y son otras,
encarcelado en un icosaedro
hay un insecto tejedor de música
y hay otro insecto que desteje
los silogismos que la araña teje
colgada de los hilos de la luna;
—allá dentro el espacio
es una mano abierta y una frente

the body and its interwoven languages,
knot of phantoms touched by thought
and dissolved with a touch,
pillory of blood, fixed idea
nailed to my forehead.
Desire is the master of ghosts,
desire turns us into ghosts.
We are vines of air on trees of wind,
a cape of flames
invented and devoured by flame.
The crack in the tree trunk:
sex, seal, serpentine passage
closed to the sun and to my eyes,
open to the ants.

That crack was the portico
of the furthest reaches of the seen and thought:
—there, inside, tides are green,
blood is green, fire green,
green stars burn in the black grass:
the green music of elytra
in the fig tree's pristine night;
—there, inside, fingertips are eyes,
to touch is to see, glances touch,
eyes hear smells;
—there, inside is outside,
it is everywhere and nowhere,
things are themselves and others,
imprisoned in an icosahedron
there is a music weaver beetle
and another insect unweaving
the syllogisms the spider weaves,
hanging from the threads of the moon;
—there, inside, space
is an open hand, a mind

que no piensa ideas sino formas
que respiran, caminan, hablan, cambian
y silenciosamente se evaporan;
—allá dentro, país de entretejidos ecos,
se despeña la luz, lenta cascada,
entre los labios de las grietas:
la luz es agua, el agua tiempo diáfano
donde los ojos lavan sus imágenes;
—allá dentro los cables del deseo
fingen eternidades de un segundo
que la mental corriente eléctrica
enciende, apaga, enciende,
resurrecciones llameantes
del alfabeto calcinado;
—no hay escuela allá dentro,
siempre es el mismo día, la misma noche siempre,
no han inventado el tiempo todavía,
no ha envejecido el sol,
esta nieve es idéntica a la yerba,
siempre y nunca es lo mismo,
nunca ha llovido y llueve siempre,
todo está siendo y nunca ha sido,
pueblo sin nombre de las sensaciones,
nombres que buscan cuerpo,
impías transparencias,
jaulas de claridad donde se anulan
la identidad entre sus semejanzas,
la diferencia en sus contradicciones.
La higuera, sus falacias y su sabiduría:
prodigios de la tierra
—fidedignos, puntuales, redundantes—
y la conversación con los espectros.
Aprendizajes con la higuera:
hablar con vivos y con muertos.
También conmigo mismo.

that thinks shapes, not ideas,
shapes that breathe, walk, speak, transform
and silently evaporate;
—there, inside, land of woven echoes,
a slow cascade of light drops
between the lips of the crannies:
light is water; water, diaphanous time
where eyes wash their images;
—there, inside, cables of desire
mimic the eternities of a second
the mind's electric current
turns on, turns off, turns on,
flaming resurrections
of a charred alphabet;
—there is no school there, inside,
it is always the same day, the same night always,
time has not yet been invented,
the sun has not grown old,
this snow is the same as grass,
always and never the same,
it has never rained, it always rains,
everything is being, and has never been,
a nameless people of sensations,
names that search for a body,
pitiless transparencies, cages of clarity
where identity cancels itself in its likenesses,
difference in its contradictions.
The fig tree, its lies and its wisdom:
wonders of the earth
—trustworthy, punctual, redundant—
and the conversations with ghosts.
An apprenticeship with the fig tree:
talking with the living and the dead.
And with myself.

                              La procesión del año:
cambios que son repeticiones.
El paso de las horas y su peso.
La madrugada: más que luz, un vaho
de claridad cambiada en gotas grávidas
sobre los vidrios y las hojas:
el mundo se atenúa
en esas oscilantes geometrías
hasta volverse el filo de un reflejo.
Brota el día, prorrumpe entre las hojas,
gira sobre sí mismo
y de la vacuidad en que se precipita
surge, otra vez corpóreo.
El tiempo es luz filtrada.
Revienta el fruto negro
en encarnada florescencia,
la rota rama escurre savia lechosa y acre.
Metamorfosis de la higuera:
si el otoño la quema, su luz la transfigura.
Por los espacios diáfanos
se eleva descarnada virgen negra.
El cielo es giratorio lapislázuli:
viran *au ralenti* sus continentes,
insubstanciales geografías.
Llamas entre las nieves de las nubes.
La tarde más y más de miel quemada.
Derrumbe silencioso de horizontes:
la luz se precipita de las cumbres,
la sombra se derrama por el llano.

A la luz de la lámpara—la noche
ya dueña de la casa y el fantasma
de mi abuelo ya dueño de la noche—
yo penetraba en el silencio,
cuerpo sin cuerpo, tiempo
sin horas. Cada noche,

The year's procession:
changes that are repetitions.
The way and the weight of time.
Dawn: more than light,
a vapor of clarity
changed into gravid drops
on the windowpanes and on the leaves:
the world grows thin in these vibrating geometries
until it becomes the edge of a reflection.
The day buds, breaking out among the leaves,
spinning over itself,
surging, again incarnate,
from the vacuum into which it falls.
Time is filtered light.
The black fruit bursts
in the flesh-colored blossoms,
the broken branch leaks sour, milky sap.
The fig tree's metamorphosis:
burnt by autumn, transfigured by autumn's light.
It rises through diaphanous spaces,
a bare black virgin.
The sky is a revolving lapis lazuli:
its continents wheel au ralenti,
geographies without substance.
Flames in the snow of the clouds.
The afternoon turns to burnt honey.
Silent landslide of horizons:
light falls from the peaks,
shadow overflows the plain.

By the light of a lamp—night now
mistress of the house,
and the ghost of my grandfather
now master of the night—
I would penetrate silence,
bodiless body, time
without hours. Each night books,

máquinas transparentes del delirio,
dentro de mí los libros levantaban
arquitecturas sobre una sima edificadas.
Las alza un soplo del espíritu,
un parpadeo las deshace.
Yo junté leña con los otros
y lloré con el humo de la pira
del domador de potros;
vagué por la arboleda navegante
que arrastra el Tajo turbiamente verde:
la líquida espesura se encrespaba
tras de la fugitiva Galatea;
vi en racimos las sombras agolpadas
para beber la sangre de la zanja:
«mejor quebrar terrones
por la ración de perro del labrador avaro
que regir las naciones pálidas de los muertos»;
tuve sed, vi demonios en el Gobi;
en la gruta nadé con la sirena
(y después, en el sueño purgativo,
fendendo i drappi, e mostravami 'l ventre,
quel mi svegliò col puzzo che n'uscia);
grabé sobre mi tumba imaginaria:
«no muevas esta lápida,
soy rico sólo en huesos»;
aquellas memorables
pecosas peras encontradas
en la cesta verbal de Villaurrutia;
Carlos Garrote, eterno medio hermano,
«Dios te salve», me dijo al derribarme
y era, por los espejos del insomnio
repetido, yo mismo el que me hería;
Isis y el asno Lucio; el pulpo y Nemo;
y los libros marcados por las armas de Príapo,
leídos en las tardes diluviales
el cuerpo tenso, la mirada intensa.
Nombres anclados en el golfo

transparent fever machines,
raised within me
architectures built above an abyss.
A breath of the spirit creates them,
a blink of the eye tears them down.
I gathered wood with the others,
and wept from the smoke
of the horse-tamer's pyre;
I wandered on the floating grove
the turbulent green Tagus dragged along:
the liquid thicket curling
behind the fleeing Galatea;
I saw, like bunches of grapes, the shades clustered
to drink the blood in the pit:
better to live as a peasant,
breaking clods of dirt for a dog's ration,
than to rule this pale nation of the dead;
I was thirsty, I saw demons in the Gobi;
I swam in the grotto with the siren
(and later, in the cathartic dream,
fendendo i drappi, e mostravami 'l ventre,
quel mi svegliò col puzzo che n'uscia);
I engraved on my imaginary tomb:
Do not move this stone
My only riches are bones:
those memorable *freckled pears*
found in Villaurrutia's basket of words;
Carlos Garrote, eternal half-brother,
God save you, he cried, as he knocked me down,
and it was, in the mirrors of recurrent insomnia,
I myself who had wounded me;
Isis and Lucius the ass; Nemo and the squid;
and the books marked with the arms of Priapus,
read on diluvial afternoons,
body tense, eyes intent.
Names anchored in the bay

de mi frente: yo escribo porque el druida,
bajo el rumor de sílabas del himno,
encina bien plantada en una página,
me dio el gajo de muérdago, el conjuro
que hace brotar palabras de la peña.
Los nombres acumulan sus imágenes.
Las imágenes acumulan sus gaseosas,
conjeturales confederaciones.
Nubes y nubes, fantasmal galope
de las nubes sobre las crestas
de mi memoria. Adolescencia,
país de nubes.

      Casa grande,
encallada en un tiempo
azolvado. La plaza, los árboles enormes
donde anidaba el sol, la iglesia enana
—su torre les llegaba a las rodillas
pero su doble lengua de metal
a los difuntos despertaba.
Bajo la arcada, en garbas militares,
las cañas, lanzas verdes,
carabinas de azúcar;
en el portal, el tendejón magenta:
frescor de agua en penumbra,
ancestrales petates, luz trenzada,
y sobre el zinc del mostrador,
diminutos planetas desprendidos
del árbol meridiano,
los tejocotes y las mandarinas,
amarillos montones de dulzura.
Giran los años en la plaza,
rueda de Santa Catalina,
y no se mueven.

of my forehead: I write because the druid,
under the murmuring syllables of the hymn,
ilex planted deeply on the page,
gave me the branch of mistletoe, the spell
that makes words flow from stone.
Names accumulate their images,
images their vaporous
conjectural confederations.
Clouds and clouds, a phantom gallop
of clouds over the peaks
of my memory. Adolescence,
land of clouds.

        The big house,
stranded in clogged time.
The plaza, the great trees
where the sun nestled,
the tiny church: its belfry
only reached their knees,
but its double tongue of metal
woke the dead.
Under the arcade, in military sheaves,
the cane, green lances,
sugar rifles;
at the portal, the magenta stall:
the coolness of water kept in the shade,
the ancestral palm-mats, knotted light,
and on the zinc counter
the miniature planets
fallen from the meridian tree,
sloes and mandarins,
yellow heaps of sweetness.
The years turn in the plaza,
a catherine wheel,
and do not move.

Mis palabras,
al hablar de la casa, se agrïetan.
Cuartos y cuartos, habitados
sólo por sus fantasmas,
sólo por el rencor de los mayores
habitados. Familias,
criaderos de alacranes:
como a los perros dan con la pitanza
vidrio molido, nos alimentan con sus odios
y la ambición dudosa de ser alguien.
También me dieron pan, me dieron tiempo,
claros en los recodos de los días,
remansos para estar solo conmigo.
Niño entre adultos taciturnos
y sus terribles niñerías,
niño por los pasillos de altas puertas,
habitaciones con retratos,
crepusculares cofradías de los ausentes,
niño sobreviviente
de los espejos sin memoria
y su pueblo de viento:
el tiempo y sus encarnaciones
resuelto en simulacros de reflejos.
En mi casa los muertos eran más que los vivos.
Mi madre, niña de mil años,
madre del mundo, huérfana de mí,
abnegada, feroz, obtusa, providente,
jilguera, perra, hormiga, jabalina,
carta de amor con faltas de lenguaje,
mi madre: pan que yo cortaba
con su propio cuchillo cada día.
Los fresnos me enseñaron,
bajo la lluvia, la paciencia,
a cantar cara al viento vehemente.
Virgen somnílocua, una tía
me enseñó a ver con los ojos cerrados,
ver hacia dentro y a través del muro.

My words,
speaking of the house, split apart.
Rooms and rooms inhabited
only by their ghosts,
only by the rancor of the elderly
inhabited. Families,
breeding-grounds for scorpions:
as they give ground glass to dogs
with their pittance, so they nourish us with their hates
and the dubious ambition of being someone.
They also gave me bread, gave me time,
open spaces in the corners of the days,
backwaters to be alone with myself.
Child among taciturn adults
and their terrifying childishness,
child in passageways with tall doors,
rooms with portraits,
dim brotherhoods of the departed,
child survivor
of mirrors with no memory
and their people of wind:
time and its incarnations
broken into travesties of reflections.
In my house there were more dead than living.
My mother, a thousand-year-old girl,
mother of the world, my orphan,
self-sacrificing, ferocious, stubborn, provident,
titmouse, bitch, ant, wild boar,
love letter with spelling mistakes;
my mother: bread I'd slice
with her own knife each day.
Under the rain,
the ash trees taught me patience,
to sing facing the violent wind.
A virgin who talked in her sleep, my aunt
taught me to see with eyes closed,
to see within, and through the wall;

Mi abuelo a sonreír en la caída
y a repetir en los desastres: *al hecho, pecho*.
(Esto que digo es tierra
sobre tu nombre derramada: «blanda te sea».)
Del vómito a la sed,
atado al potro del alcohol,
mi padre iba y venía entre las llamas.
Por los durmientes y los rieles
de una estación de moscas y de polvo
una tarde juntamos sus pedazos.
Yo nunca pude hablar con él.
Lo encuentro ahora en sueños,
esa borrosa patria de los muertos.
Hablamos siempre de otras cosas.
Mientras la casa se desmoronaba
yo crecía. Fui (soy) yerba, maleza
entre escombros anónimos.
                    Días
como una frente libre, un libro abierto.
No me multiplicaron los espejos
codiciosos que vuelven
cosas los hombres, número las cosas:
ni mando ni ganancia. La santidad tampoco:
el cielo para mí pronto fue un cielo
deshabitado, una hermosura hueca
y adorable. Presencia suficiente,
cambiante: el tiempo y sus epifanías.
No me habló dios entre las nubes;
entre las hojas de la higuera
me habló el cuerpo, los cuerpos de mi cuerpo.
Encarnaciones instantáneas:
tarde lavada por la lluvia,
luz recién salida del agua,
el vaho femenino de las plantas
piel a mi piel pegada: ¡súcubo!
—como si al fin el tiempo coincidiese
consigo mismo y yo con él,

my grandfather, to smile at defeat,
and for disasters: *in affliction, conviction.*
(This that I say is earth thrown over
your name: *let it rest softly.*)
Between vomit and thirst,
strapped to the rack of alcohol,
my father came and went through flames.
One evening of flies and dust,
we gathered, among the rails and crossties
of a railway station, his remains.
I could never talk to him.
I meet him now in dreams,
that blurred country of the dead.
We always speak of other things.
As the house crumbled, I grew.
I was (I am) grass,
weeds in anonymous trash.
                              Days,
like a free mind, an open book.
I was not multiplied by the envious mirrors
that turn men into things, things into numbers:
neither power nor gain. Nor sanctity either:
heaven for me soon became an uninhabited piece of sky,
an adorable and hollow beauty.
Sufficient and changing presence:
time and its epiphanies.
God did not talk to me from the clouds;
from the leaves of the fig tree
my body spoke to me, the bodies of my body.
Instantaneous incarnations:
afternoon washed by rain,
light just coming out from the water,
the feminine mist of plants,
skin stuck to my skin: succubus!
—as if time at last were to coincide
with itself, and I with it,

como si el tiempo y sus dos tiempos
fuesen un solo tiempo
que ya no fuese tiempo, un tiempo
donde siempre es *ahora* y a todas horas *siempre*,
como si yo y mi doble fuesen uno
y yo no fuese ya.
Granada de la hora: bebí sol, comí tiempo.
Dedos de luz abrían los follajes.
Zumbar de abejas en mi sangre:
el blanco advenimiento.
Me arrojó la descarga
a la orilla más sola. Fui un extraño
entre las vastas ruinas de la tarde.
Vértigo abstracto: hablé conmigo,
fui doble, el tiempo se rompió.

Atónita en lo alto del minuto
la carne se hace verbo—y el verbo se despeña.
Saberse desterrado en la tierra, siendo tierra,
es saberse mortal. Secreto a voces
y también secreto vacío, sin nada adentro:
no hay muertos, sólo hay muerte, madre nuestra.
Lo sabía el azteca, lo adivinaba el griego:
el agua es fuego y en su tránsito
nosotros somos sólo llamaradas.
La muerte es madre de las formas . . .
El sonido, bastón de ciego del sentido:
escribo *muerte* y vivo en ella
por un instante. Habito su sonido:
es un cubo neumático de vidrio,
vibra sobre esta página,
desaparece entre sus ecos.
Paisajes de palabras:
los despueblan mis ojos al leerlos.
No importa: los propagan mis oídos.
Brotan allá, en las zonas indecisas
del lenguaje, palustres poblaciones.

as if time and its two times
were one single time
that still was not time, a time
where always is now and anytime *always*,
as if I and my double were one
and I was no longer.
Pomegranate of the hour: I drank sun, I ate time.
Fingers of light would part the foliage.
Bees humming in my blood:
the white advent.
The shot flung me
to the loneliest shore. I was a stranger
in the vast ruins of the afternoon.
Abstract vertigo: I talked with myself,
I was double, time split apart.

Amazed at the moment's peak,
flesh became word—and the word fell.
To know exile on the earth, being earth,
is to know mortality. An open secret,
an empty secret with nothing inside:
there are no dead, there is only death, our mother.
The Aztecs knew it, the Greeks divined it:
water is fire, and in its passage
we are only flashes of flame.
Death is the mother of forms . . .
Sound, the blindman's cane of sense:
I write *death* and for a moment
I live within it. I inhabit its sound:
a pneumatic cube of glass,
vibrating on this page,
vanishing among its echoes.
Landscapes of words:
my eyes, reading, depopulate them.
It doesn't matter: my ears propagate them.
They breed there, in the indecisive
zones of language, the villages in the marsh.

Son criaturas anfibias, son palabras.
Pasan de un elemento a otro,
se bañan en el fuego, reposan en el aire.
Están del otro lado. No las oigo, ¿qué dicen?
No dicen: hablan, hablan.

                    Salto de un cuento a otro
por un puente colgante de once sílabas.
Un cuerpo vivo aunque intangible el aire,
en todas partes siempre y en ninguna.
Duerme con los ojos abiertos,
se acuesta entre las yerbas y amanece rocío,
se persigue a sí mismo y habla solo en los túneles,
es un tornillo que perfora montes,
nadador en la mar brava del fuego
es invisible surtidor de ayes,
levanta a pulso dos océanos,
anda perdido por las calles
palabra en pena en busca de sentido,
aire que se disipa en aire.
¿Y para qué digo todo esto?
Para decir que en pleno mediodía
el aire se poblaba de fantasmas,
sol acuñado en alas,
ingrávidas monedas, mariposas.
Anochecer. En la terraza
oficiaba la luna silenciaria.
La *cabeza de muerto*, mensajera
de las ánimas, la fascinante fascinada
por las camelias y la luz eléctrica,
sobre nuestras cabezas era un revoloteo
de conjuros opacos. «¡Mátala!»
gritaban las mujeres
y la quemaban como bruja.

They are amphibious creatures, they are words.
They pass from one element to another,
they bathe in fire, rest in the air.
They are from the other side.
I don't hear them: what do they say?
They don't say: they talk and talk.

               I leap from one story to another on a
suspension bridge of eleven syllables.
A body, living but intangible, the air
in all places always and in none.
It sleeps with open eyes,
it lies down in the grass and wakes up as dew,
it chases itself, talks to itself in tunnels,
is a bit that drills into mountains,
a swimmer in the rough seas of fire,
an invisible fountain of laments,
it lifts two oceans with a hand,
and walks through the streets, lost,
a word in limbo, in search of meaning,
air that vanishes into air.
And why do I say all this?
To say that, at high noon,
the air was populated with phantoms,
sun coined into wings,
weightless change, butterflies.
Night fell. On the terrace
the silenciary moon officiated.
A death's-head, messenger
of the souls, the enchanting
enchanted by the camelias
and the electric light, was,
over our heads, a fluttering
of opaque conjurations. Kill it!
the woman shouted
and burned it like a witch.

Después, con un suspiro feroz, se santiguaban.
Luz esparcida, Psique ...

        ¿Hay mensajeros? Sí,
cuerpo tatuado de señales
es el espacio, el aire es invisible
tejido de llamadas y respuestas.
Animales y cosas se hacen lenguas,
a través de nosotros habla consigo mismo
el universo. Somos un fragmento
—pero cabal en su inacabamiento—
de su discurso. Solipsismo
coherente y vacío:
desde el principio del principio
¿qué dice? Dice que nos dice.
Se lo dice a sí mismo. *Oh madness of discourse,*
that cause sets up with and against itself!

Desde lo alto del minuto
despeñado en la tarde de plantas fanerógamas
me descubrió la muerte.
Y yo en la muerte descubrí al lenguaje.
El universo habla solo
pero los hombres hablan con los hombres:
hay historia. Guillermo, Alfonso, Emilio:
el corral de los juegos era historia
y era historia jugar a morir juntos.
La polvareda, el grito, la caída:
algarabía, no discurso.
En el vaivén errante de las cosas,
por las revoluciones de las formas
y de los tiempos arrastradas,
cada una pelea con las otras,
cada una se alza, ciega, contra sí misma.
Así, según la hora cae desen-
lazada, su injusticia pagan. (Anaximandro.)
La injusticia de ser: las cosas sufren

Then, with a fierce sigh, they crossed themselves.
Scattered light, Psyche . . .

                   Are there messengers? Yes,
space is a body tattooed with signs, the air
an invisible web of calls and answers.
Animals and things make languages,
through us the universe talks with itself.
We are a fragment—
accomplished in our unaccomplishment—
of its discourse. A coherent
and empty solipsism:
since the beginning of the beginning
what does it say? It says that it says us.
It says it to itself. *Oh madness of discourse,*
that cause sets up with and against itself!

From the moment's peak flung down
into an afternoon of sexual plants,
death discovered me.
And in death I discovered language.
The universe talks to itself,
but people talk to people:
there is history. Guillermo, Alfonso, Emilio:
the patio where we played was history,
it was history to play at death together.
The clouds of dust, the shouts, the tumbles:
gabble, not speech.
In the aimless give-and-take of things,
carried along by the revolutions of forms and times,
everyone battles with the others,
everyone rebels, blindly, against himself.
Thus, returning to their origin,
they pay for their injustice. (Anaximander)
The injustice of being: things suffer

unas con otras y consigo mismas
por ser un querer más, siempre ser más que más.
Ser tiempo es la condena, nuestra pena es la historia.
Pero también es el lugar de prueba:
reconocer en el borrón de sangre
del lienzo de Verónica la cara
del otro—siempre el otro es nuestra víctima.
Túneles, galerías de la historia
¿sólo la muerte es puerta de salida?
El escape, quizás, es hacia dentro.
Purgación del lenguaje, la historia se consume
en la disolución de los pronombres:
ni *yo soy* ni *yo más* sino más ser sin yo.
En el centro del tiempo ya no hay tiempo,
es movimiento hecho fijeza, círculo
anulado en sus giros.

              Mediodía:
llamas verdes los árboles del patio.
Crepitación de brasas últimas
entre la yerba: insectos obstinados.
Sobre los prados amarillos
claridades: los pasos de vidrio del otoño.
Una congregación fortuita de reflejos,
pájaro momentáneo,
entra por la enramada de estas letras.
El sol en mi escritura bebe sombra.
Entre muros—de piedra no:
por la memoria levantados—
transitoria arboleda:
luz reflexiva entre los troncos
y la respiración del viento.
El dios sin cuerpo, el dios sin nombre
que llamamos con nombres
vacíos—con los nombres del vacío—,

one with the other and with themselves
for to be is the desire to be more,
to always be more than more.
To be time is the sentence; history, our punishment.
But it is also the proving-ground:
to see, in the blot of blood
on Veronica's veil, the face
of another—always the other is our victim.
Tunnels, galleries of history:
is death the only exit?
The way out, perhaps, is toward within.
The purgation of language, history consuming itself
in the dissolution of pronouns:
not I am nor I even more so
but more being without I.
In the center of time, there is no more time,
but motion become fixity, a circle
canceled by its revolutions.

Noon:
the trees in the patio are green flames.
The crackling of the last embers
in the grass: stubborn insects.
Over the yellow meadows,
clarities: the glass footsteps of autumn.
A fortuitous meeting of reflections,
an ephemeral bird
enters the foliage of these letters.
The sun, in my writing, drinks the shadows.
Between the walls—not of stone,
but raised by memory—
a transitory grove:
reflective light among the trunks
and the breathing of the wind.
The bodiless god, the nameless god
whom we call by empty
names—by the names of the emptiness—

el dios del tiempo, el dios que es tiempo,
pasa entre los ramajes
que escribo. Dispersión de nubes
sobre un espejo neutro:
en la disipación de las imágenes
el alma es ya, vacante, espacio puro.
En quietud se resuelve el movimiento.
Insiste el sol, se clava
en la corola de la hora absorta.
Llama en el tallo de agua
de las palabras que la dicen,
la flor es otro sol.
La quietud en sí misma
se disuelve. Transcurre el tiempo
sin transcurrir. Pasa y se queda. Acaso,
aunque todos pasamos, no pasa ni se queda:
hay un tercer estado.

Hay un estar tercero:
el ser sin ser, la plenitud vacía,
hora sin horas y otros nombres
con que se muestra y se dispersa
en las confluencias del lenguaje
no la presencia: su presentimiento.
Los nombres que la nombran dicen: *nada*,
palabra de dos filos, palabra entre dos huecos.
Su casa, edificada sobre el aire
con ladrillos de fuego y muros de agua,
se hace y se deshace y es la misma
desde el principio. Es dios:
habita nombres que lo niegan.
En las conversaciones con la higuera
o entre los blancos del discurso,
en la conjuración de las imágenes
contra mis párpados cerrados,
el desvarío de las simetrías,
los arenales del insomnio,

the god of time, the god that is time,
passes through the branches
that I write. Dispersion of clouds
above a neutral mirror:
in the dissipation of the images,
the soul already is, vacant, pure space.
Motion resolves in tranquility.
The sun insists, fastened
in the corolla of the absorbed hour.
Flame on the water-stalk
of the words that say it,
the flower is another sun.
Tranquility dissolves in itself. Time
elapses without elapse. It passes and stays.
Perhaps although we all pass, it neither passes nor stays:
there is a third state.

There is a third state:
being without being, empty plenitude,
hour without hours and the other names
with which it appears and vanishes
in the confluences of language.
Not the presence: its presentiment.
The names that name it say: nothing,
double-edged word, word between two hollows.
Its house, built on air
with bricks of fire and walls of water,
constructs and destructs and is the same
from the beginning. It is god:
it inhabits the names that deny it.
In the conversations with the fig tree
or in the pauses of speech,
in the conjuration of the images
against my closed eyelids,
in the delirium of the symmetries,
the quicksands of insomnia,

el dudoso jardín de la memoria
o en los senderos divagantes,
era el eclipse de las claridades.
Aparecía en cada forma
de desvanecimiento.

                    Dios sin cuerpo,
con lenguajes de cuerpo lo nombraban
mis sentidos. Quise nombrarlo
con un nombre solar,
una palabra sin revés.
Fatigué el cubilete y el *ars combinatoria*.
Una sonaja de semillas secas
las letras rotas de los nombres:
hemos quebrantado a los nombres,
hemos dispersado a los nombres,
hemos deshonrado a los nombres.
Ando en busca del nombre desde entonces.
Me fui tras un murmullo de lenguajes,
ríos entre los pedregales
color ferrigno de estos tiempos.
Pirámides de huesos, pudrideros verbales:
nuestros señores son gárrulos y feroces.
Alcé con las palabras y sus sombras
una casa ambulante de reflejos,
torre que anda, construcción de viento.
El tiempo y sus combinaciones:
los años y los muertos y las sílabas,
cuentos distintos de la misma cuenta.
Espiral de los ecos, el poema
es aire que se esculpe y se disipa,
fugaz alegoría de los nombres
verdaderos. A veces la página respira:
los enjambres de signos, las repúblicas
errantes de sonidos y sentidos,

the dubious garden of memory,
or in the rambling paths,
it was the eclipse of the clarities.
It appeared in every form
of vanishing.

                    Bodiless god,
my senses named it
in the languages of the body.
I wanted to name it
with a solar name,
a word without reverse.
I exhausted the dice box and ars combinatoria.
A rattle of dried seeds,
the broken letters of names:
we have crushed names,
we have scattered names,
we have dishonored names.
Since then, I have been in search of the name.
I followed a murmur of languages,
rivers between rocks
color ferrigno of these times.
Pyramids of bones, rotting-places of words:
our masters are garrulous and bloodthirsty.
I built with words and their shadows
a movable house of reflections,
a walking tower, edifice of wind.
Time and its combinations:
the years and the dead and the syllables,
different accounts from the same account.
Spiral of echoes, the poem
is air that sculpts itself and dissolves,
a fleeting allegory of true names.
At times the page breathes:
the swarm of signs, the errant
republics of sounds and senses,

en rotación magnética se enlazan y dispersan
sobre el papel.

Estoy en donde estuve:
voy detrás del murmullo,
pasos dentro de mí, oídos con los ojos,
el murmullo es mental, yo soy mis pasos,
oigo las voces que yo pienso,
las voces que me piensan al pensarlas.
Soy la sombra que arrojan mis palabras

México y Cambridge, Mass.
del 9 de septiembre al 27 de diciembre de 1974

in magnetic rotation link and scatter
on the page.

      I am where I was:
I walk behind the murmur,
footsteps within me, heard with my eyes,
the murmur is in the mind, I am my footsteps,
I hear the voices that I think,
the voices that think me as I think them.
I am the shadow my words cast.

                    Mexico City and Cambridge, Mass.
                    September 9–December 27, 1974

FROM

ÁRBOL ADENTRO

❖❧ ❖❧

A TREE WITHIN

[1976–1988]

Decir: hacer
A Roman Jakobson

1.
Entre lo que veo y digo,
entre lo que digo y callo,
entre lo que callo y sueño,
entre lo que sueño y olvido,
la poesía.
    Se desliza
entre el sí y el no:
        dice
lo que callo,
     calla
lo que digo,
     sueña
lo que olvido.
      No es un decir:
es un hacer.
     Es un hacer
que es un decir.
      La poesía
se dice y se oye:
      es real.
Y apenas digo
    es real,
se disipa.
     ¿Así es más real?

2.
Idea palpable,
     palabra
impalpable:
    la poesía
va y viene
    entre lo que es

To Speak: To Act
for Roman Jakobson

1.
Between what I see and what I say,
between what I say and what I keep silent,
between what I keep silent and what I dream,
between what I dream and what I forget:
poetry.
      It slips
between yes and no,
                  says
what I keep silent,
                  keeps silent
what I say,
          dreams
what I forget.
            It is not speech:
it is an act.
           It is an act
that is speech.
             Poetry
speaks and listens:
             it is real.
And as soon as I say
            it is real,
it vanishes.
         Is it then more real?

2.
Tangible idea,
             intangible
word:
     poetry
comes and goes
         between what is

y lo que no es.
     Teje reflejos
y los desteje.
     La poesía
siembra ojos en la página,
siembra palabras en los ojos.
Los ojos hablan,
      las palabras miran,
las miradas piensan.
     Oír
los pensamientos,
     ver
lo que decimos,
     tocar
el cuerpo de la idea.
     Los ojos
se cierran,
     las palabras se abren.

and what is not.
                    It weaves
and unweaves reflections.
                              Poetry
scatters eyes on a page,
scatters words on our eyes.
Eyes speak,
                    words look,
looks think.
                    To hear
thoughts,
                    see
what we say,
                    touch
the body of an idea.
                              Eyes close,
the words open.

Bashō-An

El mundo cabe
en diecisiete sílabas:
tú en esta choza.

Troncos y paja:
por las rendijas entran
Budas e insectos.

Hecho de aire
entre pinos y rocas
brota el poema.

Entretejidas
vocales, consonantes:
casa del mundo.

Huesos de siglos,
penas ya peñas, montes:
aquí no pesan.

Esto que digo
son apenas tres líneas:
choza de sílabas.

Bashō-An

The whole world fits in-
to seventeen syllables,
and you in this hut.

Straw thatch and tree trunks:
they come in through the crannies:
Buddhas and insects.

Made out of thin air,
between the pines and the rocks
the poem sprouts up.

An interweaving
of vowels and the consonants:
the house of the world.

Centuries of bones,
mountains, sorrow turned to stone:
here they are weightless.

What I am saying
barely fills up the three lines:
hut of syllables.

de *Al vuelo (1)*

Naranja

Pequeño sol
quieto sobre la mesa,
fijo mediodía.
Algo le falta:
                    noche.

Alba

Sobre la arena
escritura de pájaros:
memorias del viento.

Estrellas y grillo

Es grande el cielo
y arriba siembran mundos.
Imperturbable,
prosigue en tanta noche
el grillo berbiquí.

Calma

Luna, reloj de arena:
la noche se vacía,
la hora se ilumina.

from *On the Wing (1)*

Orange

Little sun
silent on the table,
permanent noon.
It lacks something:
                    night.

Dawn

On the sand,
bird-writing:
the memoirs of the wind.

Stars and Cricket

The sky's big.
Up there, worlds scatter.
Persistent,
unfazed by so much night,
a cricket: brace and bit.

Calm

Sand-clock moon:
night empties out,
the hour is lit.

Viento, agua, piedra

A Roger Caillois

El agua horada la piedra,
el viento dispersa el agua,
la piedra detiene al viento.
Agua, viento, piedra.

El viento esculpe la piedra,
la piedra es copa del agua,
el agua escapa y es viento.
Piedra, viento, agua.

El viento en sus giros canta,
el agua al andar murmura,
la piedra inmóvil se calla.
Viento, agua, piedra.

Uno es otro y es ninguno:
entre sus nombres vacíos
pasan y se desvanecen
agua, piedra, viento.

Wind, Water, Stone
for Roger Caillois

Water hollows stone,
wind scatters water,
stone stops the wind.
Water, wind, stone.

Wind carves stone,
stone's a cup of water,
water escapes and is wind.
Stone, wind, water.

Wind sings in its whirling,
water murmurs going by,
unmoving stone keeps still.
Wind, water, stone.

Each is another and no other:
they go by and vanish
in their empty names:
water, stone, wind.

Entre irse y quedarse

Entre irse y quedarse duda el día,
enamorado de su transparencia.

La tarde circular es ya bahía:
en su quieto vaivén se mece el mundo.

Todo es visible y todo es elusivo,
todo está cerca y todo es intocable.

Los papeles, el libro, el vaso, el lápiz
reposan a la sombra de sus nombres.

Latir del tiempo que en mi sien repite
la misma terca sílaba de sangre.

La luz hace del muro indiferente
un espectral teatro de reflejos.

En el centro de un ojo me descubro;
no me mira, me miro en su mirada.

Se disipa el instante. Sin moverme,
yo me quedo y me voy: soy una pausa.

Between Going and Staying

Between going and staying the day wavers,
in love with its own transparency.

The circular afternoon is now a bay
where the world in stillness rocks.

All is visible and all elusive,
all is near and can't be touched.

Papers, book, pencil, glass,
rest in the shade of their names.

Time throbbing in my temples repeats
the same unchanging syllable of blood.

The light turns the indifferent wall
into a ghostly theater of reflections.

I find myself in the middle of an eye,
watching myself in its blank stare.

The moment scatters. Motionless,
I stay and go: I am a pause.

Este lado
A Donald Sutherland

Hay luz. No la tocamos ni la vemos.
En sus vacías claridades
reposa lo que vemos y tocamos.
Yo veo con las yemas de mis dedos
lo que palpan mis ojos:
                        sombras, mundo.
Con las sombras dibujo mundos,
disipo mundos con las sombras.
Oigo latir la luz del otro lado.

Hermandad
Homenaje a Claudio Ptolomeo

Soy hombre: duro poco
y es enorme la noche.
Pero miro hacia arriba:
las estrellas escriben.
Sin entender comprendo:
también soy escritura
y en este mismo instante
alguien me deletrea.

This Side
for Donald Sutherland

There is light. We neither see nor touch it.
In its empty clarities rests
what we touch and see.
I see with my fingertips
what my eyes touch:
                        shadows, the world.
With shadows I draw worlds,
I scatter worlds with shadows.
I hear the light beat on the other side.

Brotherhood
Homage to Claudius Ptolemy

I am a man: little do I last
and the night is enormous.
But I look up:
the stars write.
Unknowing I understand:
I too am written,
and at this very moment
someone spells me out.

Hablo de la ciudad
A Eliot Weinberger

novedad de hoy y ruina de pasado mañana, enterrada y resucitada cada día,

convivida en calles, plazas, autobuses, taxis, cines, teatros, bares, hoteles, palomares, catacumbas,

la ciudad enorme que cabe en un cuarto de tres metros cuadrados inacabable como una galaxia,

la ciudad que nos sueña a todos y que todos hacemos y deshacemos y rehacemos mientras soñamos,

la ciudad que todos soñamos y que cambia sin cesar mientras la soñamos,

la ciudad que despierta cada cien años y se mira en el espejo de una palabra y no se reconoce y otra vez se echa a dormir,

la ciudad que brota de los párpados de la mujer que duerme a mi lado y se convierte,

con sus monumentos y sus estatuas, sus historias y sus leyendas,

en un manantial hecho de muchos ojos y cada ojo refleja el mismo paisaje detenido,

antes de las escuelas y las prisiones, los alfabetos y los números, el altar y la ley:

el río que es cuatro ríos, el huerto, el árbol, la Varona y el Varón vestidos de viento

—volver, volver, ser otra vez arcilla, bañarse en esa luz, dormir bajo esas luminarias,

flotar sobre las aguas del tiempo como la hoja llameante del arce que arrastra la corriente,

volver, ¿estamos dormidos o despiertos?, estamos, nada más estamos, amanece, es temprano,

estamos en la ciudad, no podemos salir de ella sin caer en otra, idéntica aunque sea distinta,

hablo de la ciudad inmensa, realidad diaria hecha de dos palabras: *los otros*,

y en cada uno de ellos hay un yo cercenado de un nosotros, un yo a la deriva,

hablo de la ciudad construida por los muertos, habitada por sus tercos fantasmas, regida por su despótica memoria,

I Speak of the City
for Eliot Weinberger

news today and tomorrow a ruin from the past, buried and resurrected
    every day,
lived together in streets, plazas, buses, taxis, movie houses, theaters,
    bars, hotels, pigeon coops and catacombs,
the enormous city that fits in a room three yards square and endless as
    a galaxy,
the city that dreams us all, that all of us build and unbuild and rebuild
    as we dream,
the city we all dream, that restlessly changes while we dream it,
the city that wakes every hundred years and looks at itself in the
    mirror of a word and doesn't recognize itself and goes back to
    sleep,
the city that sprouts from the eyelids of the woman who sleeps at my
    side, and is transformed,
with its monuments and statues, its histories and legends,
into a fountain made of countless eyes, and each eye reflects the same
    landscape, frozen in time,
before schools and prisons, alphabets and numbers, the altar and the
    law:
the river that is four rivers, the orchard, the tree, the Female and Male,
    dressed in wind—
to go back, go back, to be clay again, to bathe in that light, to sleep
    under those votive lights,
to float on the waters of time like the flaming maple leaf the current
    drags along,
to go back—are we asleep or awake?—we are, we are nothing more,
    day breaks, it's early,
we are in the city, we cannot leave, except to fall into another city, dif-
    ferent yet identical,
I speak of the immense city, that daily reality composed of two words:
    the others,
and in every one of them there is an I clipped from a we, an I adrift,
I speak of the city built by the dead, inhabited by their stern ghosts,
    ruled by their despotic memory,

la ciudad con la que hablo cuando no hablo con nadie y que ahora me
dicta estas palabras insomnes,

hablo de las torres, los puentes, los subterráneos, los hangares, mara-
villas y desastres,

el Estado abstracto y sus policías concretos, sus pedagogos, sus carcele-
ros, sus predicadores,

las tiendas en donde hay de todo y gastamos todo y todo se vuelve humo,

los mercados y sus pirámides de frutos, rotación de las cuatro esta-
ciones, las reses en canal colgando de los garfios, las colinas de
especias y las torres de frascos y conservas,

todos los sabores y los colores, todos los olores y todas las materias,
la marea de las voces—agua, metal, madera, barro—, el trajín, el
regateo y el trapicheo desde el comienzo de los días,

hablo de los edificios de cantería y de mármol, de cemento, vidrio, hie-
rro, del gentío en los vestíbulos y portales, de los elevadores que
suben y bajan como el mercurio en los termómetros,

de los bancos y sus consejos de administración, de las fábricas y sus
gerentes, de los obreros y sus máquinas incestuosas,

hablo del desfile inmemorial de la prostitución por calles largas como
el deseo y como el aburrimiento,

del ir y venir de los autos, espejo de nuestros afanes, quehaceres y pasio-
nes (¿por qué, para qué, hacia dónde?),

de los hospitales siempre repletos y en los que siempre morimos solos,

hablo de la penumbra de ciertas iglesias y de las llamas titubeantes de
los cirios en los altares,

tímidas lenguas con las que los desamparados hablan con los santos y
con las vírgenes en un lenguaje ardiente y entrecortado,

hablo de la cena bajo la luz tuerta en la mesa coja y los platos
desportillados,

de las tribus inocentes que acampan en los baldíos con sus mujeres y
sus hijos, sus animales y sus espectros,

de las ratas en el albañal y de los gorriones valientes que anidan en los
alambres, en las cornisas y en los árboles martirizados,

de los gatos contemplativos y de sus novelas libertinas a la luz de la
luna, diosa cruel de las azoteas,

de los perros errabundos, que son nuestros franciscanos y nuestros
bhikkus, los perros que desentierran los huesos del sol,

the city I talk to when I talk to nobody, the city that dictates these
    insomniac words,

I speak of towers, bridges, tunnels, hangars, wonders and disasters,

the abstract State and its concrete police, the schoolteachers, jailers,
    preachers,

the shops that have everything, where we spend everything, and it all
    turns to smoke,

the markets with their pyramids of fruit, the turn of the seasons, the
    sides of beef hanging from the hooks, the hills of spices and the
    towers of bottles and preserves,

all of the flavors and colors, all the smells and all the stuff, the tide of
    voices—water, metal, wood, clay—the bustle, the haggling and
    conniving as old as time,

I speak of the buildings of stone and marble, of cement, glass and steel,
    of the people in the lobbies and doorways, of the elevators that
    rise and fall like the mercury in thermometers,

of the banks and their boards of directors, of factories and their manag-
    ers, of the workers and their incestuous machines,

I speak of the timeless parade of prostitution through streets long as
    desire and boredom,

of the coming and going of cars, mirrors of our anxieties, business,
    passions (why? toward what? for what?),

of the hospitals that are always full, and where we always die alone,

I speak of the half-light of certain churches and the flickering candles
    at the altars,

the timid voices with which the desolate talk to saints and virgins in a
    passionate, failing language,

I speak of dinner under a squinting light at a limping table with chipped
    plates,

of the innocent tribes that camp in the empty lots with their women
    and children, their animals and their ghosts,

of the rats in the sewers and the brave sparrows that nest in the wires,
    in the cornices and the martyred trees,

of the contemplative cats and their libertine novels in the light of the
    moon, cruel goddess of the rooftops,

of the stray dogs that are our Franciscans and bhikkus, the dogs that
    scratch up the bones of the sun,

hablo del anacoreta y de la fraternidad de los libertarios, de la conjura
de los justicieros y de la banda de los ladrones,

de la conspiración de los iguales y de la sociedad de amigos del Crimen,
del club de los suicidas y de Jack el Destripador,

del Amigo de los Hombres, afilador de la guillotina, y de César, Delicia
del Género Humano,

hablo del barrio paralítico, el muro llagado, la fuente seca, la estatua
pintarrajeada,

hablo de los basureros del tamaño de una montaña y del sol taciturno
que se filtra en el *polumo*,

de los vidrios rotos y del desierto de chatarra, del crimen de anoche y
del banquete del inmortal Trimalción,

de la luna entre las antenas de la televisión y de una mariposa sobre un
bote de inmundicias,

hablo de madrugadas como vuelo de garzas en la laguna y del sol de
alas transparentes que se posa en los follajes de piedra de las igle-
sias y del gorjeo de la luz en los tallos de vidrio de los palacios,

hablo de algunos atardeceres al comienzo del otoño, cascadas de oro
incorpóreo, transfiguración de este mundo, todo pierde cuerpo,
todo se queda suspenso,

la luz piensa y cada uno de nosotros se siente pensado por esa luz reflexiva,
durante un largo instante el tiempo se disipa, somos aire otra vez,

hablo del verano y de la noche pausada que crece en el horizonte como
un monte de humo que poco a poco se desmorona y cae sobre
nosotros como una ola,

reconciliación de los elementos, la noche se ha tendido y su cuerpo es
un río poderoso de pronto dormido, nos mecemos en el oleaje
de su respiración, la hora es palpable, la podemos tocar como un
fruto,

han encendido las luces, arden las avenidas con el fulgor del deseo,
en los parques la luz eléctrica atraviesa los follajes y cae sobre
nosotros una llovizna verde y fosforescente que nos ilumina sin
mojarnos, los árboles murmuran, nos dicen algo,

hay calles en penumbra que son una insinuación sonriente, no sabemos
adónde van, tal vez al embarcadero de las islas perdidas,

hablo de las estrellas sobre las altas terrazas y de las frases indescifrables
que escriben en la piedra del cielo,

I speak of the anchorite and the libertarian brotherhood, of the secret
    plots of law enforcers and of bands of thieves,
of the conspiracies of levelers and the Society of Friends of Crime, of
    the Suicide Club, and of Jack the Ripper,
of the Friend of the People, sharpener of the guillotine, of Caesar,
    Delight of Humankind,
I speak of the paralytic slum, the cracked wall, the dry fountain, the
    graffitied statue,
I speak of garbage heaps the size of mountains, and of melancholy
    sunlight filtered by the smog,
of broken glass and the desert of scrap iron, of last night's crime, and
    of the banquet of the immortal Trimalchio,
of the moon in the television antennas, and a butterfly on a filthy jar,
I speak of dawns like a flight of herons on the lake, and the sun of trans-
    parent wings that lands on the rock foliage of the churches, and
    the twittering of light on the glass stalks of the palaces,
I speak of certain afternoons in early fall, waterfalls of immaterial gold,
    the transformation of this world, when everything loses its body,
    everything is held in suspense,
and the light thinks, and each one of us feels himself thought by that
    reflective light, and for one long moment time dissolves, we are
    air once more,
I speak of the summer, of the slow night that grows on the horizon
    like a mountain of smoke, and bit by bit it crumbles, falling over
    us like a wave,
the elements are reconciled, night has stretched out, and its body is a
    powerful river of sudden sleep, we rock in the waves of its breath-
    ing, the hour is tangible, we can touch it like a fruit,
they have lit the lights, and the avenues burn with the brilliancy of
    desire, in the parks electric light breaks through the branches
    and falls over us like a green and phosphorescent mist that illu-
    minates but does not dampen us, the trees murmur, they tell us
    something,
there are streets in the half-light that are a smiling insinuation, we don't
    know where they lead, perhaps to the ferry for the lost islands,
I speak of the stars over the high terraces and the indecipherable sen-
    tences they write on the stone of the sky,

hablo del chubasco rápido que azota los vidrios y humilla las arboledas,
duró veinticinco minutos y ahora allá arriba hay agujeros azules
y chorros de luz, el vapor sube del asfalto, los coches relucen, hay
charcos donde navegan barcos de reflejos,

hablo de nubes nómadas y de una música delgada que ilumina una
habitación en un quinto piso y de un rumor de risas en mitad de la
noche como agua remota que fluye entre raíces y yerbas,

hablo del encuentro esperado con esa forma inesperada en la que
encarna lo desconocido y se manifiesta a cada uno:

ojos que son la noche que se entreabre y el día que despierta, el mar que se
tiende y la llama que habla, pechos valientes: marea lunar,

labios que dicen *sésamo* y el tiempo se abre y el pequeño cuarto se
vuelve jardín de metamorfosis y el aire y el fuego se enlazan, la
tierra y el agua se confunden,

o es el advenimiento del instante en que allá, en aquel otro lado que es
aquí mismo, la llave se cierra y el tiempo cesa de manar:

instante del *hasta aquí*, fin del hipo, del quejido y del ansia, el alma
pierde cuerpo y se desploma por un agujero del piso, cae en sí
misma, el tiempo se ha desfondado, caminamos por un corredor
sin fin, jadeamos en un arenal,

¿esa música se aleja o se acerca, esas luces pálidas se encienden o apa-
gan?, canta el espacio, el tiempo se disipa: es el boqueo, es la mirada
que resbala por la lisa pared, es la pared que se calla, la pared,

hablo de nuestra historia pública y de nuestra historia secreta, la tuya
y la mía,

hablo de la selva de piedra, el desierto del profeta, el hormiguero de almas,
la congregación de tribus, la casa de los espejos, el laberinto de ecos,

hablo del gran rumor que viene del fondo de los tiempos, murmullo
incoherente de naciones que se juntan o dispersan, rodar de multi-
tudes y sus armas como peñascos que se despeñan, sordo sonar de
huesos cayendo en el hoyo de la historia,

hablo de la ciudad, pastora de siglos, madre que nos engendra y nos
devora, nos inventa y nos olvida.

I speak of the sudden downpour that lashes the windowpanes and bends
   the trees, that lasted twenty-five minutes and now, up above, there
   are blue slits and streams of light, steam rises from the asphalt,
   the cars glisten, there are puddles where ships of reflections sail,
I speak of nomadic clouds, and of a thin music that lights a room on the
   fifth floor, and a murmur of laughter in the middle of the night
   like water that flows far-off through roots and grasses,
I speak of the longed-for encounter with that unexpected form with
   which the unknown is made flesh, and revealed to each of us:
eyes that are the night half-open and the day that wakes, the sea stretch-
   ing out and the flame that speaks, powerful breasts: lunar tide,
lips that say sesame, and time opens, and the little room becomes a
   garden of change, air and fire entwine, earth and water mingle,
or the arrival of that moment there, on the other side that is really here,
   where the key locks and time ceases to flow:
the moment of until now, the last of the gasps, the moaning, the
   anguish, the soul loses its body and crashes through a hole in
   the floor, falling in itself, and time has run aground, and we walk
   through an endless corridor, panting in the sand,
is that music coming closer or receding, are those pale lights just lit or
   going out? space is singing, time has vanished: it is the gasp, it is
   the glance that slips through the blank wall, it is the wall that stays
   silent, the wall,
I speak of our public history, and of our secret history, yours and mine,
I speak of the forest of stone, the desert of the prophets, the ant-heap
   of souls, the congregation of tribes, the house of mirrors, the
   labyrinth of echoes,
I speak of the great murmur that comes from the depths of time, the
   incoherent whisper of nations uniting or splitting apart, the wheel-
   ing of multitudes and their weapons like boulders hurling down,
   the dull sound of bones falling into the pit of history,
I speak of the city, shepherd of the centuries, mother that gives birth to
   us and devours us, that creates us and forgets our existence.

Conversar

En un poema leo:
conversar es divino.
Pero los dioses no hablan:
hacen, deshacen mundos
mientras los hombres hablan.
Los dioses, sin palabras,
juegan juegos terribles.

El espíritu baja
y desata las lenguas
pero no habla palabras:
habla lumbre. El lenguaje,
por el dios encendido,
es una profecía
de llamas y un desplome
de sílabas quemadas:
ceniza sin sentido.

La palabra del hombre
es hija de la muerte.
Hablamos porque somos
mortales: las palabras
no son signos, son años.
Al decir lo que dicen
los nombres que decimos
dicen tiempo: nos dicen,
somos nombres del tiempo.
Conversar es humano.

To Talk

I read in a poem:
to talk is divine.
But gods don't speak:
they create and destroy worlds
while men do the talking.
Gods, without words,
play terrifying games.

The spirit descends,
untying tongues,
but it doesn't speak words:
it speaks flames.
Language, lit by a god,
is a prophecy
of flames and a crash
of burnt syllables:
meaningless ash.

Man's word
is the daughter of death.
We talk because we are
mortal: words
are not signs, they are years.
Saying what they say,
the names we speak
say time: they say us,
we are the names of time.
To talk is human.

Un despertar

Dentro de un sueño estaba emparedado.
Sus muros no tenían consistencia
ni peso: su vacío era su peso.
Los muros eran horas y las horas
fija y acumulada pesadumbre.
El tiempo de esas horas no era tiempo.

Salté por una brecha: eran las cuatro
en este mundo. El cuarto era mi cuarto
y en cada cosa estaba mi fantasma.
Yo no estaba. Miré por la ventana:
bajo la luz eléctrica ni un alma.
Reverberos en vela, nieve sucia,
casas y autos dormidos, el insomnio
de una lámpara, el roble que habla solo,
el viento y sus navajas, la escritura
de las constelaciones, ilegible.

En sí mismas las cosas se abismaban
y mis ojos de carne las veían
abrumadas de estar, realidades
desnudas de sus nombres. Mis dos ojos
eran almas en pena por el mundo.
En la calle sin nadie la presencia
pasaba sin pasar, desvanecida
en sus hechuras, fija en sus mudanzas,
ya vuelta casas, robles, nieve, tiempo.
Vida y muerte fluían confundidas.

Mirar deshabitado, la presencia
con los ojos de nadie me miraba:
haz de reflejos sobre precipicios.
Miré hacia adentro: el cuarto era mi cuarto
y yo no estaba. Al ser nada le falta

A Waking

I was walled inside a dream.
Its walls had no consistency,
no weight: its emptiness was its weight.
The walls were hours and the hours
unwavering hoarded sorrow.
The time of those hours was not time.

I leapt through a breach: in this world
it was four o'clock. The room was my room
and my ghost was in each thing.
I wasn't there. I looked out the window:
not a soul under the electric light.
Vigilant street lamps, dirty snow,
houses and cars asleep, the insomnia
of a lamp, the oak that talks to itself,
the wind and its knives, the illegible
writing of the constellations.

Things were buried deep in themselves
and my eyes of flesh saw them
weary of being, realities
stripped of their names. My two eyes
were souls grieving for the world.
On the empty street the presence
passed without passing, vanishing
into its forms, frozen in its changes,
and turned now into houses, oaks, snow, time.
Life and death flowed on, blurred together.

Uninhabited sight, the presence
looked at me with nobody's eyes:
a bundle of reflections over the cliffs.
I looked inside: the room was my room
and I wasn't there. Being lacks nothing

—siempre lleno de sí, jamás el mismo—
aunque nosotros ya no estemos ... Fuera,
todavía indecisas, claridades:
el alba entre confusas azoteas.
Ya las constelaciones se borraban.

La cara y el viento

Bajo un sol inflexible
llanos ocres, colinas leonadas.
Trepé por un breñal una cuesta de cabras
hacia un lugar de escombros:
pilastras desgajadas, dioses decapitados.
A veces, centelleos subrepticios:
una culebra, alguna lagartija.
Agazapados en las piedras,
color de tinta ponzoñosa,
pueblos de bichos quebradizos.
Un patio circular, un muro hendido.
Agarrada a la tierra—nudo ciego,
árbol todo raíces—la higuera religiosa.
Lluvia de luz. Un bulto gris: el Buda.
Una masa borrosa sus facciones,
por las escarpaduras de su cara
subían y bajaban las hormigas.
Intacta todavía,
todavía sonrisa, la sonrisa:
golfo de claridad pacífica.
Y fui por un instante diáfano
viento que se detiene,
gira sobre sí mismo y se disipa.

—always full of itself, always the same—
even though we are not there ... Outside,
the clarities, still indistinct:
dawn in the jumble of the rooftops.
The constellations were being erased.

The Face and the Wind

Beneath an unrelenting sun:
ocher plains, lion-colored hills.
I struggled up a craggy slope of goats
to a place of rubble:
lopped columns, headless gods.
Surreptitious flashes of light:
a snake, or some small lizard.
Hidden in the rocks,
the color of toxic ink,
colonies of brittle beetles.
A circular courtyard, a wall full of cracks.
Clutching the earth—blind knot,
tree all roots—a pipal, the religious fig.
Rain of light. A gray hulk: the Buddha,
its features a blurred mass.
Ants climbed and descended
the slopes of its face.
Still intact,
the smile, that smile:
a gulf of pacific clarity.
And I was, for a moment, diaphanous,
a wind that stops
turns on itself and is gone.

Fábula de Joan Miró

El azul estaba inmovilizado entre el rojo y el negro.
El viento iba y venía por la página del llano,
encendía pequeñas fogatas, se revolcaba en la ceniza,
salía con la cara tiznada gritando por las esquinas,
el viento iba y venía abriendo y cerrando puertas y ventanas,
iba y venía por los crepusculares corredores del cráneo,
el viento con mala letra y las manos manchadas de tinta
escribía y borraba lo que había escrito sobre la pared del día.
El sol no era sino el presentimiento del color amarillo,
una insinuación de plumas, el grito futuro del gallo.
La nieve se había extraviado, el mar había perdido el habla,
era un rumor errante, unas vocales en busca de una palabra.

El azul estaba inmovilizado, nadie lo miraba, nadie lo oía:
el rojo era un ciego, el negro un sordomudo.
El viento iba y venía preguntando ¿por dónde anda Joan Miró?
Estaba ahí desde el principio pero el viento no lo veía:
inmovilizado entre el azul y el rojo, el negro y el amarillo,
Miró era una mirada transparente, una mirada de siete manos.
Siete manos en forma de orejas para oír a los siete colores,
siete manos en forma de pies para subir los siete escalones del arco iris,
siete manos en forma de raíces para estar en todas partes y a la vez en
  Barcelona.

Miró era una mirada de siete manos.
Con la primera mano golpeaba el tambor de la luna,
con la segunda sembraba pájaros en el jardín del viento,
con la tercera agitaba el cubilete de las constelaciones,
con la cuarta escribía la leyenda de los siglos de los caracoles,
con la quinta plantaba islas en el pecho del verde,
con la sexta hacía una mujer mezclando noche y agua, música y elec-
  tricidad,
con la séptima borraba todo lo que había hecho y comenzaba de nuevo.

A Fable of Joan Miró

Blue was immobilized between red and black.
The wind came and went, over the page of the plains,
lighting small fires, wallowing in the ashes,
went off with its face sooty, shouting on the corners,
the wind came and went, opening, closing windows and doors,
came and went through the twilit corridors of the skull,
the wind in a scrawl, with ink-stained hands
wrote and erased what it had written on the wall of the day.
The sun was no more than an omen of the color yellow,
a hint of feathers, a cock's future crow.
The snow had gone astray, the sea had lost its speech
and was a wandering murmur, a few vowels in search of a word.

Blue was immobilized, no one saw it, no one heard:
red was a blind man, black a deaf mute.
The wind came and went, asking, Where are you going Joan Miró?
He had been here from the beginning, but the wind hadn't seen him:
immobilized between blue and red, black and yellow,
Miró was a transparent mirage, a mirage with seven hands.
Seven hands in the form of ears, to hear the seven colors,
seven hands in the form of feet, to climb the seven steps of the rainbow,
seven hands in the form of roots, to be everywhere and in Barcelona at
    the same time.

Miró was a mirage with seven hands.
With the first hand, he beat the drum of the moon,
with the second, he scattered birds in the garden of the wind,
with the third, he rattled the dice-cup of the stars,
with the fourth, he wrote The Legend of the Centuries of Snails,
with the fifth, he planted islands in the chest of green,
with the sixth, he created a woman by mixing night and water, music
    and electricity,
with the seventh, he erased everything he had made and started over
    again.

El rojo abrió los ojos, el negro dijo algo incomprensible y el azul se levantó.
Ninguno de los tres podía creer lo que veía:
¿eran ocho gavilanes o eran ocho paraguas?
Los ocho abrieron las alas, se echaron a volar y desaparecieron por un vidrio roto.

Miró empezó a quemar sus telas.
Ardían los leones y las arañas, las mujeres y las estrellas,
el cielo se pobló de triángulos, esferas, discos, hexaedros en llamas,
el fuego consumió enteramente a la granjera planetaria plantada en el centro del espacio,
del montón de cenizas brotaron mariposas, peces voladores, roncos fonógrafos,
pero entre los agujeros de los cuadros chamuscados
volvían el espacio azul y la raya de la golondrina, el follaje de nubes y el bastón florido:
era la primavera que insistía, insistía con ademanes verdes.
Ante tanta obstinación luminosa Miró se rascó la cabeza con su quinta mano,
murmurando para sí mismo: *Trabajo como un jardinero.*

¿Jardín de piedras o de barcas? ¿Jardín de poleas o de bailarinas?
El azul, el negro y el rojo corrían por los prados,
las estrellas andaban desnudas pero las friolentas colinas se habían metido debajo de las sábanas,
había volcanes portátiles y fuegos de artificio a domicilio.
Las dos señoritas que guardan la entrada a la puerta de las percepciones, Geometría y Perspectiva,
se habían ido a tomar el fresco del brazo de Miró, cantando *Une étoile caresse le sein d'une négresse.*

El viento dio la vuelta a la página del llano, alzó la cara y dijo, ¿pero dónde anda Joan Miró?
Estaba ahí desde el principio y el viento no lo veía:
Miró era una mirada transparente por donde entraban y salían atareados abecedarios.

Red opened its eyes, black mumbled something incoherent, and blue
    got up.
None of them could believe what it saw:
were those eight hawks or eight umbrellas?
The eight spread their wings and flew off, disappearing through a bro-
    ken windowpane.

Miró set fire to his canvases.
Lions and spiders burned, women and stars,
the sky filled with triangles, spheres, discs, hexahedrons in flames,
the blaze consumed the planetary farmer planted in the middle of space,
butterflies, flying fish and wheezing phonographs sprouted from the
    ash-heap,
but between the holes in the charred paintings
blue space came back, and the swallow's flash, the foliage of the clouds,
    and the flowering rod:
it was spring insisting, insisting with its green airs.
In the face of such luminous stubbornness, Miró scratched his head
    with his fifth hand, muttering to himself, *I work like a gardener.*

A garden of stones or of boats? Pulleys or ballerinas?
Blue, black, and red ran through the meadows,
the stars were walking naked, but the shivering hills snuggled under
    the sheets,
there were portable volcanoes and fireworks at home.
The two ladies who guard the entrance to the doors of perception,
    Geometry and Perspective,
had taken Miró's arm and gone for a bit of air, singing *Une étoile caresse
    le sein d'une négresse.*

The wind turned around on the page of the plains, lifted its head and
    said, But where are you going Joan Miró?
He had been here from the beginning and the wind hadn't seen him:
Miró was a transparent mirage where hectic alphabets came and went.

No eran letras las que entraban y salían por los túneles del ojo:
eran cosas vivas que se juntaban y se dividían, se abrazaban y se mordían y se dispersaban,
corrían por toda la página en hileras animadas y multicolores, tenían cuernos y rabos,
unas estaban cubiertas de escamas, otras de plumas, otras andaban en cueros,
y las palabras que formaban eran palpables, audibles y comestibles pero impronunciables:
no eran letras sino sensaciones, no eran sensaciones sino transfiguraciones.

¿Y todo esto para qué? Para trazar una línea en la celda de un solitario,
para iluminar con un girasol la cabeza de luna del campesino,
para recibir a la noche que viene con personajes azules y pájaros de fiesta,
para saludar a la muerte con una salva de geranios,
para decirle *buenos días* al día que llega sin jamás preguntarle de dónde viene y adónde va,
para recordar que la cascada es una muchacha que baja las escaleras muerta de risa,
para ver al sol y a sus planetas meciéndose en el trapecio del horizonte,
para aprender a mirar y para que las cosas nos miren y entren y salgan por nuestras miradas,
abecedarios vivientes que echan raíces, suben, florecen, estallan, vuelan, se disipan, caen.

Las miradas son semillas, mirar es sembrar, Miró trabaja como un jardinero
y con sus siete manos traza incansable—círculo y rabo, ¡oh! y ¡ah!—
la gran exclamación con que todos los días comienza el mundo.

These were not letters coming and going through the tunnels of his
     eyes:
they were living things that joined and split apart, embraced, gnawed
     on each other and scattered,
running over the page in frantic, multicolored rows, they had tails and
     horns,
some were covered with scales, others with feathers, others were stark
     naked,
and the words they formed were palpable, audible, edible, but unpro-
     nounceable,
these were not letters but sensations, these were not sensations but
     transfigurations.

And for what? To scratch a line in the hermit's cell,
to light the moon-head of a peasant with a sunflower,
to welcome the night that comes with its blue characters and festival
     birds,
to hail death with a round of geraniums,
to say good morning to morning when it comes without ever asking
     where it comes from or where it goes,
to remember that a waterfall is a girl coming down the stairs dying of
     laughter,
to see the sun and its planets swinging on the trapeze of the horizon,
to learn to see so that things will see us and come and go through our
     seeing,
living alphabets that send out roots, shoot up, bud, flower, fly off, scat-
     ter, fall.

Sight is seed, to see is to sow, Miró works like a gardener
and with his seven hands endlessly sketches—circle and tail, oh! and
     ah!—
that great exclamation with which the world begins each day.

La vista, el tacto
A Balthus

La luz sostiene—ingrávidos, reales—
el cerro blanco y las encinas negras,
el sendero que avanza,
el árbol que se queda;

la luz naciente busca su camino,
río titubeante que dibuja
sus dudas y las vuelve certidumbres,
río del alba sobre unos párpados cerrados;

la luz esculpe al viento en la cortina,
hace de cada hora un cuerpo vivo,
entra en el cuarto y se desliza,
descalza, sobre el filo del cuchillo;

la luz nace mujer en un espejo,
desnuda bajo diáfanos follajes
una mirada la encadena,
la desvanece un parpadeo;

la luz palpa los frutos y palpa lo invisible,
cántaro donde beben claridades los ojos,
llama cortada en flor y vela en vela
donde la mariposa de alas negras se quema;

la luz abre los pliegues de la sábana
y los repliegues de la pubescencia,
arde en la chimenea, sus llamas vueltas sombras
trepan los muros, yedra deseosa;

la luz no absuelve ni condena,
no es justa ni es injusta,
la luz con manos invisibles alza
los edificios de la simetría;

Sight and Touch
for Balthus

Light holds them—weightless, real—
the white hill and the black oaks,
the path that runs on,
the tree that remains;

the rising light seeks its way,
a wavering river that sketches
its doubts and turns them to certainties,
a river of dawn across closed eyes;

light sculpts the wind in the curtains,
makes each hour a living body,
comes into the room and slips off,
slipperless, along the edge of a knife;

light creates a woman in a mirror,
naked under the diaphanous leaves,
a glance can enchain her,
she vanishes with a blink;

light touches the fruit, touches the invisible,
a pitcher for the eyes to drink clarity,
a clipped flower of flame, a sleepless candle
where the butterfly with black wings burns:

light smooths the creases in the sheets
and the folds of puberty,
it smolders in the fireplace, its flames shadows
that climb the walls like yearning ivy;

light does not absolve or condemn,
it is neither just nor unjust,
light with invisible hands constructs
the buildings of symmetry;

la luz se va por un pasaje de reflejos
y regresa a sí misma:
es una mano que se inventa,
un ojo que se mira en sus inventos.

La luz es tiempo que se piensa.

Un viento llamado Bob Rauschenberg

Paisaje caído de Saturno,
paisaje del desamparo,
llanuras de tuercas y ruedas y palancas,
turbinas asmáticas, hélices rotas,
cicatrices de la electricidad,
paisaje desconsolado:
los objetos duermen unos al lado de los otros,
vastos rebaños de cosas y cosas y cosas,
los objetos duermen con los ojos abiertos
y caen pausadamente en sí mismos,
caen sin moverse,
su caída es la quietud del llano bajo la luna,
su sueño es un caer sin regreso,
un descenso hacia el espacio sin comienzo,
los objetos caen,
              están cayendo,
caen desde mi frente que los piensa,
caen desde mis ojos que no los miran,
caen desde mi pensamiento que los dice,
caen como letras, letras, letras,
lluvia de letras sobre el paisaje del desamparo.

Paisaje caído,
sobre sí mismo echado, buey inmenso,
buey crepuscular como este siglo que acaba,
las cosas duermen unas al lado de las otras

light goes off on a path of reflections
and comes back to itself:
a hand that invents itself, an eye
that sees itself in its own inventions.

Light is time thinking about itself.

A Wind Called Bob Rauschenberg

Landscape fallen from Saturn,
abandoned landscape,
plains of nuts and wheels and bars,
asthmatic turbines, broken propellers,
electrical scars,
desolate landscape:
the objects sleep side by side,
great flocks of things and things and things,
the objects sleep with eyes open
and slowly fall within themselves,
they fall without moving,
their fall is the stillness of a plain under the moon,
their sleep is a falling with no return,
a descent toward a space with no beginning,
the objects fall,
                    they are in a state of falling,
they fall from my mind that thinks them,
they fall from my eyes that don't see them,
they fall from my thoughts that speak them,
they fall like letters, letters, letters,
a rain of letters on a derelict landscape.

Fallen landscape,
strewn over itself, a great ox,
an ox crepuscular as this century that ends,
things sleep side by side—

—el hierro y el algodón, la seda y el carbón,
las fibras sintéticas y los granos de trigo,
los tornillos y los huesos del ala del gorrión,
la grúa, la colcha de lana y el retrato de familia,
el reflector, el manubrio y la pluma del colibrí—
las cosas duermen y hablan en sueños,
el viento ha soplado sobre las cosas
y lo que hablan las cosas en su sueño
lo dice el viento lunar al rozarlas,
lo dice con reflejos y colores que arden y estallan,
el viento profiere formas que respiran y giran,
las cosas se oyen hablar y se asombran al oírse,
eran mudas de nacimiento y ahora cantan y ríen,
eran paralíticas y ahora bailan,
el viento las une y las separa y las une,
juega con ellas, las deshace y las rehace,
inventa otras cosas nunca vistas ni oídas,
sus ayuntamientos y sus disyunciones
son racimos de enigmas palpitantes,
formas insólitas y cambiantes de las pasiones,
constelaciones del deseo, la cólera, el amor,
figuras de los encuentros y las despedidas.

El paisaje abre los ojos y se incorpora,
se echa a andar y su sombra lo sigue,
es una estela de rumores obscuros,
son los lenguajes de las substancias caídas,
el viento se detiene y oye el clamor de los elementos,
a la arena y al agua hablando en voz baja,
el gemido de las maderas del muelle que combate la sal,
las confidencias temerarias del fuego,
el soliloquio de las cenizas,
la conversación interminable del universo.
Al hablar con las cosas y con nosotros
el universo habla consigo mismo:
somos su lengua y su oreja, sus palabras y sus silencios.

iron and cotton, silk and coal,
synthetic fibers and grains of wheat,
screws and the wing-bones of a sparrow,
the crane, the woolen quilt, the family portrait,
the headlight, the crank and the hummingbird feather—
things sleep and talk in their sleep,
the wind blows over the things,
and what the things say in their sleep
the lunar wind says brushing past them,
it says it with reflections and colors that burn and sparkle,
the wind speaks forms that breathe and whirl,
the things hear them talking and take fright at the sound,
they were born mute, and now they sing and laugh,
they were paralytic, and now they dance,
the wind joins them and separates and joins them,
plays with them, unmakes and remakes them,
invents other things, never seen nor heard,
their unions and disjunctions
are clusters of tangible enigmas,
strange and changing forms of passion,
constellations of desire, rage, love,
figures of encounters and goodbyes.

The landscape opens its eyes and sits up,
sets out walking followed by its shadow,
it is a stela of dark murmurs
that are the languages of fallen matter,
the wind stops and hears the clamor of the elements,
sand and water talking in low voices,
the howl of pilings as they battle the salt,
the rash confidence of fire,
the soliloquy of ashes,
the interminable conversation of the universe.
Talking with the things and with ourselves
the universe talks to itself:
we are its tongue and ears, its words and silences.

El viento oye lo que dice el universo
y nosotros oímos lo que dice el viento
al mover los follajes submarinos del lenguaje
y las vegetaciones secretas del subsuelo y el subcielo:
los sueños de las cosas el hombre los sueña,
los sueños de los hombres el tiempo los piensa.

Cuatro chopos
A Claude Monet

Como tras de sí misma va esta línea
por los horizontales confines persiguiéndose
y en el poniente siempre fugitivo
en que se busca se disipa

—como esta misma línea
por la mirada levantada
vuelve todas sus letras
una columna diáfana
resuelta en una no tocada
ni oída ni gustada mas pensada
flor de vocales y de consonantes

—como esta línea que no acaba de escribirse
y antes de consumarse se incorpora
sin cesar de fluir pero hacia arriba:

los cuatro chopos.

Aspirados
por la altura vacía y allá abajo,
en un charco hecho cielo, duplicados,
los cuatro son un solo chopo
y son ninguno.

The wind hears what the universe says
and we hear what the wind says,
rustling the submarine foliage of language,
the secret vegetation of the underworld and the undersky:
man dreams the dream of things,
time thinks the dreams of men.

The Four Poplars
for Claude Monet

As if it were behind itself this line runs
chasing itself through the horizontal confines
west, forever fugitive,
where it tracks itself it scatters

—as this same line
raised in a glance
transforms all of its letters
into a diaphanous column
breaking into an untouched
unheard, untasted, yet imagined
flower of vowels and consonants

—as this line that never stops writing itself
and before completion gathers itself
never ceasing to flow, but flowing upwards:

the four poplars.

Drawing breath
from the empty heights and there below,
doubled in a pond turned sky,
the four are a single poplar
and are none.

Atrás, frondas en llamas
que se apagan—la tarde a la deriva—
otros chopos ya andrajos espectrales
interminablemente ondulan
interminablemente inmóviles.

El amarillo se desliza al rosa,
se insinúa la noche en el violeta.

Entre el cielo y el agua
hay una franja azul y verde:
sol y plantas acuáticas,
caligrafía llameante
escrita por el viento.
Es un reflejo suspendido en otro.

Tránsitos: parpadeos del instante.
El mundo pierde cuerpo,
es una aparición, es cuatro chopos,
cuatro moradas melodías.

Frágiles ramas trepan por los troncos.
Son un poco de luz y otro poco de viento.
Vaivén inmóvil. Con los ojos
las oigo murmurar palabras de aire.

El silencio se va con el arroyo,
regresa con el cielo.

Es real lo que veo:
cuatro chopos sin peso
plantados sobre un vértigo.
Una fijeza que se precipita
hacia abajo, hacia arriba,
hacia el agua del cielo del remanso
en un esbelto afán sin desenlace
mientras el mundo zarpa hacia lo obscuro.

Behind, a flaming foliage
dies out—the afternoon's adrift—
other poplars, now ghostly tatters,
interminably undulate,
interminably keep still.

Yellow slips into pink,
night insinuates itself in the violet.

Between the sky and the water
there is a blue and green band:
sun and aquatic plants,
a calligraphy of flames
written by the wind.
It is a reflection suspended in another.

Passages: a moment's blink.
The world loses shape,
it is an apparition, it is four poplars,
four purple melodies.

Fragile branches creep up the trunks.
They are a bit of light and a bit of wind.
A motionless shimmer. With my eyes
I hear them murmur words of air.

Silence runs off with the creek,
comes back with the sky.

What I see is real:
four weightless poplars
planted in vertigo.
Fixed points that rush
down, rush up,
rush to the water of the sky of the marsh
in a wispy, tenuous travail
while the world sails into darkness.

Latir de claridades últimas:
quince minutos sitiados
que ve Claudio Monet desde una barca.

En el agua se abisma el cielo,
en sí misma se anega el agua,
el chopo es un disparo cárdeno:
este mundo no es sólido.

Entre ser y no ser la yerba titubea,
los elementos se aligeran,
los contornos se esfuman,
visos, reflejos, reverberaciones,
centellear de formas y presencias,
niebla de imágenes, eclipses,
esto que veo somos: espejeos.

Pulse-beat of last light:
fifteen beleaguered minutes
Claude Monet watches from a boat.

The sky immerses itself in the water,
the water drowns,
the poplar is an opal thrust:
this world is not solid.

Between being and non-being the grass wavers,
the elements become lighter,
outlines shade over,
glimmers, reflections, reverberations,
flashes of forms and presences,
image mist, eclipse:
what I see, we are: mirages.

Árbol adentro

Creció en mi frente un árbol.
Creció hacia dentro.
Sus raíces son venas,
nervios sus ramas,
sus confusos follajes pensamientos.
Tus miradas lo encienden
y sus frutos de sombra
son naranjas de sangre,
son granadas de lumbre.
                    Amanece
en la noche del cuerpo.
Allá adentro, en mi frente,
el árbol habla.
              Acércate, ¿lo oyes?

A Tree Within

A tree grew inside my head.
A tree grew in.
Its roots are veins,
its branches nerves,
thoughts its tangled foliage.
Your glance sets it on fire,
and its fruits of shade
are blood oranges
and pomegranates of flame.
                    Day breaks
in the body's night.
There within, inside my head,
the tree speaks.
                    Come closer—can you hear it?

Antes del comienzo

Ruidos confusos, claridad incierta.
Otro día comienza.
Es un cuarto en penumbra
y dos cuerpos tendidos.
En mi frente me pierdo
por un llano sin nadie.
Ya las horas afilan sus navajas.
Pero a mi lado tú respiras;
entrañable y remota
fluyes y no te mueves.
Inaccesible si te pienso,
con los ojos te palpo,
te miro con las manos.
Los sueños nos separan
y la sangre nos junta:
somos un río de latidos.
Bajo tus párpados madura
la semilla del sol.
              El mundo
no es real todavía,
el tiempo duda:
                  sólo es cierto
el calor de tu piel.
En tu respiración escucho
la marea del ser,
la sílaba olvidada del Comienzo.

.

Before the Beginning

A confusion of sounds, a vague clarity.
Another day begins.
It is a room, half-lit,
and two bodies stretched out.
In my mind I am lost
on a plain with no one.
The hours sharpen their knives.
But at my side, you are breathing;
buried deep, and remote,
you flow without moving.
Unreachable as I think of you,
touching you with my eyes,
watching you with my hands.
Dreams divide
and blood unites us:
we are a river of pulse-beats.
Under your eyelids the seed
of the sun ripens.
              The world
is still not real;
time wonders:
              all that is certain
is the heat of your skin.
In your breath I hear
the tide of being,
the forgotten syllable of the Beginning.

Pilares

And whilst our souls negotiate there
We like sepulchral statues lay . . .

                    John Donne

La plaza es diminuta.
Cuatro muros leprosos,
una fuente sin agua,
dos bancas de cemento
y fresnos malheridos.
El estruendo, remoto,
de ríos ciudadanos.
Indecisa y enorme,
rueda la noche y borra
graves arquitecturas.
Ya encendieron las lámparas.
En los golfos de sombra,
en esquinas y quicios,
brotan columnas vivas
e inmóviles: parejas.
Enlazadas y quietas,
entretejen murmullos:
pilares de latidos.

En el otro hemisferio
la noche es femenina,
abundante y acuática.
Hay islas que llamean
en las aguas del cielo.
Las hojas del banano
vuelven verde la sombra.
En mitad del espacio
ya somos, enlazados,
un árbol que respira.
Nuestros cuerpos se cubren
de una yedra de sílabas.

Pillars

> And whilst our souls negotiate there,
> We like sepulchral statues lay . . .
>
>   John Donne

The plaza is tiny.
Four leprous walls,
a fountain with no water,
two cement benches,
some injured ash trees.
The distant commotion
of civic rivers.
Vague and enormous,
night turns and covers
the solemn architecture.
They have lit the lights.
In the gulfs of shadow,
on corners, in doorways,
columns sprout, alive
and immobile: the couples.
Entwined and hushed,
weaving whispers,
pillars of heartbeats.

In the other hemisphere
night is feminine,
abundant and aquatic.
There are islands that blaze
in the waters of the sky.
The leaves of banana trees
turn shadows green.
In the middle of space,
we are still entwined,
a tree that breathes.
Our bodies are covered
with vines of syllables.

Follajes de rumores,
insomnio de los grillos
en la yerba dormida,
las estrellas se bañan
en un charco de ranas,
el verano acumula
allá arriba sus cántaros,
con manos invisibles
el aire abre una puerta.
Tu frente es la terraza
que prefiere la luna.

El instante es inmenso,
el mundo ya es pequeño.
Yo me pierdo en tus ojos
y al perderme te miro
en mis ojos perdida.
Se quemaron los nombres,
nuestros cuerpos se han ido.
Estamos en el centro
imantado de ¿dónde?

Inmóviles parejas
en un parque de México
o en un jardín asiático:
bajo estrellas distintas
diarias eucaristías.
Por la escala del tacto
bajamos ascendemos
al arriba de abajo,
reino de las raíces,
república de alas.

Los cuerpos anudados
son *el libro del alma*:
con los ojos cerrados,
con mi tacto y mi lengua,

Foliage of murmurs,
crickets insomniac
in the sleeping grass,
the stars are swimming
in a pool of frogs,
summer collects
its pitchers in the sky,
with invisible hands
the air opens a door.
Your forehead's the terrace
the moon prefers.

The moment is immense,
the world is now small.
I am lost in your eyes,
and lost, I see you
lost in my eyes.
Our names have burned down,
our bodies have gone.
We are in the magnetic
center of—what?

Motionless couples
in a Mexican park,
or in a garden in Asia:
daily Eucharists
under their various stars.
On the ladder of touch
we climb and descend
from top to bottom,
kingdom of roots,
republic of wings.

Knotted bodies
are *the book of the soul*:
with eyes closed,
with my touch and my tongue,

deletreo en tu cuerpo
la escritura del mundo.
Un saber ya sin nombres:
el sabor de esta tierra.

Breve luz suficiente
que ilumina y nos ciega
como el súbito brote
de la espiga y el semen.
Entre el fin y el comienzo
un instante sin tiempo
frágil arco de sangre,
puente sobre el vacío.
Al trabarse los cuerpos
un relámpago esculpen.

I write out on your body
the scripture of the world.
A knowledge still nameless:
the taste of this earth.

Brief light enough
to light and blind us
like the sudden burst
of seedpod and semen.
Between the end and the beginning,
a moment without time,
a delicate arch of blood,
a bridge over the void.
Locked, two bodies
sculpt a bolt of lightning.

Como quien oye llover

Óyeme como quien oye llover,
ni atenta ni distraída,
pasos leves, llovizna,
agua que es aire, aire que es tiempo,
el día no acaba de irse,
la noche no llega todavía,
figuraciones de la niebla
al doblar la esquina,
figuraciones del tiempo
en el recodo de esta pausa,
óyeme como quien oye llover,
sin oírme, oyendo lo que digo
con los ojos abiertos hacia adentro,
dormida con los cinco sentidos despiertos,
llueve, pasos leves, rumor de sílabas,
aire y agua, palabras que no pesan:
lo que fuimos y somos,
los días y los años, este instante,
tiempo sin peso, pesadumbre enorme,
óyeme como quien oye llover,
relumbra el asfalto húmedo,
el vaho se levanta y camina,
la noche se abre y me mira,
eres tú y tu talle de vaho,
tú y tu cara de noche,
tú y tu pelo, lento relámpago,
cruzas la calle y entras en mi frente,
pasos de agua sobre mis párpados,
óyeme como quien oye llover,
el asfalto relumbra, tú cruzas la calle,
es la niebla errante en la noche,
es la noche dormida en tu cama,
es el oleaje de tu respiración,
tus dedos de agua mojan mi frente,
tus dedos de llama queman mis ojos,

As One Listens to the Rain

Listen to me as one listens to the rain,
not attentive, not distracted,
light footsteps, thin drizzle,
water that is air, air that is time,
the day is still leaving,
the night has yet to arrive,
figurations of mist
at the turn of the corner,
figurations of time
at the bend in this pause,
listen to me as one listens to the rain,
without listening, hear what I say
with eyes open inward, asleep
with all five senses awake,
it's raining, light footsteps, a murmur of syllables,
air and water, words with no weight:
what we were and are,
the days and years, this moment,
weightless time and heavy sorrow,
listen to me as one listens to the rain,
wet asphalt is shining,
steam rises and walks away,
night unfolds and looks at me,
you are you and your body of steam,
you and your face of night,
you and your hair, unhurried lightning,
you cross the street and enter my forehead,
footsteps of water across my eyes,
listen to me as one listens to the rain,
the asphalt's shining, you cross the street,
it is the mist, wandering in the night,
it is the night, asleep in your bed,
it is the surge of waves in your breath,
your fingers of water dampen my forehead,
your fingers of flame burn my eyes,

tus dedos de aire abren los párpados del tiempo,
manar de apariciones y resurrecciones,
óyeme como quien oye llover,
pasan los años, regresan los instantes,
¿oyes tus pasos en el cuarto vecino?
no aquí ni allá: los oyes
en otro tiempo que es ahora mismo,
oye los pasos del tiempo
inventor de lugares sin peso ni sitio,
oye la lluvia correr por la terraza,
la noche ya es más noche en la arboleda,
en los follajes ha anidado el rayo,
vago jardín a la deriva
—entra, tu sombra cubre esta página.

your fingers of air open time's eyelids,
a spring of visions and resurrections,
listen to me as one listens to the rain,
the years go by, the moments return,
do you hear your footsteps in the next room?
not here, not there: you hear them
in another time that is now,
listen to the footsteps of time,
inventor of places with no weight, nowhere,
listen to the rain running over the terrace,
the night is now more night in the grove,
lightning has nestled among the leaves,
a restless garden adrift—go in,
your shadow covers this page.

Carta de creencia
Cantata

1.
Entre la noche y el día
hay un territorio indeciso.
No es luz ni sombra:
              es tiempo.
Hora, pausa precaria,
página que se obscurece,
página en la que escribo,
despacio, estas palabras.
                    La tarde
es una brasa que se consume.
El día gira y se deshoja.
Lima los confines de las cosas
un río obscuro.
             Terco y suave
las arrastra, no sé adónde.
La realidad se aleja.
              Yo escribo:
hablo conmigo
           —hablo contigo.

Quisiera hablarte
como hablan ahora,
casi borrados por las sombras,
el arbolito y el aire;
como el agua corriente,
soliloquio sonámbulo;
como el charco callado,
reflector de instantáneos simulacros;
como el fuego:
lenguas de llama, baile de chispas,
cuentos de humo.
            Hablarte
con palabras visibles y palpables,

Letter of Testimony
Cantata

1.
Between night and day
there is an uncertain territory.
It is neither light nor shadow:
                              it is time.
The hour, the precarious pause,
the darkening page,
the page where I write,
slowly, these words.
                         The afternoon
is an ember burning itself out.
The day turns, dropping its leaves.
A dark river files
at the edges of things.
                         Tranquil, persistent,
it drags them along, I don't know where.
Reality drifts off.
                         I write:
I talk to myself
                   —I talk to you.

I wanted to talk to you
as the air and this small tree
talk to each other,
nearly erased by the shadows;
like running water;
a sleepwalking soliloquy;
like a still puddle,
reflector of instantaneous simulacra;
like fire:
with tongues of flame, a dance of sparks,
tales of smoke.
                   To talk to you
with visible and tangible words,

con peso, sabor y olor
como las cosas.
                    Mientras lo digo
las cosas, imperceptiblemente,
se desprenden de sí mismas
y se fugan hacia otras formas,
hacia otros nombres.
                    Me quedan
estas palabras: con ellas te hablo.

Las palabras son puentes.
También son trampas, jaulas, pozos.
Yo te hablo: tú no me oyes.
No hablo contigo:
                    hablo con una palabra.
Esa palabra eres tú,
                    esa palabra
te lleva de ti misma a ti misma.
La hicimos tú, yo, el destino.
La mujer que eres
es la mujer a la que hablo:
estas palabras son tu espejo,
eres tú misma y el eco de tu nombre.
Yo también,
                    al hablarte,
me vuelvo un murmullo,
aire y palabras, un soplo,
un fantasma que nace de estas letras.

Las palabras son puentes:
la sombra de las colinas de Meknès
sobre un campo de girasoles estáticos
es un golfo violeta.
Son las tres de la tarde,
tienes nueve años y te has adormecido
entre los brazos frescos de la rubia mimosa.

words with weight, flavor and smell,
like things.
          While I speak,
things imperceptibly
shake loose from themselves,
and escape toward other forms,
other names.
          They leave me these words:
with them I talk to you.

Words are bridges.
And they are traps, jails, wells.
I talk to you: you don't hear me.
I don't talk with you:
                    I talk with a word.
That word is you,
               that word
carries you from yourself to yourself.
You, I, and fate created it.
The woman that you are
is the woman I talk to:
these words are your mirror,
you are yourself and the echo of your name.
I, too,
        talking to you,
turn into a whisper,
air and words, a puff,
a ghost that rises from these letters.

Words are bridges:
the shadow of the hills of Meknès
over a field of static sunflowers
is a violet bay.
It is three in the afternoon,
you are nine years old and asleep
in the cool arms of a pale mimosa.

Enamorado de la geometría
un gavilán dibuja un círculo.
Tiembla en el horizonte
la mole cobriza de los cerros.
Entre peñascos vertiginosos
los cubos blancos de un poblado.
Una columna de humo sube del llano
y poco a poco se disipa, aire en el aire,
como el canto del muecín
que perfora el silencio, asciende y florece
en otro silencio.
                    Sol inmóvil,
inmenso espacio de alas abiertas;
sobre llanuras de reflejos
la sed levanta alminares transparentes.
Tú no estás dormida ni despierta:
tú flotas en un tiempo sin horas.
Un soplo apenas suscita
remotos países de menta y manantiales.
Déjate llevar por estas palabras
hacia ti misma.

2.
Las palabras son inciertas
y dicen cosas inciertas.
Pero digan esto o aquello,
                          nos dicen.
Amor es una palabra equívoca,
como todas.
                No es palabra,
dijo el Fundador:
                  es visión,
comienzo y corona
de la escala de la contemplación
—y el florentino:
                  es un accidente

In love with geometry
a hawk draws a circle.
The soft copper of the mountains
trembles on the horizon.
The white cubes of a village
in the dizzying cliffs.
A column of smoke rises from the plain
and slowly scatters, air into the air,
like the song of the muezzin
that drills through the silence, ascends and flowers
in another silence.
                         Motionless sun,
the enormous space of spread wings;
over the flat stretches of reflections
thirst raises transparent minarets.
You are neither asleep nor awake:
you float in a time without hours.
A breeze barely stirs
the distant lands of mint and fountains.
Let yourself be carried by these words
toward yourself.

2.
Words are inexact
and say inexact things.
But saying this or that,
                         they say us.
Love is an equivocal word,
like all words.
                    It is not a word,
said the Founder:
                    it is a vision,
base and crown
of the ladder of contemplation
—and the Florentine:
                         it is an accident

—y el otro:
                no es la virtud
pero nace de aquello que es la perfección
—y los otros:
                una fiebre, una dolencia,
un combate, un frenesí, un estupor,
una quimera.
                El deseo lo inventa,
lo avivan los ayunos y las laceraciones,
los celos lo espolean,
la costumbre lo mata.
                            Un don,
una condena.
                Furia, beatitud.
Es un nudo: vida y muerte.
                            Una llaga
que es rosa de resurrección.
Es una palabra:
                al decirla, nos dice.

El amor comienza en el cuerpo
¿dónde termina?
                Si es fantasma,
encarna en un cuerpo;
                            si es cuerpo,
al tocarlo se disipa.
                Fatal espejo:
la imagen deseada se desvanece,
tú te ahogas en tus propios reflejos.
Festín de espectros.

Aparición:
                el instante tiene cuerpo y ojos,
me mira.
                Al fin la vida tiene cara y nombre.
Amar:
                hacer de un alma un cuerpo,

—and the other:
           it is no virtue
but it is born of that which is perfection
—and the others:
           a fever, an aching,
a struggle, a fury, a stupor,
a fancy.
       Desire invents it,
mortifications and deprivations give it life,
jealousy spurs it on,
custom kills it.
         A gift,
a sentence.
        Rage, holiness.
It is a knot: life and death.
            A wound
that is the rose of resurrection.
It is a word:
         saying it, we say ourselves.

Love begins in the body
—where does it end?
           If it is a ghost,
it is made flesh in a body:
             if it is a body,
it vanishes at a touch.
           Fatal mirror:
the desired image disappears,
you drown in your own reflections.
A banquet for shades.

Apparition:
        the moment has eyes and a body,
it watches me.
         In the end life has a face and a name.
To love:
       to create a body from a soul,

hacer de un cuerpo un alma,
hacer un tú de una presencia.
                              Amar:
abrir la puerta prohibida,
                         pasaje
que nos lleva al otro lado del tiempo.
Instante:
                reverso de la muerte,
nuestra frágil eternidad.

Amar es perderse en el tiempo,
ser espejo entre espejos.
                         Es idolatría:
endiosar una criatura
«y a lo que es temporal llamar eterno».
Todas las formas de carne
son hijas del tiempo,
                              simulacros.
El tiempo es el mal,
                         el instante
es la caída;
                amar es despeñarse:
caer interminablemente,
                              nuestra pareja
es nuestro abismo.
                         El abrazo:
jeroglífico de la destrucción.
Lascivia: máscara de la muerte.

Amar: una variación,
                         apenas un momento
en la historia de la célula primigenia
y sus divisiones incontables.
                              Eje
de la rotación de las generaciones.

to create a soul from a body,
to create a you from a presence.
                              To love:
to open the forbidden door,
                              the passageway
that takes us to the other side of time.
The moment:
                    the opposite of death,
our fragile eternity.

To love is to lose oneself in time,
to be a mirror among mirrors.
                              It is idolatry:
to deify a creature
and to call eternal that which is worldly.
All of the forms of flesh
are daughters of time,
                              travesties.
Time is evil,
                    the moment
is the Fall;
              to love is to hurl down:
interminably falling,
                    the coupled we
is our abyss.
              The caress:
hieroglyph of destruction.
Lust: the mask of death.

To love: a permutation,
                              barely an instant
in the history of primogenial cells
and their innumerable divisions.
                              Axis
of the rotation of the generations.

Invención, transfiguración:
la muchacha convertida en fuente,
la cabellera en constelación,
en isla la mujer dormida.
                                        La sangre:
música en el ramaje de las venas;
                                                    el tacto:
luz en la noche de los cuerpos.

                                        Transgresión
de la fatalidad natural,
                                        bisagra
que enlaza destino y libertad,
                                                    pregunta
grabada en la frente del deseo:
¿accidente o predestinación?

Memoria, cicatriz:
—¿de dónde fuimos arrancados?,
                                                    cicatriz,
memoria: sed de presencia,
                                                    querencia
de la mitad perdida.
                            El Uno
es el prisionero de sí mismo,
                                        es,
solamente es,
                    no tiene memoria,
no tiene cicatriz:
                        amar es dos,
siempre dos,
                    abrazo y pelea,
dos es querer ser uno mismo
y ser el otro, la otra;
                            dos no reposa,
no está completo nunca,
                            gira

Invention, transfiguration:
the girl turns into a fountain,
her hair becomes a constellation,
a woman asleep, an island.
                    Blood:
music in the branches of the veins,
                              touch:
light in the night of the bodies.

                         Transgression
of nature's fatality,
                    hinge
that links freedom and fate,
                         question
engraved on the forehead of desire:
accident or predestination?

Memory, a scar:
—from where were we ripped out?
                         a scar,
memory, the thirst for presence,
                         an attachment
to the lost half.
                    The One
is the prisoner of itself,
                    it is,
it only is,
          it has no memory,
it has no scars:
               to love is two,
always two,
          the embrace and the struggle,
two is the longing to be one,
and to be the other, male or female,
                         two knows no rest,
it is never complete,
               it whirls

en torno a su sombra,
                    busca
lo que perdimos al nacer;
la cicatriz se abre:
                    fuente de visiones;
dos: arco sobre el vacío,
puente de vértigos;
                         dos:
Espejo de las mutaciones.

3.
Amor, isla sin horas,
isla rodeada de tiempo,
                         claridad
sitiada de noche.
                    Caer
es regresar,
                    caer es subir.

Amar es tener ojos en las yemas,
palpar el nudo en que se anudan
quietud y movimiento.
                         El arte de amar
¿es arte de morir?
                    Amar
es morir y revivir y remorir:
es la vivacidad.
                    Te quiero
porque yo soy mortal
y tú lo eres.
                    El placer hiere,
la herida florece.
En el jardín de las caricias
corté la flor de sangre
para adornar tu pelo.

around its own shadow,
                              searching
for what we lost at birth,
the scar opens:
                    fountain of visions,
two: arch over the void,
bridge of vertigoes,
                              two:
mirror of mutations.

3.
Love, timeless island,
island surrounded by time,
                              clarity
besieged by night.
                    To fall
is to return,
                    to fall is to rise.

To live is to have eyes in one's fingertips,
to touch the knot tied
by stillness and motion.
                              The art of love
—is it the art of dying?
                         To love
is to die and live again and die again:
it is liveliness.
                    I love you
because I am as mortal
as you are.
                    Pleasure wounds,
the wound flowers.
In the garden of caresses
I clipped the flower of blood
to adorn your hair.

La flor se volvió palabra.
La palabra arde en mi memoria.

Amor:
        reconciliación con el Gran todo
y con los otros,
                los diminutos todos
innumerables.
                Volver al día del comienzo.
Al día de hoy.

La tarde se ha ido a pique.
Lámparas y reflectores
perforan la noche.
                Yo escribo:
hablo contigo:
                hablo conmigo.
Con palabras de agua, llama, aire y tierra
inventamos el jardín de las miradas.
Miranda y Ferdinand se miran,
interminablemente, en los ojos
—hasta petrificarse.
                Una manera de morir
como las otras.
                En la altura
las constelaciones escriben siempre
la misma palabra;
                nosotros,
aquí abajo, escribimos
nuestros nombres mortales.
                La pareja
es pareja porque no tiene Edén.
Somos los expulsados del Jardín,
estamos condenados a inventarlo
y cultivar sus flores delirantes,
joyas vivas que cortamos

The flower became a word.
The word burns in my memory.

Love:
     reconciliation with the Great All
and with the others,
          the small endless
all.
    To return to the day of origin.
To the day that is today.

The afternoon founders.
Street lamps and headlights
drill through the night.
            I write:
I talk to you:
       I talk to me.
With words of water, fire, air, and earth
we invent the garden of glances.
Miranda and Ferdinand gaze forever
into each other's eyes
until they turn to stone.
          A way of dying
like others.
       High above
the constellations always write
the same word;
       we,
here below, write
our mortal names.
         The couple
is a couple because it has no Eden.
We are exiles from the Garden,
we are condemned to invent it,
to nurture our delirious flowers,
living jewels we clip

para adornar un cuello.
              Estamos condenados
a dejar el Jardín:
              delante de nosotros
está el mundo.

CODA

Tal vez amar es aprender
a caminar por este mundo.
Aprender a quedarnos quietos
como el tilo y la encina de la fábula.
Aprender a mirar.
Tu mirada es sembradora.
Plantó un árbol.
              Yo hablo
porque tú meces los follajes.

to adorn a throat.
　　　　　　　We are condemned
to leave the Garden behind:
　　　　　　　　　　before us
is the world.

CODA

Perhaps to love is to learn
to walk through this world.
To learn to be silent
like the oak and the linden of the fable.
To learn to see.
Your glance scatters seeds.
It planted a tree.
　　　　　　　I talk
because you shake its leaves.

Poems
[1989–1996]

Estrofas para un jardín imaginario

Los ocho versos describen un jardín más bien rústico, pueblerino. Un pequeño recinto cerrado; muros y dos entradas (Revolución y Patriotismo). Además de las palmeras, que ya existen, deben plantarse buganvilias, heliotropos, un fresno y un pino. Asimismo hay que instalar una pequeña fuente.

Este texto podría ir en una de las entradas del jardincillo, ya sea seguido, como una sola estrofa, en el dintel o en el frontón, ya sea dividido en dos cuartetos en cada una de las jambas:

Cuatro muros de adobe. Buganvilias.
En sus llamas pacíficas los ojos
se bañan. Pasa el viento entre alabanzas
de follajes y yerbas de rodillas.

El heliotropo con morados pasos
cruza envuelto en su aroma. Hay un profeta:
el fresno—y un meditabundo: el pino.
El jardín es pequeño, el cielo inmenso.

Estos cuatro versos podrían ir en la otra entrada, en el dintel o en el frontón:

Rectángulo feliz: unas palmeras,
surtidores de jade; fluye el tiempo,
canta el agua, la piedra calla, el alma,
suspensa en el instante, es una fuente.

Este texto podría ir en el interior del jardín. Por ejemplo, en la fuente. Pienso en un muro sobre el que cayese una cortina transparente de agua que dejase leer los cuatro versos:

La lluvia, pie danzante y pelo suelto,
el tobillo mordido por el rayo,
desciende acompañada de tambores:
abre el árbol los ojos, reverdece.

Stanzas for an Imaginary Garden

These eight lines describe a rustic village garden. A small walled enclosure with two entrances (the avenues Revolución and Patriotismo). Besides the palm trees, which are already there, bougainvillea, heliotrope, an ash, and a pine should be planted. There should also be a small fountain.

This poem could be placed at one of the entrances to the garden, either as one eight-line stanza on the lintel or pediment, or divided into two quatrains on each of the door jambs:

Four adobe walls. Bougainvillea:
eyes bathe in its peaceful flames.
Wind rushes: an exaltation
of leaves and kneeling grass.

Heliotrope runs by with purple steps,
wrapped in its own aroma.
A prophet: the ash tree. A daydreamer: the pine.
The garden is tiny, the sky immense.

These four lines could be placed at the other entrance, on the pediment or the lintel:

Rectangle of ease: a few palms,
jade sprays; and time flows, water
sings, stones keep still, and the soul,
dangling in the moment, is a fountain.

This poem could be placed inside the garden, perhaps on the fountain. I imagine a wall over which falls a transparent curtain of water where one reads the four lines:

Rain, loose hair and dancing feet,
its ankle bitten by lightning,
comes down to the sound of drumbeats:
the tree opens its eyes and grows green.

COLOFÓN

Escrito después de visitar el lugar:

Populoso baldío, unas palmeras,
plumeros desplumados, martilleo
de motores, un muro carcelario,
polvo y basura, patria de ninguno.

Escrito al recordar cierto jardín:

Verdor sobreviviente en mis escombros,
en mis ojos te miras y te tocas,
te conoces en mí y en mí te piensas,
en mí duras y en mí te desvaneces.

«Epitafio sobre ninguna piedra»:

Mixcoac fue mi pueblo: tres sílabas nocturnas,
un antifaz de sombra sobre un rostro solar.
Vino Nuestra Señora, la Tolvanera madre.
Vino y se lo comió. Yo andaba por el mundo.
Mi casa fueron mis palabras, mi tumba el aire:

Mayo de 1989

Verde noticia
A Roger Munier

Nacida al borde de un ladrillo
en un rincón del patio,
brizna de yerba combatiente
contra el aire y la luz,
aire y luz ella misma.

COLOPHON

Written after visiting the site:

A crowded desert, a few palms,
plucked feather dusters, motors
rattling, a prison wall,
dust and trash, no man's land.

Written remembering a certain garden:

In my ruins, this lush survivor:
you see yourself in my eyes, touch yourself,
you know yourself in me, and you think,
in me you endure, in me you vanish.

"Epitaph for no stone":

Mixcoac was my village: three nocturnal syllables,
a half-mask of shadow across a face of sun.
Our Lady, Mother Dustcloud, came,
came and ate it. I went out in the world.
My words were my house, air my tomb.

May 1989

The Green News
for Roger Munier

Born at the edge of a brick
in a corner of the patio,
a tuft of grass, warrior
against air and light,
though air and light itself.

Claridad afilada
en alfileres denodados,
savia tenaz resuelta en transparencia:
sobre diáfanos tallos
instantáneas esmeraldas.

Espiga de rocío,
brotaste de la piedra
como una exclamación.

Acabas de nacer,
tienes mil años y un minuto,
cada día primer día del mundo.

Eres un poco de aire
y una gota de sol,
eres un parpadeo.

Bailas y no te mueves,
ondeante quietud
en la palma del viento.

Haz de lanzas de vidrio y centelleos,
terrestre voluntad vuelta reflejos,
más luz que yerba y más que luz
exhalación palpable y no tocada:
el repentino cuerpo del instante.

Abre la hora su corola,
se inmoviliza el mediodía,
yo escribo en una mesa, me detengo,
oigo el callar de la madera,
miro el verde resol, el tiempo se entreabre.

Clarity sharpened
into valiant pins,
tenacious sap turned into transparency:
on diaphanous stalks,
instantaneous emeralds.

Dew-sprout,
you shoot from the rock
like an exclamation.

Just born,
you're a thousand years old and a minute,
each day the first day of the world.

You're a little air
and a drop of sun,
you're a blink.

You dance going nowhere,
stillness swaying
in the palm of the wind.

Bundle of spears of glass and sparks,
will of the earth turned into reflections,
more light than grass and more than light,
tangible breath untouched:
the sudden body of the instant.

Day opens its blossom,
noon is immobilized,
I write on a table, I stop,
I hear the silence of the wood,
I see the green glare, time half-opens.

Respiro

No tiene cuerpo todavía
la despeinada primavera.
Invisible y palpable
salta por una esquina,
pasa, se desvanece,
toca mi frente: nadie.

Aire de primavera.
No se sabe por dónde
aparece y desaparece.
El sol abre los ojos:
acaba de cumplir
veinte años el mundo.

Late la luz tras la persiana.
Brotan retoños en mi pensamiento;
son aire más que hojas,
un aleteo apenas verde.
Giran por un instante y se disipan.
Pesa menos el tiempo.
                    Yo respiro.

Breathing

Still bodiless:
disheveled spring.
Invisible yet tangible,
it leaps around the corner,
hurries by, vanishes,
touches my forehead: no one there.

Spring air.
Nobody knows
how it appears and disappears.
The sun opens its eyes:
the world
has just turned twenty.

Light beats behind the blinds.
Sprouts shoot in my thoughts.
Air more than leaves,
a flutter barely green,
they turn for a moment and scatter.
Time weighs a little less.
                        I breathe.

Soliloquio

. . . .
fluye tenaz entre sombras caídas,
cava túneles, taladra silencios,
insiste, corre bajo mi almohada,
roza mis sienes, recubre mis párpados
con otra piel impalpable hecha de aire,
sus naciones errantes, sus tribus soñolientas
recorren las provincias de mi cuerpo,
pasa y repasa bajo puentes de huesos,
se desliza por mi oreja izquierda,
se derrama por mi oreja derecha,
asciende por mi nuca,
da vueltas y vueltas en mi cráneo,
vaga por la terraza de mi frente,
suscita las visiones, las disipa,
uno a uno con manos de agua que no moja
borra mis pensamientos, los esparce,
negro oleaje, marea de pulsaciones,
rumor de agua que avanza a tientas
repitiendo la misma sílaba sin sentido,
oigo su desvarío sonámbulo
perderse en serpeantes galerías de ecos,
vuelve, se aleja, vuelve,
por mis desfiladeros
interminablemente se despeña
y no acabo de caer
                    y caigo
interminablemente en su caída,
caigo sin moverme,
                    caigo
con un rumor de agua que cae,
caigo en mí mismo y no me toco,
caigo en mi centro,
                    lejos de mí, lejos,
estoy aquí y no sé dónde está aquí,

Soliloquy

. . . .
persistent, flowing through fallen shadows,
excavating tunnels, drilling silences,
insisting, running under my pillow,
brushing past my temples, covering my eyelids
with another, intangible skin made of air,
its wandering nations, its drowsy tribes
migrate through the provinces of my body,
it crosses, re-crosses under the bridges of my bones,
slips into my left ear,
spills out from my right,
climbs the nape of my neck,
turns and turns in my skull,
wanders across the terrace of my forehead,
conjures visions, scatters them,
erases my thoughts one by one, scatters them
with hands of unwetting water,
black surge, tide of pulse-beats,
murmur of water groping forward
repeating the same meaningless syllable,
I hear its sleepwalking delirium
losing itself in serpentine galleries of echoes,
it comes back, drifts off, comes back,
endlessly flings itself
off the edges of my cliffs,
and I don't stop falling
                        and I fall
endlessly in its falling,
I fall without moving,
                        I fall
with a murmur of falling water,
I fall through myself without touching myself,
I fall through my center,
                        far from me, far off,
I am here and I don't know where here is,
what day is today?

¿qué día es hoy?
       hoy es hoy,
siempre es hoy y yo soy una fecha
perdida entre el antes y el después,
el sí y el no, el nunca y el siempre,
el ahora mismo y su solo de flauta
al filo del vacío,
            las geometrías
suspendidas en un espacio sin tiempo,
cubos, pirámides, esferas, conos
y los otros juguetes de la razón en vela,
hechuras de cristal, luz, aire: ideas,
en el abstracto cielo de la mente
fijas constelaciones,
                ni vivas ni muertas,
hilos de araña y baba cristalina,
tejidos del insomnio destejidos al alba,
río de pensamientos que no pienso: me piensan,
río, música que anda, delta de silencio,
callada catarata, marea contra mis tímpanos,
el deseo y sus ojos que tocan,
sus manos que miran,
su alcoba que es una gota de rocío,
su cama hecha de un solo reflejo,
                el deseo,
obelisco tatuado por la muerte,
la cólera en su casa de navajas,
la duda de cabeza triangular,
el remordimiento, su bisturí y su lente,
las dos hermanas, fatiga y desvelo,
que esta noche pelean por mi alma,
todos, uno tras otro,
           se despeñan,
apagado murmullo de ojos bajos,
confuso rumor de agua hablando a solas,
no, no es un rumor de agua
                sino de sangre,

today is today,
it is always today and I am a date
lost between before and after,
yes and no, never and always,
this very moment and its flute solo
at the edge of the void,
                              geometries
suspended in a timeless space,
cubes, pyramids, spheres, cones,
and the other toys of sleepless reason,
shapes made of crystal, light, air:
                                        ideas,
in the abstract sky of the mind,
fixed constellations,
                          neither living nor dead,
spider threads and crystalline drivel,
woven by insomnia, unwoven at dawn,
river of thoughts I don't think, that think me,
river, itinerant music, delta of silence,
soundless cataracts, tide at my eardrums,
desire and its eyes that touch,
its hands that see,
its bedroom that is a drop of dew,
its bed made from a single shaft of light,
                                              desire,
obelisk tattooed by death,
rage in its house of knives,
doubt with its triangular head,
remorse with its scalpel and lens,
the two sisters, fatigue and restlessness,
that battle tonight for my soul,
all of them, one after the other,
                              fling themselves over,
hushed mumble of downcast eyes,
blurred murmur of water talking to itself,
no, it is not the murmur of water
                              but of blood,

va y viene incesante por mis arterias,
yo soy su cárcel y ella mi carcelera,
no, no es la sangre,
                        son los días y los años,
las horas muertas y este instante
todavía vivo,
                        tiempo cayendo
interminablemente en sí mismo,
oigo mi respiración, mi caída, mi despeño,
estoy tendido al lado de mí mismo,
lejos, lejos,
                        estoy tendido allá lejos,
¿dónde está el lado izquierdo,
dónde el derecho, el norte dónde está?
inmóvil, mecido por la ola sin cuerpo,
soy un latido, un parpadeo
en un repliegue del tiempo,
el instante se abre y se cierra,
una claridad indecisa despunta
¿viene o se va?
                        ¿regresa o se aleja?
ecos de pasos, procesión de sombras
en el teatro de los ojos cerrados,
manar de latidos,
                        redoble de sílabas
en la cueva del pecho,
                        salmodias
en el templo de vértebras y arterias,
¿es la muerte que llega?
                        ¿es el día,
el inflexible cada día?
                        hoy ya no es hoy,
me arrastra un río negro
                        y yo soy ese río
¿qué hora es,
                        cruel reloj, reloj sin horas?

México, a 26 de agosto de 1991

it comes and goes incessantly through my veins,
I am its prison, and it my jailer,
no, it is not blood,
                    it is the days and years,
the dead hours and this instant
that is still alive,
                    time falling
endlessly in itself,
I hear my breathing, falling, hurling down,
I am stretched out alongside myself,
far off, far,
                    I am stretched out there, far off,
where is my left side, my right,
which way is north?
unmoving, rocked by the wave with no body,
I am a heartbeat, a blink of an eye
in a crease of time,
the moment opens and closes,
a hazy clarity shoots across,
is it coming or going?
                            does it return or drift off?
echoes of footsteps, procession of shadows
in the theater of closed eyes,
torrent of heartbeats,
                            drumroll of syllables
in the cave of my chest,
                            chorus of psalms
in the temple of vertebrae and veins,
is it death arriving?
                    is it day,
the inflexible every day?
                            today is no longer today,
a black river drags me along
                            and I am that river
what time is it,
                    cruel clock, clock with no hours?

Mexico City, August 26, 1991

Instantáneas

Aparecen, desaparecen, vuelven, pían entre las ramas del árbol de los nervios, picotean horas ya maduras—ni pájaros ni ideas: reminiscencias, anunciaciones;

cometas-sensaciones, pasos del viento sobre las ascuas del otoño, centelleos en el tallo de la corriente eléctrica: sorpresa, rosa súbita;

caracola abandonada en la playa de la memoria, caracola que habla sola, copa de espuma de piedra, alcoba del océano, grito petrificado;

lenta rotación de países, incendios nómadas, parálisis repentina de un desierto de vidrio, transparencias pérfidas, inmensidades que arden y se apagan en un cerrar de ojos;

la sangre fluye entre altas yerbas de menta y colinas de sal, la caballería de las sombras acampa en las orillas de la luna, redoble de tambores en el arenal bajo un planeta de hueso;

melancolía de una tuerca oxidada, coronan a un escarabajo rey de una taza rota, mariposas en vela sobre un fuselaje dormido, girar de una polea sonámbula: premoniciones y rememoraciones;

lluvia ligera sobre los párpados del alba, lluvia tenaz sobre el verano devastado, lluvia tenue sobre la ventana de la convalesciente, lluvia sobre el confeti de la fiesta, lluvia de pies leves y sonrisa triste;

calavera de cuarzo sobre la mesa del insomnio, cavilaciones de madrugada, huesos roídos, tijeras y taladros, agujas y navajas, pensamiento: pasadizo de ecos;

discurso sin palabras, música más vista que oída, más pensada que vista, música sobre tallos de silencio, corola de claridades, llama húmeda;

Snapshots

They appear, disappear, come back, chirp in the branches of the tree of nerves, peck at now-ripened hours—neither birds nor ideas: reminiscences, announcements;

comet-sensations, steps of the wind on the embers of autumn, sparks on a stalk of electric current: surprise, sudden rose;

shell abandoned on the beach of memory, shell that talks to itself, cup of whitecaps of stone, the ocean's bedroom, shout turned to stone;

slow rotation of the countries, wandering bonfires, sudden paralysis of a desert of glass, treacherous transparencies, immensities that burn and burn out in the blink of an eye;

blood flows through tall stalks of mint and hills of salt, the cavalry of shadows camps on the banks of the moon, tattoo of drums in the dunes beneath a planet of bone;

the melancholy of a rusted bolt, a beetle crowned king of a broken cup, butterflies keeping watch over a sleeping fuselage, the turning of a sleepwalking pulley: premonitions and recollections;

small rain on the eyelids of dawn, persistent rain on the devastated summer, thin rain at the convalescent's window, rain on the confetti from the party, rain of light feet and a sad smile;

a skull of quartz on the table of insomnia, the ruminations at dawn, the gnawed bones, scissors and drills, pins and knives, thought: alley of echoes;

speech without words, music more seen than heard, more thought than seen, music on the stalks of silence, blossom of clarities, wet flame;

enjambre de reflejos sobre la página, ayer y hoy confundidos, lo visto enlazado a lo entrevisto, invenciones de la memoria, lagunas de la razón;

encuentros, despedidas, fantasmas del ojo, encarnaciones del tacto, presencias no llamadas, semillas de tiempo: destiempos.

swarm of reflections on the page, yesterday confused with today, the seen entwined with the half-seen, inventions of memory, gaps of reason;

encounters, farewells, ghosts of the eye, incarnations of touch, unnamed presences, seeds of time: at the wrong time.

Lo mismo

Al comenzar la mañana
en un mundo bien plantado
cada cosa es ella misma.

Quietud de la llamarada
de la rosa que se abre
entre los brazos del aire.

Y quietud de la paloma
llegada de no sé dónde,
plumas blancas y ojos rápidos.

Frente a frente, cerca y lejos,
la rosa que se despeina,
la paloma que se alisa.

El viento no tiene cuerpo
y traspasa los ramajes:
todo cambia y nada queda.

La rosa tiene dos alas
y anida en una cornisa
sobre el vértigo posada.

La paloma es flor y llama,
perfección que se deshoja
y en su aroma resucita.

Lo distinto es ya lo mismo.

Houston, a 10 de febrero de 1995

The Same

As morning begins
in a deep-rooted world,
every thing is the same.

The quiet flare
of the rose that opens
in the arms of air.

And the quiet of the dove,
come from who knows where,
with white feathers and darting eyes.

Face to face, far and near,
the disheveled rose,
the polished dove.

The bodiless wind
runs through the branches:
everything changes, nothing remains.

The rose has two wings
and nests in a cornice,
settling in the vertigo.

Perfection unleaving,
revived by its scent.
the dove is flower and flame,

The different is now the same.

Houston, February 10, 1995

Ejercicio de tiro

La marea se cubre, se descubre, se recubre y siempre anda desnuda.

La marea se teje y se desteje, se abraza y se divide, nunca es la misma y nunca es otra.

La marea, escultora de formas que duran lo que dura su oleaje.

La marea pule conchas, rompe rocas.

La marea siempre al asalto de sí misma.

La marea, oleaje de sílabas de la palabra interminable, sin fin y sin principio, que le dicta la luna.

La marea es rencorosa y ciertas noches, al golpear el peñasco, anuncia el fin del mundo.

La marea, transparencia coronada de espumas que se desvanecen.

La perpetua marea, la inestable, la puntual.

La marea y sus puñales, sus espadas, sus banderas desgarradas, la derrotada, la victoriosa.

La marea, baba verde.

La marea, adormecida sobre el pecho del sol, sueña con la luna.

La marea azul y negra, verde y morada, vestida de sol y desvestida de luna, centelleo del mediodía y jadeo de la noche.

La marea nocturna, rumor de pies descalzos sobre la arena.

La marea, al amanecer, abre los párpados del día.

La marea respira en la noche profunda y, dormida, habla en sueños.

Target Practice

The tide covers, discovers, recovers, and always walks in the nude.

The tide weaves and unweaves, embraces and separates, is never the same and never another.

The tide, sculptor of forms that last as long as their surge.

The tide breaks rocks, polishes conches.

The tide always assaults itself.

The tide, surge of syllables of the interminable word, without beginning or end, spoken by the moon.

The tide is angry, and on some nights, beating against the rock coast, it announces the end of the world.

The tide, transparency crowned with whitecaps that vanish.

The perpetual tide, the unstable tide, the punctual tide.

The tide and its daggers, its swords, its tattered flags, the conquered, the victorious.

The tide, green spittle.

The tide, sleeping on the chest of the sun, dreaming of the moon.

The tide, blue and black, green and purple, dressed in the sun and undressed in the moon, spark of noon and heaving breath of night.

The tide at night, murmur of bare feet on the sand.

The tide, at dawn, opens the eyelids of the day.

The tide breathes in the deep night and, sleeping, speaks in dreams.

La marea que lame los cadáveres que arroja a la costa.

La marea se levanta, corre, aúlla, derriba la puerta, rompe los muebles y después, a la orilla, calladamente, llora.

La marea, la demente que escribe sobre la roca signos indescifrables, signos de muerte.

Los secretos de la marea los guarda la arena.

¿Con quién habla toda la noche la marea?

La marea es proba y, a la larga, devuelve todos sus ahogados.

La tormenta vino y se fue, la marea se queda.

La marea afanosa lavandera de las inmundicias que dejan los hombres en la playa.

La marea no recuerda de dónde viene ni sabe adónde va, perdida en su ir y venir entre ella misma y sí misma.

Allá, por los acantilados, la marea cierra el puño y amenaza a la tierra y al cielo.

La marea es inmortal, su tumba es su cuna.

La marea, encadenada a su oleaje.

Melancolía de la marea bajo la lluvia en la indecisa madrugada.

La marea abate la arboleda y se traga al poblado.

La marea, la mancha oleaginosa que se extiende con sus millones de peces muertos.

The tide that licks the corpses that the coast throws at it.

The tide rises, races, howls, knocks down the door, breaks the furniture, and then, on the shore, softly weeps.

The tide, madwoman writing indecipherable signs on the rocks, signs of death.

The sand guards the secrets of the tide.

Who is the tide talking to, all night long?

The tide is honest, and eventually returns all of its drowned.

Storms come and go, the tide remains.

The tide, hard-working washerwoman of the filth that people leave on the beach.

The tide does not remember where it came from or where it's going, lost in its coming and going, between itself, among itself.

There, at the cliffs, the tide closes its fist and threatens the earth and sky.

The tide is immortal, its tomb is a cradle.

The tide, chained to its surge.

The melancholy of the tide under the rain in the vagaries of dawn.

The tide knocks down the trees and swallows the town.

The tide, an oily stain spreading with its millions of dead fish.

La marea, sus pechos, su vientre, sus caderas, sus muslos bajo los labios y entre los brazos impalpables del viento en celo.

El chorro de agua dulce salta desde la peña y cae en la amarga marea.

La marea, madre de dioses y diosa ella misma, largas noches llorando, en las islas de Jonia, la muerte de Pan.

La marea infectada por los desechos químicos, la marea que envenena al planeta.

La marea, la alfombra viviente sobre la que andan de puntillas las constelaciones.

La marea, la leona azuzada por el látigo del huracán, la pantera domada por la luna.

La mendiga, la pedigüeña, la pegajosa: la marea.

El rayo hiende el pecho de la marea, se hunde, desaparece y resucita, vuelto un poco de espuma.

La marea amarilla, la plañidera y su rebaño de lamentos, la biliosa y su cauda de rezongos.

La marea, ¿anda dormida o despierta?

Cuchicheos, risas, susurros: el ir y venir de la marea entre los jardines de coral del Pacífico y del Índico, en la ensenada de Unawatuna.

La marea, horizonte que se aleja, espejo hipnótico donde se abisman los enamorados.

La marea con manos líquidas abre la extensión desierta que puebla la mirada del contemplativo.

La marea levanta estas palabras, las mece por un instante y después, con un manotazo, las borra.

The tide, its breasts, its belly, its hips, its thighs, beneath the lips and between the arms of the wind in heat.

The spring of sweet water leaps from the rocks and falls into the bitter tide.

The tide, mother of gods and goddess herself, the long nights weeping on the islands of Ionia, the death of Pan.

The tide contaminated with chemical waste, the tide that poisons the planet.

The tide, the living carpet on which the constellations walk on tiptoes.

The tide, lioness whipped into fury by the hurricane, panther tamed by the moon.

The beggar, the nuisance, the bore: the tide.

Lightning splits the chest of the tide, plunges, disappears, and is reborn, turned into a little foam.

The yellow tide, the hired mourner and her flock of laments, the bilious and her wealth in complaints.

The tide: does it walk asleep or awake?

Whispers, laughter, murmurs: the coming and going of the tide in the coral gardens of the Pacific and the Indian Ocean, in the cove of Unawatuna.

The tide, horizon that drifts off, hypnotist's mirror that mesmerizes lovers.

The tide with liquid hands opens the deserted lands populated by the gaze of the contemplative.

The tide lifts these words, rocks them for a moment, and then, with a swipe, erases them.

Respuesta y reconciliación
Diálogo con Francisco de Quevedo

I

¡Ah de la vida! ¿Nadie me responde?
Rodaron sus palabras, relámpagos grabados
en años que eran rocas y hoy son niebla.
La vida no responde nunca.
No tiene orejas, no nos oye;
no nos habla, no tiene lengua.
No pasa ni se queda:
somos nosotros los que hablamos,
somos los que pasamos
mientras oímos de eco en eco y de año en año
rodar nuestras palabras por un túnel sin fin.

Lo que llamamos vida
en nosotros se oye, habla con nuestra lengua
y por nosotros sabe de sí misma.
Al retratarla, somos su espejo, la inventamos.
Invento de un invento: ella nos hizo
sin saber lo que hacía,
somos un acaso pensante.
Criatura de reflejos,
creada por nosotros al pensarla,
en ficticios abismos se despeña.
Profundidades, transparencias
donde flota o se hunde, no la vida: su idea.
Siempre está en otro lado y siempre es otra,
tiene mil cuerpos y ninguno,
jamás se mueve y nunca se detiene,
nace para morir y al morir nace.

¿La vida es inmortal? No le preguntes
pues ni siquiera sabe que es la vida.
Nosotros lo sabemos:
ella también ha de morir un día

Response and Reconciliation
Dialogue with Francisco de Quevedo

I

Ah life! Does no one answer?
His words rolled, bolts of lightning etched
in years that were boulders and now are mist.
Life never answers.
It has no ears and doesn't hear us;
it doesn't speak, it has no tongue.
It neither goes nor stays:
we are the ones who speak,
the ones who go,
while we hear from echo to echo, year to year,
our words rolling through a tunnel with no end.

That which we call life
hears itself within us, speaks with our tongues,
and through us, knows itself.
As we portray it, we become its mirror, we invent it.
An invention of an invention: it creates us
without knowing what it has created,
we are an accident that thinks.
It is a creature of reflections
we create by thinking,
and it hurls itself into fictitious abysses.
The depths, the transparencies
where it floats or sinks: not life, but its idea.
It is always on the other side and is always other,
has a thousand bodies and none,
never moves and never stops,
it is born to die, and is born at death.

Is life immortal? Don't ask life,
for it doesn't even know what life is.
We are the ones who know
that one day it too must die and return

y volverá al comienzo, la inercia del principio.
Fin del ayer, del hoy y del mañana,
disipación del tiempo
y de la nada, su reverso.
Después—¿habrá un después,
encenderá la chispa primigenia
la matriz de los mundos,
perpetuo recomienzo del girar insensato?
Nadie responde, nadie sabe.
Sabemos que vivir es desvivirse.

II
Violenta primavera, muchacha que despierta
en una cama verde guardada por espinas;
árbol del mediodía cargado de naranjas:
tus diminutos soles, frutos de lumbre fresca,
en cestas transparentes los recoge el verano;
el otoño es severo, su luz fría
afila su navaja contra los arces rojos;
eneros y febreros: sus barbas son de yelo
y sus ojos zafiros que el mes de abril licúa;
la ola que se alza, la ola que se tiende,
apariciones-desapariciones
en la carrera circular del año.

Todo lo que miramos, todo lo que olvidamos,
el arpa de la lluvia, la rúbrica del rayo,
el pensamiento rápido, reflejo vuelto pájaro,
las dudas del sendero entre meandros,
los aullidos del viento
taladrando la frente de los montes,
la luna de puntillas sobre el lago,
hálitos de jardines, palpitación nocturna,
en el quemado páramo campamento de estrellas,
combate de reflejos en la blanca salina,
la fuente y su monólogo,

to the beginning, the inertia of the origin.
The end of yesterday, today, and tomorrow,
the dissipation of time
and of nothing, its opposite.
Then—will there be a then?
will the primigenius spark
light the matrix of the worlds,
a perpetual re-beginning of a senseless whirling?
No one answers, no one knows.
We only know that to live is to live for.

II
Sudden spring, a girl who wakes
on a green bed guarded by thorns;
tree of noon, heavy with oranges:
your tiny suns, fruits of cool fire,
summer gathers them in transparent baskets;
the fall is severe, its cold light
sharpens its knife against the red maples;
Januaries and Februaries: their beards are ice,
and their eyes sapphires that April liquefies;
the wave that rises, the wave that stretches out,
appearances-disappearances
on the circular road of the year.

All that we see, all that we forget,
the harp of the rain, the inscription of the lightning,
the hurried thoughts, reflections turned to birds,
the doubts of the path as it meanders,
the wailing of the wind
as it carves the faces of the mountains,
the moon on tiptoe over the lake,
the breezes in gardens, the throbbing of night,
the camps of stars on the burnt field,
the battle of reflections on the white salt flats,
the fountain and its monologue,

el respirar pausado de la noche tendida
y el río que la enlaza, bajo el lucero el pino
y sobre el mar las olas, estatuas instantáneas,
la manada de nubes que el viento pastorea
por valles soñolientos, los picos, los abismos,
tiempo hecho rocas, eras congeladas,
tiempo hacedor de rosas y plutonio,
tiempo que hace mientras se deshace.

La hormiga, el elefante, la araña y el cordero,
extraño mundo nuestro de criaturas terrestres
que nacen, comen, matan, duermen, juegan, copulan
y obscuramente saben que se mueren;
mundo nuestro del hombre, ajeno y prójimo,
el animal con ojos en las manos
que perfora el pasado y escudriña el futuro,
con sus historias y vicisitudes:
el éxtasis del santo, la argucia del malvado,
los amantes, sus júbilos, encuentros y discordias,
el insomnio del viejo contando sus errores,
el criminal y el justo: doble enigma,
el Padre de los pueblos, sus parques crematorios,
sus bosques de patíbulos y obeliscos de cráneos,
los victoriosos y los derrotados,
las largas agonías y el instante dichoso,
el constructor de casas y aquel que las destruye,
este papel que escribo letra a letra
y que recorres tú con ojos distraídos,
todos y todas, todo,
es hechura del tiempo que comienza y se acaba.

III
Del nacer al morir el tiempo nos encierra
entre sus muros intangibles.
Caemos con los siglos, los años, los minutos.
¿Sólo es caída el tiempo, sólo es muro?

the held breath of outstretched night
and the river that entwines it, the pine under the evening star
and the waves, instant statues, on the sea,
the flock of clouds that the wind herds
through drowsy valleys, the peaks, the chasms,
time turned to rock, frozen eras,
time maker of roses and plutonium,
time that makes as it razes.

The ant, the elephant, the spider, and the sheep,
our strange world of terrestrial creatures
that are born, eat, kill, sleep, play, couple,
and somehow know that they die;
our world of humanity, far and near,
the animal with eyes in its hands
that tunnels through the past and examines the future
with its histories and uncertainties,
the ecstasy of the saint, the sophisms of the evil,
the elation of lovers, their meetings, their contentions,
the insomnia of the old man counting his mistakes,
the criminal and the just: a double enigma,
the Father of the People, his crematory parks,
his forests of gallows and obelisks of skulls,
the victorious and the defeated,
the long sufferings and the one happy moment,
the builder of houses and the one who destroys them,
this paper where I write, letter by letter,
which you glance at with distracted eyes,
all of them and all of it, all
is the work of time that begins and ends.

III
From birth to death time surrounds us
with its intangible walls.
We fall with the centuries, the years, the minutes.
Is time only a falling, only a wall?

Por un instante, a veces, vemos
—no con los ojos: con el pensamiento—
al tiempo reposar en una pausa.
El mundo se entreabre y vislumbramos
el reino inmaculado,
las formas puras, las presencias
inmóviles flotando
sobre la hora, río detenido:
la verdad, la hermosura, los números, la idea
—y la bondad, palabra desterrada
en nuestro siglo.
Instante sin duración ni peso,
instante fuera del instante:
el pensamiento ve, los ojos piensan.

Los triángulos, los cubos, la esfera, la pirámide
y las otras figuras de la geometría,
pensadas y trazadas por miradas mortales
pero que están allí desde antes del principio,
son, ya legible, el mundo, su secreta escritura,
la razón y el origen del girar de las cosas,
el eje de los cambios, fijeza sin sustento
que en sí mismo resposa, realidad sin sombra.
El poema, la música, el teorema,
presencias impolutas nacidas del vacío,
edificios ingrávidos
sobre un abismo construidos:
en sus formas finitas caben los infinitos,
su oculta simetría rige también el caos.
Puesto que lo sabemos, no somos un acaso:
el azar, redimido, vuelve al orden.
Atado al suelo y a la hora,
éter ligero que no pesa,
soporta el pensamiento los mundos y su peso,
torbellinos de soles convertidos
en puñado de signos
sobre un papel cualquiera.

For a moment, sometimes, we see
—not with our eyes but with our thoughts—
time resting in a pause.
The world half-opens and we glimpse
the immaculate kingdom,
the pure forms, presences
unmoving, floating
on the hour, a river stopped:
truth, beauty, numbers, ideas
—and goodness, a word buried
in our century.
A moment without weight or duration,
a moment outside the moment:
thought sees, our eyes think.

Triangles, cubes, the sphere, the pyramid,
and the other geometrical figures
thought and drawn by mortal eyes
but which have been here since the beginning,
are, still legible, the world, its secret writing,
the reason and the origin of the turning of things,
the axis of the changes, the unsupported pivot
that rests on itself, a reality without a shadow.
The poem, the piece of music, the theorem,
unpolluted presences born from the void,
are delicate structures
built over an abyss:
infinities fit into their finite forms,
and chaos too is ruled by their hidden symmetry.
Because we know it, we are not an accident:
chance, redeemed, returns to order.
Tied to the earth and to time,
a light and weightless ether,
thought supports the worlds and their weight,
whirlwinds of suns turned
into a handful of signs
on a random piece of paper.

Enjambres giratorios
de transparentes evidencias
donde los ojos del entendimiento
beben un agua simple como el agua.
Rima consigo mismo el universo,
se desdobla y es dos y es muchos
sin dejar de ser uno.
El movimiento, río que recorre sin término,
con los ojos abiertos, los países del vértigo
—no hay arriba ni abajo, lo que está cerca es lejos—
a sí mismo regresa
                        —sin regresar, ya vuelto
surtidor de quietud.
Árbol de sangre, el hombre siente, piensa, florece
y da frutos insólitos: palabras.
Se enlazan lo sentido y lo pensado,
tocamos las ideas: son cuerpos y son números.

Y mientras digo lo que digo
caen vertiginosos, sin descanso,
el tiempo y el espacio. Caen en ellos mismos.
El hombre y la galaxia regresan al silencio.
¿Importa? Sí—pero no importa:
sabemos ya que es música el silencio
y somos un acorde del concierto.

México, a 20 de abril de 1996

Wheeling swarms
of transparent evidence
where the eyes of understanding
drink a water simple as water.
The universe rhymes with itself,
it unfolds and is two and is many
without ceasing to be one.
Motion, a river that runs endlessly
with open eyes through the countries of vertigo
—there is no above nor below, what is near is far—
returns to itself
                    —without returning, now turned
into a fountain of stillness.
Tree of blood, man feels, thinks, flowers,
and bears strange fruits: words.
What is thought and what is felt entwine,
we touch ideas: they are bodies and they are numbers.

And while I say what I say
time and space fall dizzyingly,
restlessly. They fall in themselves.
Man and the galaxy return to silence.
Does it matter? Yes—but it doesn't matter:
we know that silence is music and that
we are a chord in this concert.

Mexico City, April 20, 1996

Biographical Note

Octavio Paz was born in Mexico City on March 31, 1914. On his father's side, the family was mestizo, from the state of Jalisco. His grandfather, Ireneo Paz, was a well-known journalist and novelist who fought against the French; his father, a lawyer who took part in the Mexican Revolution and represented Zapata in the United States. An alcoholic, he was run over by a train when Paz was twenty. His mother's family was purely Spanish, emigrants from Andalusia. Paz was an only child. Apart from a few years in California, Paz lived in Mixcoac, a village that has now been absorbed into the expanding metropolis of Mexico City and that figures in many of his poems. He read books in his grandfather's library, attended French and English schools, and, "above all, learned the art of climbing trees, of sitting alone in the branches and listening to the birds."

He writes: "We lived in a large house with a garden. Our family had been impoverished by the revolution and the civil war. Our house, full of antique furniture, books, and other objects, was gradually crumbling to bits. As rooms collapsed we moved the furniture into another. I remember that for a long time I lived in a spacious room with part of one of the walls missing. Some magnificent screens protected me inadequately from the wind and rain. A creeper invaded my room ..."

He began publishing poetry in 1931, at the age of seventeen. Two years later his first book appeared, *Luna silvestre* (Savage Moon), in an edition of thirty copies. (Paz: "There are sins for which there is no forgiveness, and one of them is *Luna silvestre*.") This was followed by various pamphlets: *¡No pasarán!*, a long poem in support of the Spanish Republic; *Raíz del hombre* (The Root of Man); and *Bajo tu clara sombra y otros poemas sobre España* (Beneath Your Bright Shadow and Other Poems on Spain), which was published in Spain. With other young poets, he founded two short-lived magazines: *Barandal* (Balustrade) and *Cuadernos del Valle de México* (Notebooks of the Valley of Mexico). He spent much of 1936 in the Yucatán, where he organized a school for the children of farm laborers; it was his first extended experience of rural Mexico.

In 1937, Paz married Elena Garro, who would much later become known as the author of an important novel *Los recuerdos del porvenir* (translated as *Recollections of Things to Come*). That same year, at the invitation of Pablo Neruda, he went to Spain in the midst of the Civil War to attend the

Second International Congress of Anti-Fascist Writers, where he met a galaxy of poets: among them, Cernuda, Machado, Alberti, Neruda, Huidobro, Vallejo, Auden, Spender, and Tristan Tzara. He was in Spain and later in Paris for a year, working for the Republic as a noncombatant. In 1938 he returned to Mexico to write a daily column on politics for the workers' newspaper *El Popular*, to edit an anthology of poetry from Spain, and to found a third magazine, *Taller* (Workshop), a gathering of the new Mexican poets. He supported himself with odd jobs; among the oddest was counting old banknotes before they were thrown into a furnace at the Central Bank.

With the onset of the Second World War, Mexico was flooded with European refugees, transforming the capital into a cosmopolitan city, and Paz became close friends with such exiles as Victor Serge and Benjamin Peret. In 1941 he edited, along with Xavier Villaurrutia and others, *Laurel*, a massive, 1100-page anthology of Spanish-language poetry that controversially attempted to ignore the considerable political differences of the contributors in the name of a community of modern poets. He cofounded a fourth magazine, *El Hijo Pródigo* (The Prodigal Son) a major international literary review that introduced writers as diverse as Lautréamont and John Donne into Spanish. His first substantial collection of poems, *A la orilla del mundo* (On the Bank of the World) appeared in 1942.

In 1943 he left Mexico for ten years, first to the United States on a Guggenheim fellowship, living in New York and in a cloakroom of a hotel in San Francisco, and discovering North American poetry, particularly Pound, Williams, and Cummings. After the grant ran out, he held various jobs: washing dishes, dubbing films for MGM, and teaching briefly at Middlebury College.

Invited to join the foreign service—a tradition for writers in Mexico—in 1945, he left for Paris. His low-level post gave him time to write, and also sent him on missions to Japan and India. In the cafés of Paris, he formed friendships with André Breton and Albert Camus, among many others, and began participating in the various Surrealist (and non-Surrealist) activities, exhibitions, and publications. The first translation of his work appeared in English in a New Directions anthology in 1947, followed the same year by contributions to French magazines.

In 1949, Paz published his collected poetry to date, *Libertad bajo palabra* (Freedom on Parole); in 1950, *El laberinto de la soledad* (The Labyrinth of Solitude), his reflections on Mexico and Mexican-Americans, a product of his two years in the U.S.; in 1951, one of the most important books of Spanish

prose poetry, ¿Águila o sol? (Eagle or Sun?). He edited an anthology of Mexican poetry for UNESCO, and commissioned a penniless Irish writer, Samuel Beckett, to translate the English version.

Back in Mexico for another ten years, Paz was active in an experimental theater company, Poesía en Voz Alta (Poetry Out Loud), which staged his one play, an adaptation of Hawthorne's "Rappaccini's Daughter" with scenery by Leonora Carrington. (Paz disliked the stage set. William Carlos Williams, who attended a performance in Guadalajara, thought the set "dreadful," but loved the company and wished they would stage his own play "A Dream of Love.") He personally brought Luis Buñuel's Los olvidados to the Cannes film festival, after the Mexican government had refused to send it. He published two books of prose: El arco y la lira (The Bow and the Lyre), his major ars poetica, and a collection of essays on literature, Las peras del olmo (Pears from an Elm Tree—the phrase is the Spanish equivalent of "apples and oranges"). His poems of the period were collected in Semillas para un himno (Seeds for a Hymn) and La estación violenta (The Violent Season), which also included Piedra de sol (Sunstone), originally published as a pamphlet in 1957.

Paz considered Sunstone both the end of his "earlier" poetry and the beginning of his "later" work. That poem—along with The Labyrinth of Solitude—launched his international reputation. Within a few years it was translated into many of the Western languages, by poets as varied as Muriel Rukeyser, Benjamin Peret, György Somlyo, and Artur Lundkvist. Reciprocally, in 1957 Paz began his serious work as a translator with a version of Bashō's Narrow Roads, the first translation in a Western language. Book-length translations of William Carlos Williams, Apollinaire, and Pessoa followed, as well as hundreds of pages of individual poems from the French, Swedish, English, Chinese, and Japanese.

In 1962, the "later" stage of Paz's poetry begins with the publication of Salamandra (Salamander), a book greatly influenced by his readings of American poetry. That same year, he was appointed the Mexican Ambassador to India, a post that also included Afghanistan, Pakistan, and (then) Ceylon. There he met and married Marie-José Tramini ("After being born, the most important thing that has happened to me"), began his serious studies of Indian art and philosophy, and traveled widely through the four countries. The years in India were immensely productive: the poems of Ladera este (East Slope), which contained the long poem Blanco, previously published on one continual folded sheet; the three-dimensional poem-games of Discos visuales (Visual

Disks); book-length studies of Claude Lévi-Strauss and Marcel Duchamp; and five books of essays on art, literature, philosophy, and politics, most notably *Corriente alterna* (Alternating Current) and *Conjunciones y disyunciones* (Conjunctions and Disjunctions). He was also the coeditor of a huge anthology of contemporary Mexican poetry, *Poesía en movimiento* (Poetry in Motion) and organized the first exhibition of Tantric art in the West. In 1968 he resigned his post to protest the government massacre of student demonstrators in Mexico City shortly before the Olympic Games.

Over the next years, Paz taught at Cambridge University, the University of Texas, and Harvard. In 1971 he returned to Mexico; his shock—after his nearly ten-year absence—at the transformation of Mexico City is recorded in his book of poems *Vuelta* (Return). He founded a monthly cultural and political magazine, *Plural*, a supplement to the newspaper *Excelsior*. In 1976, after a government takeover of the paper, most of the staff of *Plural* formed another monthly, also called *Vuelta*, again with Paz as editor. It would last twenty-two years, until his death. *Plural* and *Vuelta* were unquestionably the leading intellectual magazines in Latin America of their time, unmatched in their range of concerns and international contributors.

Besides editing the two magazines, in the 1970s Paz published the previously mentioned book of poems *Vuelta* (Return); the quadrilingual collaborative poem *Renga*, based on the Japanese form; the concrete poems of *Topoemas*; a bilingual collaborative poem with Charles Tomlinson, *Hijos del aire / Airborn*; the long autobiographical poem, *Pasado en claro* (translated as *A Draft of Shadows*); the unclassifiable essay / prose poem / novel set in India, *El mono gramático* (The Monkey Grammarian); and a large collection of his poetry translations from six languages. He edited an anthology of the writings of Charles Fourier and wrote a book-length study of the Mexican poet Xavier Villaurrutia (published in English as *Hieroglyphs of Desire*) and an expanded book on Duchamp. Other books of prose included his Harvard lectures on Romanticism and the avant-garde, *Los hijos del limo* (The Children of the Mire), and four books of essays on literature, politics, and other matters.

Throughout the 1980s, Paz traveled the world giving readings and lectures, was very much a hands-on editor of *Vuelta*, gave countless interviews, was embroiled in various literary and political controversies (his anti-authoritarian European-style socialism was considered right-wing by the Latin American left), and had regular programs on Mexican television.

Along with his book of poems *Árbol adentro* (A Tree Within), he published an enormous book on the life and times of the 17th-century Mexican poet Sor Juana Inés de la Cruz; three books of essays; a three-volume edition of his writings on Mexican history, art, and literature; and a commentary on contemporary international politics, *Tiempo nublado* (published in English as *One Earth, Four or Five Worlds*).

Throughout his career, Paz was also actively involved in the visual arts. He wrote countless articles on contemporary and Mexican art and collaborated on projects with Rufino Tamayo, Robert Motherwell, Pierre Alechinsky, Adja Yunkers, Balthus, Antoni Tàpies, Henri Michaux, Roberto Matta, Robert Rauschenberg, Vicente Rojo, and the photographer Manuel Álvarez Bravo, among many others. His last book of poems, *Figuras y figuraciones* (Figures & Figurations), was written to accompany the collages created by his wife, Marie-José.

In 1990 he was awarded the Nobel Prize.

Despite deteriorating health, he wrote eight books of prose in the 1990s, most notably among them, *La otra voz* (The Other Voice), his second major *ars poetica* after *The Bow and the Lyre*; a book-length study of Sade, *Un más alla erótico* (An Erotic Beyond); *Itinerario* (Itinerary), an autobiographical meditation on his political evolution from his early Marxism; *La llama doble: Amor y erotismo* (The Double Flame: Love and Eroticism), the *summa* of his lifelong reflections on these themes; and *Vislumbres de la India* (translated as *In Light of India*), both a memoir and a study of Indian poetry, philosophy, religion, and politics.

Moreover, he edited, extensively rewrote, and produced new prefaces for a massive fifteen-volume edition of his *Complete Works*. It includes 1500 pages of poetry and poetry translation; 2600 pages of literary criticism; 900 pages on the visual arts; 1100 pages on politics; 700 pages on philosophy, mythology, and other subjects; 800 pages of selected interviews; and 800 pages of previously uncollected early and late writings.

Paz died in Mexico City on April 19, 1998, at age eighty-four.

ELIOT WEINBERGER

Notes to the Poems

[Notes and other comments by Paz are marked OP.]

OP: "These notes, written in the margins, are expendable. They are neither commentaries nor explications. In general, the poems do not need interpretation; or rather, the interpretation of a poem should be made by its reader, not its author. Yet it seems to me useful to include these notes. Useful and, in certain cases, interesting. I have always believed in Goethe's maxim: all poems are occasional, the products of circumstance. Every poem is a response to an exterior or interior stimulus. The circumstance is that which surrounds us and which, whether as obstacle or spur, is the origin of the poem, the accident that provokes its appearance. But the circumstances are neither explanations nor substitutes for the poems, they are autonomous realities. Poems are born from a circumstance and yet, as soon as they are born, they free themselves and take on a life of their own. In poetry the mystery of human freedom unfolds: accidents, circumstances, are transformed into a work. For this reason, notes are expendable." (note to *A Tree Within*, 1988)

First Poems [1931–1940]

Juego / Game
Paz's first published poem; it appeared in the newspaper *El Nacional* on June 7, 1931, when Paz was seventeen. Never published in book form until the *First Writings* volume of the *Complete Works* in 1998.

Raíz del hombre / The Root of Man
OP: "[In the 1930s] it did not seem to me that there was an opposition between politics—which I conceived of in those years as a revolutionary activity—and poetry. For me, poetry was in itself revolutionary. Thus the title of my first book (more babbling than book): *The Root of Man*. It was erotic poetry and it seemed to me that, for that reason, it was revolutionary. I used to always repeat Marx's phrase: 'To be radical is to go to the root.' Love and sex were the root of men and women. Poetry and revolutionary activity were not essentially different, although their modes of operation were. The contradiction was accidental. The essential contradictions appeared a little later, when I faced the reality of politics and, specifically, revolutionary politics. Nevertheless, for many years after I had lost my faith in Communist revolutionary politics, I still believed that poetry prefigured a true revolution of the spirit." (interview, 1994)

from *Oda a España / Ode to Spain*
Fragment of a longer poem, published in *Beneath Your Bright Shadow and Other Poems on Spain*, but never reprinted until *First Writings*.

Elegía a un compañero muerto en el frente de Aragón /
  Elegy for a Friend Dead at the Front in Aragón
The friend was a Catalan anarchist, José Bosch. Paz met him in 1929, when they were both students at a secondary school, where they organized a student strike that landed them in jail for a few nights. Bosch was ultimately deported for his political activities and Paz lost track of him. In Spain in 1937, Paz saw Bosch's name on a list of the dead; he wrote the poem that was originally called "Elegy for José Bosch, dead at the front of Aragón." At a rally in Barcelona, Paz was about to read the poem when he spotted Bosch in the audience. Bosch was living a clandestine life, driven half-mad by the Communist persecution of the anarchists. They met briefly the next day. Paz never saw him, or heard about him, again.

POEMS [1941–1948]

Elegía interrumpida / Interrupted Elegy
In one of his last interviews, Paz was asked, "What does Octavio Paz think of himself?" He answered by citing a line from this poem, written more than fifty years before: "In a poem, 'Interrupted Elegy,' I tell of the dead of my house, and speaking of myself, I ask: 'Am I the final error of his errors?' I can't answer that question." (In the poem, the line is not a question.)

greet the sun, spider: Rubén Darío, "Philosophy," a poem that Darío said "addresses the truth of the natural world and divine reason against ugly, harmful appearances." Another line in the poem seems apt: "Learn to be what your are, embodied enigmas" (trans. Lysander Kemp).

Virgen / Virgin
OP: "[In the 1940s], without clearly understanding what I was doing, I wrote various poems in which, through the juxtaposition of images and verbal blocks, I tried to express the confluence of different currents of time and space. (I should say that I wrote without understanding everything, not that I wrote blindly. A poet never writes with eyes closed, but rather with eyes half opened, in a penumbra.) Among the poems of this first period, the most complex and, perhaps, the best written is 'Virgin.'" (interview, 1989)

El prisionerio / The Prisoner
Paz discovered Sade through the Surrealists, and wrote extensively about the "rebellion of the body" and Sade's "eroticism converted into philosophy, and philosophy converted into criticism: eroticism at the service of a universal negation." These writings are collected in English in *An Erotic Beyond: Sade.*

from ¿AGUILA O SOL? / EAGLE OR SUN? [1949–1950]

An eagle and a sun are on the obverse and reverse of Mexican coins. "Eagle or sun?" is the Mexican "heads or tails?"

OP: "[*Eagle or Sun?*] was an exploration of the mythical subsoil, so to speak, of Mexico, and at the same time a self-exploration. An attempt to create a world of images in which the modern and ancient sensibility were fused, the images of the buried Mexico and those of the modern world. An American friend, Eliot Weinberger, pointed out that there was an analogy between my book and one by William Carlos Williams, published years earlier, and which, of course, I didn't know: *Kora in Hell: Improvisations*. The similarity isn't textual but in their aims. Both books are composed of prose poems, inspired by French poetry. However, *Kora in Hell* is a deeply American book that could only have been written by an American. In the same way I think *Eagle or Sun?* could only have been written in Mexico." (interview, 1970)

from *Trabajos del poeta* / *The Poet's Work*

OP: "The title is ironic: the poet's work consists of listening to the interior works of language and inspiration. It is not pleasant work because one must peer into the abyss that each one of us hides." (reading, 1981)

OP: "The subject is the poet's daily struggles with language and the visions that engender language in consciousness ... The poet—his consciousness—is a theater of cruel games of language that either provoke or reflect—who knows?—terrible, frightening visions. It is a universal experience, common to everyone. There isn't anyone who hasn't seen atrocious figures, beings, or things at the moment of going to sleep or waking up, in half-sleep, when consciousness is besieged by obscure powers. I tried to evoke that nocturnal life, not of unconsciousness but of consciousness, which is a witness, co-conspirator, and victim of passions and of time." (interview, 1988)

Mariposa de obsidiana / *Obsidian Butterfly*
Obsidian butterfly: OP: "Itzpapolotl, goddess sometimes confused with Teteoinan, our mother, and Tonatzin. All of these female divinities were fused in the cult that, since the sixteenth century, has been worshipping the Virgin of Guadalupe."

OP: "I loved and admired André Breton. It's no exaggeration to say he was a solar figure because his friendship emitted light and heat. Shortly after I met him, he asked me for a poem for a Surrealist magazine. I gave him a prose poem, 'Obsidian Butterfly.' He read it over several times, liked it, and decided to publish it. But he pointed out one line that seemed weak. I reread the poem, discovered he was right, and removed the phrase. He was delighted, but I was confused. So I asked him, 'What about automatic writing?' He raised his leonine head and answered without changing expression: 'That line was a journalistic intromission ...'" (interview, 1991)

POEMS [1948–1957]

Piedras sueltas / *Loose Stones* [*1955*]
OP: "In *Loose Stones*, the example of Tablada was decisive. I had read Tablada inattentively, but in 1945, the year of his death in New York, I read him again and literally rediscovered him. He opened a path for me. Later, when I was in Japan, I began to read

a great deal of Japanese and Chinese poetry, thanks above all to the English translations, which are the best." [José Juan Tablada, a Mexican poet who lived in Japan for some years, introduced both the haiku and the *calligramme* into Spanish poetry.]

"Along with this, the discovery of the pre-Hispanic world. An understanding of pre-Hispanic poetry and art came through modern art. In New York in 1945, I saw many modern paintings and sculptures, which made me realize that an admiration for pre-Columbian art that had been purely archaeological, patriotic, or historical could be converted into aesthetic comprehension. I saw the formal logic of these works, beyond the ideologies of the Aztecs, Mayas, or Olmecs. My relation with Surrealism was decisive for the understanding of pre-Hispanic art." (interview, 1988)

Lección de cosas / Object Lesson
sugar skull: They are eaten in Mexico on November 2, the Day of the Dead.
Tláloc: The Toltec, and later Aztec, god of rain.
God that rises from a clay orchid: This tiny, exquisite Jaina Mayan sculpture is in the Brooklyn Museum.
Xochipilli: Literally, "Flower child," the Toltec, and later Aztec, god of the arts, poetry, and dance, often represented with tobacco and hallucinogenic mushrooms.

OP: "Mesoamerican mythology is a theater of prodigious metamorphoses that never had an Ovid. Like heavenly bodies, plants, and animals, the gods continually change and are transformed. Tlaloc, god of rain, appears as a warrior god among the Maya of Yaxchilán; Xochipilli (1 Flower), god of song and dance, turns into Cintéotl, the new corn; Xochiquetzal is the wife of the youth Piltzintecutli, who is none other than Xochipilli, even though, at another moment in the myth, the same goddess turns into the consort of Tezcatlipoca. And which Tezcatlipoca? There are four: the black Tezcatlipoca, Smoking Mirror, the jaguar god who in his mirror sees into the depths of men and is turned into his opposite and double, the young Huitzilopochtli, the hummingbird, who is the blue Tezcatlipoca. At another point in space appears the white Tezcatlipoca, who is Quetzalcoatl, and at the fourth point, between the green corn and the yellow earth, the red Tezcatlipoca, who is Xipe Totec [the Flayed God]. The gods appear and disappear like stars in the mouth of the night, like a bird between two clouds, like a coyote in the folds of dusk. The gods are time, but not a petrified time. A time in perpetual motion: the dance of metamorphosis, the dance that is the 'Flower War,' a cruel and illusory game, a dance of the reflections thrown off by four mirrors that face each other, battle each other, entwine and turn into bonfires, are extinguished and lit again. Who lights them and who puts them out? The Lord of Duality" ("Will for Form," 1989). [Written as the prologue to the catalog of an exhibition of Mexican art at the Metropolitan Museum in New York, the essay in Spanish is now called "El águila, el jaguar y la Virgen" (The Eagle, the Jaguar, and the Virgin).]

En Uxmal / In Uxmal
Uxmal: The Late Classic Maya city in the Yucatán, which flourished from roughly 600–1000 CE.

from LA ESTACIÓN VIOLENTA / THE VIOLENT SEASON [1948–1957]

The book has an uncredited epigraph by Apollinaire (from "La Jolie russe"): *"O Soleil c'est le temps de la raison ardente"* ("O sun it's the time of burning reason"). The two previous lines provide the title and context: *"Voici que vient l'été la saison violente / Et ma jeunesse est morte ainsi que le printemps"* ("Summer comes, the violent season / And my youth has died like the spring").

OP: "The book deals with both personal life and our historical epoch. Our epoch, our season, like the summer of an individual life, is violent. The book faces that violent reality, which is both creative and destructive, and asks, 'What can be salvaged from all this?' The question is asked to time, that is, to history. All of the poems are a question, a meditation, or a hymn before a city, a landscape, a history." (interview, 1958)

OP: "I don't have the mania for the personal voice. I believe in the coherent work, composed of many voices. The coherence of *The Violent Season* comes, I think, from the person who speaks: the poet facing modern history. That is, the subject is not really the same as Apollinaire's, the entry into maturity (the summer), but rather the rising of history through a poetic consciousness." (interview, 1988)

Himno entre ruinas / Hymn Among the Ruins
William Carlos Williams's translation of the poem, which mysteriously omits some lines and rewrites the famous ending, is available in *Early Poems* and *Selected Poems.* For more on the translation, see Williams, *By Word of Mouth: Poems from the Spanish 1916–1959,* edited by Jonathan Cohen. Muriel Rukeyser included her translation of the poem in the *Selected Poems* that she edited and translated for Indiana University Press in 1963—the first Paz collection in English—but chose to use the Williams version when she edited *Early Poems;* she never reprinted hers. This present version is a composite of the Williams and Rukeyser translations, in an attempt to draw on the strengths of both.

OP: "Ruins: the discoveries by the archaeologists and the historians, but above all the ruins of the present civilization, which also crumbles away (the sense of the mortality of cultures, in this case our own). The ruins of history, past and present, and the ruins of the individual consciousness. All of these ruins are founded on the image of contemporary society. Modern society and its cities are ruins because they are mere presences, a senseless state of being. History, the city, has lost its meaning, and for that reason, although it still functions, it is a ruin and it is dead. And facing that social reality, the hymn arises, the reality of the moment, which is all of eternity and to which the modern man can aspire. This instant is not purely individual: it is the song of the poet ... who transfigures time into images and works." (interview, 1958)

OP: "A plurality of space: ruins of Italy, ruins of Mexico, the future ruins of New York, London, Moscow, the interior ruins of the individual consciousness. The point of union is the ancient sun, fountain of life, that dissolves consciousness—the mirror of Narcissus, patron saint of modern intellectuals—in order for the wellspring of fables to rise again: poetry." (interview, 1989)

Epigraph: Luis de Góngora, "Fábula de Polifemo y Galatea" (Fable of Polyphemus and Galatea). The passage describes the setting for the cave of Polyphemus, who, of course, figures in the Paz poem.

Máscaras del alba / Masks of Dawn
OP: "In [the poem] there is not a plurality of civilizations or of places but of people and situations. A unity of place and time: Venice in the dawn. A ghostly Venice, like all the creatures of dawn, that moment that the ancients saw with horror: Would the sun rise, would the world keep going?" (interview, 1989)

Mutra
Mutra, more commonly known as Mathura, on the banks of the Yamuna River, was the winter capital of the Kushan Empire in the first to third centuries CE, and is venerated as the birthplace of Krishna. The thick forest of the Krishna legends is now an arid plain. Paz visited shortly after his arrival in India in 1952.

OP: "About my poem, I can say little—I feel remote from its language—except that, as I told Alfonso Reyes in a letter at the time, I wrote it to defend myself against the metaphysical temptation of India. In those days, I had just read some fragments of his translation of the *Iliad*; the allusions to Greece, in the final stanza, are an echo of that reading. 'The subject of the poem,' I wrote in a note years later, 'is the arrival of summer in the city and the fevers it generates on the earth and in the mind. A subject associated with Hinduism and its search for unity in the plurality of the forms of life. The end of the poem sets against this metahistorical absolute the idea of life as action and heroism which we have inherited from the Greeks.'" (note, 1995)

¿No hay salida? / Is There No Way Out?
A few words have been changed in the Levertov translation—originally titled "The Endless Instant"—to conform to Paz's revisions.

El río / The River
A few lines of the Blackburn translation have been condensed and rearranged to conform to Paz's revisions.

El cántaro roto / The Broken Waterjar
huizaches: A kind of acacia tree.
fat cacique of Cempoala: Cempoala was the capital of the Totanacs, in the present-day state of Vera Cruz. They were conquered and oppressed by the Aztecs. "Cacique" means "chief." Xicomecoatl, nicknamed the "Fat Chief" by the Spaniards, in revenge helped Cortez defeat the Aztecs.

PIEDRA DE SOL / SUNSTONE [1957]

The poem was first published as a pamphlet in 1957 and then included in *The Violent Season* the following year. Paz considered it both the culmination of his "early" poetry and the beginning of his "later" period. Muriel Rukeyser's notable translation is avail-

able in *Configurations* and *Selected Poems*. Four lines of the poem were changed for the *Complete Works* edition.

OP: "On the title page of this book appears the number 585 written according to the Maya system; the Mexican signs corresponding to Day 4 Olin (Movement) and Day 4 Ehecatl (Wind) appear at the beginning and end of the poem. It may be helpful to point out that the poem is composed of 584 hendecasyllabic lines (the final six syllables are not counted as they are identical to the first six; with them the poem does not end, but rather returns to its beginning). This number of lines is equal to the synodical revolution of the planet Venus, which is 584 days. The ancient Mexicans began their count of the Venusian cycle (and of the other visible planets) with Day 4 Olin. Day 4 Ehecatl, 584 days later, marked the conjunction of Venus and the Sun, the end of one cycle and the beginning of another ...

"The planet Venus appears twice each day, as the morning star (Phosphorus) and as the evening star (Hesperus). This duality (Lucifer and Vesper) has inspired every civilization, whose people have taken Venus as a symbol, a sign, or a manifestation of the essential duality of the universe. Thus Ehecatl, god of the wind, was one of the incarnations of Quetzalcoatl, the plumed serpent, who brings together the two aspects of life. Associated with the moon, dampness, water, the new growth of vegetation, and the death and resurrection of nature, Venus for the ancient Mediterraneans was a knot of images and ambivalent forces: Ishtar, the Lady of the Sun, the Conical Stone, the Uncarved Stone (reminiscent of the 'uncarved block of wood' in Taoism), Aphrodite, the quadruple Venus of Cicero, the double goddess of Pausanias, and so on." (note in the first edition, 1957)

OP: "When I started writing the poem, I didn't know where it was going. The first lines were dictated, literally dictated. I wrote those lines in a state that was almost like sleep-walking. I was shocked that those lines later struck me as beautiful." (interview, 1988)

In what may be an elaboration, or a different version, of the origin of the poem, Paz said, in conversation, that the relentless rhythm of the poem came from a long late-night taxi ride in New York City. He had visited a girlfriend on Christopher Street (perhaps the "Phyllis" of the poem); there had been a dramatic scene; and in the early hours of the morning he had gone back to Columbia University, where he was staying. The taxi had a flat tire or a bent axle and rattled: *da da dadada DAH, da da dadada DAH* (which was slightly elided into the classic Spanish hendecasyllabic).

Epigraph: Richard Sieburth translates Nerval's lines (in prose) as: "The Thirteenth returns ... She's again the first; and still the only one—or the only moment: for are you queen, O, are you the first or the last? are you king, are you the only lover or the last?"
the Reforma: The wide avenue of Mexico City.
Churruca: Cosme Damián de Churruca y Elorza, an admiral of the Spanish Armada, who died in the Battle of Trafalgar. Famous for the line: "If you hear that my ship has been captured, you can assume that I am dead."
Madero: Francisco Madero, a leader of the Mexican Revolution, who became president and was assassinated by aides to the deposed dictator, Porfirio Díaz.

from SALAMANDRA / SALAMANDER [1958–1961]

Peatón / Pedestrian
Boulevard Sebastó: Familiar name for the Boulevard Sebastopol in Paris.

Pausa / Pause
OP: "Simultaneist poetry—although not with that name—achieved its greatest purity in the work and life of Pierre Reverdy.... [His] poetry and criticism demonstrated an understanding of Cubism that was much more lucid than that of Apollinaire. Influenced by that severe aesthetic, Reverdy tended to convert each poem into an object. Not only did he suppress anecdote and music, story and song (the great recourses of Apollinaire), but his extreme asceticism eliminated almost all connectives and relatives. The poem is reduced to a series of verbal blocks without syntactical nexus, joined one to another by the law of attraction of the image.

"Reverdy elaborated a doctrine of the poetic image as autonomous spiritual reality, which, besides influencing André Breton and the Surrealists, marked poets as different as William Carlos Williams and Vicente Huidobro.... [His] short compositions, in the manner of Cubist paintings, are windows, but windows that do not look out but in. The poem is a closed space in which nothing happens ... time is alive, but it is an imprisoned time, a time that does not pass. Reverdy purified simultaneism, and purifying it, he sterilized it. From 1916 until his death, his poetry barely changed. He wrote a great deal over many years, but it was always the same poem. Reverdy is one of the most intense poets of the century, but he is also one of the most monotonous" (*The Children of the Mire*, 1972). [The English translation of the book, which is considerably shorter than the revised original, does not include the long passage on Reverdy, excerpted here.]

Certeza / Certainty
Despite his complicated, sometimes antagonistic relationship to Paz, Roberto Bolaño took the last line of this poem as the title for his regular newspaper column, collected in English as *Between Parentheses*.

El mismo tiempo / Identical Time
Paz suggested the translation of the title, which is not quite literal. The Zócalo, Tacuba, and so on are all places in Mexico City.

Vasconcelos: José Vasconcelos, one of the most influential Mexican intellectuals in the first half of the twentieth century, who, among many other things, reformed the educational system and promoted a culture of *mestizaje*, the mixing of the Spanish and the indigenous (though at the expense of the indigenous). Paz visited him in 1943 and they discussed Montaigne's famous line that philosophy prepares one for death. Vasoncelos told Paz: "Philosophy cannot give us life. God gives life and we must ask Him for eternal life, which is the only true life. But it is true that philosophy can help us to die well; it enlightens us about life on earth and thus defends us from death. Since you are not a believer, you can only dedicate yourself to philosophy. In my youth I also lost my faith and that began my vocation as a philosopher. Yes, dedicate yourself to philosophy! It will make you stronger."

Ortega y Gasset: Paz met the great Spanish philosopher José Ortega y Gasset in Geneva in 1953. He told Paz: "We are at the end of an era. Literature is dead. The only thing that remains is thinking: it is the task for our age. Leave poetry and dedicate yourself to thinking! As it's too late for you to begin Greek, learn the other language of philosophy: German. And forget the rest."

Cosante

Cosante: OP: "A short composition of rhyming couplets that alternate with a refrain of one or two lines. The word comes from a mistranscription of a French term: *cosante* = *cosaute* = *coursault*, a French court dance of the 15th century. It is a traditional form that has frequently been used in Spanish in this century (Darío, Jiménez, Lorca, Alberti)."

from LADERA ESTE / EAST SLOPE [1962–1968]

All the poems in the book were written in India, Afghanistan, and Sri Lanka (then Ceylon), while Paz served as the Mexican ambassador. "A Tale of Two Gardens" was written aboard a ship between Bombay and Las Palmas in November 1968, after he had resigned his post to protest the student massacre. The title is an homage to the Sung Dynasty poet Su Shih (1037–1101), whose pen name was Su Tung-p'o, "East Slope." Paz read him in Burton Watson's translation.

El balcón / The Balcony

the Chinese poet: Li Yu (937–978), the last Emperor of the Southern Tang Dynasty. The poem, "To the Tune of 'Ripples Sifting Sand,'" also includes the lines: "In dreams I forget I'm a stranger here, / clutching at happiness for a moment." (trans. Burton Watson)

pilgrim's steps are a vagabond music: The first line of Góngora's dedication to the *Soledades* (Solitudes). Paz suggested this translation of the line, though it is not literal.

El mausoleo de Humayún / Humayun's Tomb

OP: "Son of Babur, conqueror of India, the emperor Humayun was the father of the great Akbar. The family descends from Timur or Tamerlan, Marlowe's Tamburlaine. Near the mausoleum there is, or used to be, one of those centers for the study of what economists and sociologists call 'underdevelopment,' bustling with Indian functionaries and foreign 'experts.'"

En los jardines de los Lodi / In the Lodi Gardens

The tombs of the Lodi Dynasty (1451–1526), now a beautiful park in Delhi. The facades have been cleaned and are no longer black.

El día en Udaipur / The Day in Udaipur

In a rented costume: OP: "In the bazaar of Udaipur there is a shop where grooms—most of them boys from the peasant castes—rent the sumptuous costumes that tradition requires for the wedding ceremony."

in Kali's court: OP: "Small goats are sacrificed in the Kali temples. The meat of the decapitated animals is sold to the devout, and the rest given to beggars."

Over the pale god: OP: "Black Kali dances on the prone (dead or asleep) body of the ascetic Shiva, who is covered with ashes. In her frenzy she decapitates herself." (Cf. the interpretation of the myth in Heinrich Zimmer's *Myths and Symbols in Indian Art and Civilization*.)

Felicidad en Herat / Happiness in Herat
OP: "Herat was the center of the so-called 'Timurian Renaissance' that restored Islamic civilization in Persia and India. Shah Rakh, son and successor of Timur, was governor of Herat when Clavijo, the Spanish ambassador, visited Samarkand. (On the atmosphere of Herat, see the memoirs of Babur.)"

the wind of the hundred days: Not a poetic invention, but the local name for the wind that blows in the summer.
memorials to a poet-saint: OP: "The Sufi mystic and theologian Hazrat Khwaja Abdullah Ansar. A free spirit, enemy of the orthodoxy and also of superstitions. But now, in the garden which surrounds his tomb, there is an almost withered tree where devotees drive iron nails to ward off the evil eye and to cure toothaches."
the turquoise cupola: OP: "On the mausoleum of Gahar Shad, Shah Rakh's wife. It is in a park frequented every Friday by the women of Herat."
the thirty-two marks: OP: "According to the Mahayana sutras, certain signs and marks appear on the bodies of Bodhisattvas, usually thirty-two in number. Nevertheless, the same texts insist on the illusory nature of these marks: what distinguishes a bodhisattva from other beings is the absence of marks."

Intermitencias del oeste (3) / Interruptions from the West (3)
OP: "The Organizational Committee of the Cultural Program of the Mexico Olympiad asked me to write a poem celebrating the 'spirit of the Olympics.' I declined the invitation, but the turn of events led me to write this small poem in memory of the massacre of Tlatelolco." (In October 1968 an unknown number—probably in the hundreds—of student demonstrators were massacred in Mexico City by the government shortly before the Olympic Games. In protest, Paz resigned his post as ambassador to India.)

Lectura de John Cage / Reading John Cage
The italicized quotations are from Cage's book, *A Year from Monday*.

OP: "My poem about my friend John Cage was written using the *I Ching*. I threw the coins, which took me to a sign; I opened John's book and, guided by the sign, found a phrase or two on the page. In the end, the critical conscience: the copied fragment was a sort of pause and I immediately wrote, in the manner of a strophe, another two or three phrases. A collaboration between chance and the creative will. The control of chance but also a disruption of its calculations. The result—apart from any aesthetic appreciation—was surprising." (interview on the *I Ching*, 1995)

Nirvana is Samsara, / Samsara is not Nirvana: OP: "Mahayana Buddhist literature, particularly the Tantric, often has the formula 'Samsara is Nirvana, Nirvana is Samsara.' It is a phrase which condenses one of the central ideas of the Madhyamika school: the

ultimate identicalness of the two realities: phenomenal (Samsara: the cycle of desire ignorant of itself and of its reincarnations) and transcendental (Nirvana: a state of beatitude indefinable except by negation: it is neither this nor that). Samsara and Nirvana are equivalent because both are aspects of the void (*sunyata*), and the true sage transcends their apparent duality. But the poem says something slightly different . . .''

Viento entero / Wind from All Compass Points
A few lines have been added to the Blackburn translation to correspond to Paz's revisions.

OP: "The first stanza refers to the bazaar in Kabul and the river that crosses the city; the second to a neighborhood in Paris; the others, to various places in northern India, western Pakistan, and Afghanistan."

A great flock of crows: Rubén Darío, "Canto de esperanza" (Song of Hope). The poem opens: "A great flock of crows stains the heavenly blue. / A millennial wind brings threats of plague. / Men are being murdered in the Far East."
Santo Domingo: OP: "The poem was written during the American intervention in the Dominican Republic."
"If we had the munitions": OP: "Mexican history schoolbooks attribute this statement to General Anaya when he surrendered the Plaza de Churrubusco to General Scott, the head of the U.S. troops that invaded Mexico in 1847."
Datia: OP: "The palace-castle in the walled city of the same name, in Madhya Pradesh. Built on a black craggy promontory, it towers over the city and the plain. According to Fergusson, it is the finest example of palace architecture of the seventeenth century. It was built by Raja Bir Singh Deo, a military man pledged to the Emperor Jahangir. Seen from the plains, it looks like a giant iceberg of stone; half the structure is hidden by the rock, which has been excavated to form rooms and galleries. Datia was never inhabited, except by bats, snakes, and scorpions: its owner was assassinated before he could move in, and since then no one else has dared try. The perfect geometry of its courtyards, rooms, and galleries evokes not so much the castles of Sade, but the feverish and circular rigor of his thought. A solipsism of stone responding (corresponding) to verbal solipsism. Love is inseparable from eroticism but it crosses through it unharmed."
At the top of the world: OP: "The great god Shiva (Mahadeva) and Parvati, his consort, live on Mount Kailasa, in the Himalayas."
In a fig leaf you sail: OP: "An allusion to the children's book, *Almendrita* (Little Almond)."

Con los ojos cerrados / With Eyes Closed
Paz notes that *"piedra ciega"* (blind stone) is a precious stone that has no transparency, and *"piedra franca"* (frank stone) is one that is easy to carve. A jeweler tells me there are no English equivalents.

Maithuna
OP: "Maithuna: the erotic couples that cover the walls of certain Buddhist and Hindu temples; sexual union; the path of illumination, in Tantric Buddhism and Hinduism,

through the conjunction of *karuna* (passion) and *prajna* (wisdom). *Karuna* is the masculine side of reality and *prajna* the feminine. Their union is *sunyata*, the void ... empty of its emptiness." Paz also notes that the seventh section of the poem is an imitation of Li Po.

Domingo en la isla de Elefanta / Sunday on the Island of Elephanta
OP: "The sculpture in the seventh-century Shivaite caves of Elephanta, near Bombay, is among the most beautiful in Indian art. The reliefs represent scenes from the legends of Shiva and Parvati. The religious fervor of the Portuguese mutilated, but did not destroy, their beauty."

Cuento de dos jardines / A Tale of Two Gardens
OP: "There are many gardens in my poems and all of them are the same garden: it is the space of revelation. The garden is nature but it is a transfigured nature. The garden is one of the oldest myths and appears in all civilizations. Think of Eden, the Earthly Paradise. It is the lost kingdom: the innocence of the first day. The garden symbolizes the primordial unity, founded on the pact among all living beings. In paradise, water speaks and talks with the tree, with the wind, with the insects. Everything communicates, everything is transparent. Man is part of all. The breaking of the pact, the expulsion from the garden, is the beginning of the immense cosmic solitude: things, from atoms to stars, fall into themselves, in their solitary reality; men fall into the transparent abyss of consciousness, in its endlessness.... The garden restores, however partially and provisionally, the pact of the beginning, the original unity of the couple, the reconciliation with the cosmic totality. In some of my poems, despite their obvious imperfections, there is that aspiration toward that first reality the garden symbolizes in its fantastic geometry made of sky and water, trees and grass, flowers, birds, dogs, insects, reptiles, cats. The garden is the theater of the games of my childhood and the passionate games of love. In my case, two gardens: that of my childhood, in Mixcoac, and that of my maturity, in Delhi." (interview, 1994)

Ajusco: Volcano in the Valley of Mexico.
Almendrita: "Little Almond," character in the children's book of that name, who also appears in the poem "Wind from All Compass Points."
yakshi: Female deity of trees and plants.
Prajnaparamita: OP: "*Prajna* is wisdom and *paramita* is perfection: Perfect Wisdom; the other bank; a female deity of Mahayana Buddhism, like our Sophia; woman and, in Tantric Buddhism (Vajrayana), her vulva; the plenitude in the void."
Nagarjuna: Buddhist philosopher of the second century. OP: "The form of Buddhism that most interests me ... is Mahayana, and especially the teacher Nagarjuna: it is the paradox of a total negation of life, a radical skepticism, a genuine nihilism that, strangely, allows you to reconcile yourself with life. I can love the world, women, the sun, and still realize that all of it is an illusion." (interview, 1996)
Dharmakirti: OP: "The strict Buddhist logician of the seventh century was also the author of a number of erotic poems that were collected in Vidyakara's *Treasury*. The combination is less strange than it might seem: in India nearly all the important philosophers were also poets."

Blanco [1966]

Blanco was originally published as a single folded sheet, with various typefaces in black and red. In 1995, Paz, an enthusiastic proponent of television as a vehicle for poetry, made a video of the poem—surely the earliest done by a major poet. (In the late 1960s he had written a film script for *Blanco*—a film that would consist only of letters and sounds.) In 2011, Conaculta in Mexico released an "interactive" version for the iPad.

OP: "*Blanco*: white; blank; an unmarked space; emptiness; void; the white mark in the center of a target.

"As it is not possible to reproduce here all the characteristics of the original edition of the poem, it should be said that *Blanco* was meant to be read as a succession of signs on a single page. As the reading progresses, the page unfolds vertically: a space which, as it opens out, allows the text to appear and, in a certain sense, creates it. It is something like the motionless voyage offered by a scroll of Tantric pictures and emblems: as we unroll it, a ritual is spread out before our eyes, a sort of procession or pilgrimage to—where? Space flows, engenders a text, dissolves it—it passes as though it were time. This arrangement of temporal order is the form adopted by the course of the poem: its discourse corresponds to another which is spatial: the separate parts that make up the poem are distributed like the sections, colors, symbols, and figures of a mandala.... The typography and format of the original edition of *Blanco* were meant to emphasize not so much the presence of the text but the space that sustains it: that which makes writing and reading possible, that in which all writing and reading end.

"*Blanco* is a composition that offers the possibility of variant readings:

a) in its totality, as a single text;

b) the center column, excluding those to the left and right, is a poem whose theme is the passage of the word from silence to silence, passing through four stages: yellow, red, green, and blue;

c) the lefthand column is a poem divided into four moments corresponding to the four traditional elements;

d) the righthand column is another poem, in counterpoint to the left, and composed of four variations on sensation, perception, imagination, and understanding;

e) each of the four parts formed by the two columns may be read, ignoring the division, as a single text—four independent poems;

f) the center column may be read as six separate poems; those of the left and right as eight."

OP: "The poem is made of separate parts, like a jigsaw puzzle. The reader can associate or disassociate the parts—there are more than twenty possibilities. Each part is in itself a poem and each association or disassociation produces a text. Thus, unlike a jigsaw puzzle that has only one solution, one figure, in *Blanco* there are more than twenty figures, more than twenty texts. Each text is separate and all of them say the same thing. The extreme mobility of *Blanco* results in immobility. Exactly the opposite of *Sunstone*, which is a lineal poem that flows continually, *Blanco* tends to crystallize, that is to say, to turn into a mere verbal transparency—to dissipate. That's why it's called *Blanco*. It is the negation of *Sunstone* in that, in a certain way, it denies time. Only the present

is a presence: the feminine body seen, touched, smelled, sensed like a landscape, and both, the earth and woman, gone through and read like a text, heard and spoken like a poem. *Blanco* is a body made of words. A body that is spoken and, upon speaking it, dissipates. At least that's what I wanted it to be." (interview, 1972)

OP: "*Blanco* is ruled more by space than by time. It is a poem based on a triple analogy or likeness: woman, the word, and the world. The three elements are in perpetual communication and metamorphosis: the woman is transformed into a meadow, river or mountain; the earth, water, or air turn into language. Each element is also its negation: the woman, who is the apparition of the presence, is also its disappearance; the word, which is silence before being a word, returns to silence; the reality of the world is its unreality (or is it the opposite?). The poem has a beginning and end: it is time that passes. But 'Blanco' is organized spatially and follows the direction of the four cardinal points. I was inspired by the mandalas of Tibetan Buddhism, which divide space into four regions, four colors, four female divinities, four Buddhas or bodhisattvas. In the center, the central god. *Blanco* preserves the spatial division, the elements and the faculties (sensation, perception, imagination, and understanding) of the tantras. To write 'Blanco' was, for me, an attempt to return to space. It is our lost country. In the West, time—in its most energetic and cruel form: action, with its illusion of change—has turned us into wanderers, endlessly expelled from ourselves. To touch a body, to see a hill, to stretch out under a tree is to return to that which is most ancient, to the lost country, to the space from which we arose and to which we will return." (interview, 1979)

Epigraph: Avec le seul objet . . . : Stéphane Mallarmé, "Ses pur ongles très haut dediant leur onyx," often called "Sonnet en ix": "With this sole object by which Nothingness honors itself." Richard Sieburth points out the pun "s'honore / sonore," the sonorous Void. Paz has a long untranslated essay on this poem.
Patience patience . . . river rising a little: The entire entry (written in two lines) for February 14, 1863 (Valentine's Day), from David Livingstone's diaries. Its appearance in the poem is a mystery. Paz apparently found it in a beautifully printed small book titled *David Livingstone and the Rovuma*, edited by George Shepperson and published by Edinburgh University Press in 1965. Most of the terse entries deal with fevers, hunting, and logistical difficulties, and seem to have no connection to the poem. But they appear almost like small poems on the page, and Paz no doubt would have liked the entry for the previous day:
    remove her up a little—Rains
    Fire flies flash simultaneously & make a beautiful lightning
    gleam over the tops of the tall grasses

water and coals: The "burnt water" of the Aztecs. [See note to the poem "Return," below.]
"the tall beasts with shining skins": Sonnet 465 by Francisco de Quevedo, "Retrato de Lisi que traía en una sortija" (Portrait of Lisi That He Carried in a Ring), which contains the famous line: "I hold all the Indies in my hand." (That line—translated as Indias" rather than "Indies"—is also the title of a series of artworks by Anselm Kiefer.) Paz cites this poem in a discussion of Quevedo as an "excremental poet" in *Conjunctions and Disjunctions*.

Key background texts for *Blanco* are David Snellgrove, *The Hevjara Tantra*, and Giuseppe Tucci, *The Theory and Practice of the Mandala*.

from VUELTA / RETURN [1969–1975]

Trowbridge Street
Paz lived on Trowbridge Street, in Cambridge, Massachusetts, when he was teaching at Harvard in the early 1970s.

Vuelta / Return
Epigraph: OP: "In the last years of the Mexican Revolution, López Velarde went back to his village and, encountering the destruction of the civil war, wrote, 'with a deep reactionary sadness,' 'The Malefic Return,' a poem in which he calls his birthplace a 'subverted paradise.' I, too, after many years of absence, returned to the place where I was born—but I did not find a Mexico City wracked by civil war but rather degraded by modern progress, the lucre of the capitalists, the megalomania of the political rulers, and the sordid fantasies of the middle class." (letter to Julián Ríos, 1971)
They are burning / millions … of old notes: A job Paz had as a young man.
I look back / that passerby / nothing now but mist: A haiku by Masaoka Shiki (1867–1902).
whores / pillars of vain night: A line from "Crepúsculos de la ciudad II" (Twilights in the city II), an early, untranslated Paz sonnet. OP: "The funeral parlors no longer exhibit coffins in the show windows and the police have dispersed the prostitutes that used to walk on those streets, but the authorities have been unable to suppress either prostitution or death." (letter to Julián Ríos, 1971)
atl tlachinolli: OP: "A Nahuatl expression meaning '(something) burnt / water.' The opposition of water and fire is a metaphor for cosmic war, which is modeled, in turn, on the wars between men. The hieroglyph atl tlachinolli appears time and again on Aztec monuments, particularly on the bas-reliefs of the teocalli of the sacred war. Cities and civilizations are founded on an image: the union of opposites, water and fire, was the metaphor for the foundation of the city of Mexico. The image appears in other civilizations—Novalis's 'wet flame,' for example—but nowhere else has it so totally inspired a society as in the case of the Aztecs. Although the meaning of atl tlachinolli was religious and military, the vision that the metaphor unfolds before our eyes goes beyond the imperialist idea to which it has been reduced. It is an image of the cosmos and man as a vast contradictory unity. Tragic vision: the cosmos is movement, and the axis of blood of that movement is man. After wandering for some centuries, the Mexica founded Mexico Tenochtitlan precisely in the place indicated in the auguries of their god Huitzilopochtli: the rock in the lake; on the rock, a nopal cactus, the plant whose fruit symbolizes human hearts; on the nopal, an eagle, the solar bird that devours the red fruit; a snake; white water; trees and grass that were also white … 'Atl tlachinolli: the clear and lovely fountain that day gushed a reddish color, almost like blood, and split into two streams, and in the second stream the water was so blue it was cause for wonder.' (Codex Ramirez: Account of the Origin of the Indians Who Inhabit This New Spain, According to Their Stories, 16th Century)"
the $ sign: The sign not only for the U.S. dollar, but for the Mexican peso.

A la mitad de esta frase / In the Middle of this Phrase
unused light: Fray Luis de León, "A Francisco de Salinas." The whole poem is worth examining for its resonances in the Paz poem.

Petrificada petrificante / The Petrifying Petrified
the eye of the dog of the dead: OP: "Xolotl, the double of Quetzalcoatl; the god who, in penance, pulled out an eye and descended to the underworld in the form of a dog."
Navel of the Moon: OP: "Mexico is a word composed of *metzli* (moon), *xictli* (navel), and *co* (place): the place of the navel of the moon; that is, in the navel of the Lake of the Moon, as the lake of Mexico was called."
Chanfalla's scam: Cervantes, *El retablo de las maravillas* (The Puppet Show of Wonders). Chanfalla's miraculous theater, presented without puppets on an empty stage, is supposed to be visible to anyone who was born in wedlock and is an Old Christian, with no trace of Jewish or Muslim blood. The townspeople, seeing nothing, begin to doubt their ancestry, but of course display their enthusiasm for the spectacle.

Nocturno de San Ildefonso / San Ildefonso Nocturne
The National Preparatory School, which Paz attended, is in the former college of San Ildefonso, built by the Jesuits in the seventeenth century.

a sky of soot: Ramón López Velarde, "Día 13" (The 13th day).
C'est la mort—ou la morte: "She is death—or dead." Gérard de Nerval, "Artémis." A stanza from the same poem is the epigraph to "Sunstone."
Alyosha K and Julien S: Alyosha Karamazov in Dostoyevsky's *The Brothers Karamazov* and Julien Sorel in Stendhal's *The Red and the Black*.

PASADO EN CLARO / A DRAFT OF SHADOWS [1974]

The Spanish title means "clean copy" (as in the preparation of a manuscript) but with the added resonance of *pasado* (past / passed) and *claro* (clear or bright, in all their uses). The English title is a collaborative invention.

OP: "*A Draft of Shadows* was an evocation and a convocation (an exorcism?) of my childhood and adolescence. Remembering, I wrote; and writing, I invented. It was not a resurrection of the past; or more exactly, every resurrection was a birth, every birth a transfiguration. Memory is the principal poetic faculty because of its immense capacity for invention. I would remember a place and, seeing it with the eyes of the mind—with the eyes of my words—I would ask myself: 'Was I there or am I here?'" (interview, 1988)

OP: "In *A Draft of Shadows* there is the gaze: the man who writes and the man who sees himself writing. The man who writes is inventing a garden, a room; he's inventing his own past, his own childhood. He remembers and, remembering, invents. At the same time, the man who is watching is also inventing. He's inventing another text. This silent dialogue, made of gazes, invents, within the text, a third text made of [mirror] reflections.... Poetry is simultaneously a way of apprehending reality and a way of expressing it." (interview, 1996)

I gathered wood with the others: *The Iliad*, Book XXIV, the funeral of Hector.

I wandered on the floating grove: Garcilaso de la Vega, "Egloga I" (Eclogue I).

I saw ... the shades clustered: *The Odyssey*, Book XI, the shade of Achilles; the scene that is also the opening of Ezra Pound's *Cantos*.

I swam in the grotto with the siren: Gérard de Nerval, "El desdichado." Nerval's line is: "I have dreamed in the grotto where the siren swims."

fendendo i drappi ... : *Purgatorio*, Canto XIX. Dante's dream of the Siren, who is then "seized and laid bare in front" by Virgil: "rending her garments and showing me her belly: this waked me with the stench that issued therefrom" (trans. Charles Singleton).

Do not move this stone: *Palatine Anthology*, Book VII, Anonymous.

freckled pears ... **Villaurrutia**: Xavier Villaurrutia (1903–1950), Mexican poet; subject of Paz's book-length study, translated in English as *Hieroglyphs of Desire*. The line comes from a very early poem where the sun *"bruñe cada racimo, cada pecosa pera"* (burnishes every cluster of grapes, every freckled pear). Villaurrutia recounts how, at age fifteen, he went to visit Ramón López Velarde and showed him a manuscript of his poems. López Velarde underlined that line a number of times and declared it was the one line worth keeping.

Carlos Garrote: The hot-blooded royalist half brother in Benito Pérez Galdos' *Episodios Nacionales*.

Isis and Lucius the ass: Apuleius, *The Metamorphosis* (*The Golden Ass*), Book XI.

Nemo and the squid: Jules Verne, *20,000 Leagues Under the Sea*. (Captain Nemo battles an octopus in Spanish, a squid in English. In writing his book, Verne capitalized on the recent and sensational discovery of a giant squid—but the French, for some reason, insisted on still calling it a *poulpe*. The Spanish translation followed the French, but the English, not untypically for the time, corrected it for scientific accuracy.)

Oh madness of discourse: Shakespeare, *Troilus and Cressida*.

color ferrigno: "the color of iron": The description of Malebolge that opens Canto XVIII of the *Inferno*.

from ÁRBOL ADENTRO / A TREE WITHIN [1976–1988]

Decir: hacer / To Speak: To Act
Written for a memorial for the linguist Roman Jakobson, whom Paz first met in Cambridge, Massachusetts, in 1971. OP: "He talked like a professor, kept silent like a sage, and laughed like a friend."

Bashō-An
OP: "In about 1670 Matsuo Bashō traveled on foot through the mountains and valleys surrounding Kyoto, composing poems. He stayed for a short while in a tiny hut next to the Kompukuji temple. In memory of the poet, they have named the hut Bashō-An. In 1760 another poet and painter, Yosa Buson, visited the same places and discovered the ruins of Bashō's cabin. He moved nearby and, with the help of three disciples, rebuilt the hut. Buson died in 1783. His tomb was erected there, as were the tombs of his other poet-disciples. In 1984 my wife and I visited Bashō-An, a place as solitary now as it was three hundred years ago."

Hermandad / Brotherhood
OP: "In the *Palatine Anthology* there are two poems attributed to Ptolemy (VII, 314, and IX, 577). W. R. Paton declares that it is impossible to determine the identity of this Ptolemy, but Pierre Waltz and Guy Saury claim that it is probable that the second epigram was actually written by the great astronomer Claudius Ptolemy. In his poem there is an affirmation of the divinity and immortality of the soul that is clearly Platonic, yet at the same time it belongs to an astronomer familiar with the things of the sky. He says: 'I know that I am mortal, but when I observe the circular motion of the multitudes of stars I no longer touch the earth with my feet; I sit next to Zeus himself and drink until I am sated the liquor of the gods—ambrosia.' It is beautiful that for Ptolemy contemplation consists of drinking, with one's eyes, immortality."

OP: "When I said that someone spells me out, I was thinking, in the first place, of the brotherhood of life. I had come across a poem by Ptolemy, who wrote that he had been looking at a star and that vision had confirmed his belief in the immortality of the soul. Well, I can't agree with him on that, but I believe that there is a brotherhood of life that continues with or without the individual. The star is a kind of writing in the sky that I try to decipher. Of course I don't understand it; I can't be God. Nevertheless, I try to spell it out and at the same time someone else is doing the same, whether on this planet or another. The poem refers to the brotherhood of man and a kind of communion with everything that is alive." (interview, 1990)

Hablo de la ciudad / I Speak of the City
When Paz first gave me the manuscript of the poem, I remarked on its Whitmanesque title (as well as its long lines). He replied, "No, I was thinking of Langston Hughes: 'The Negro Speaks of Rivers.'"

Conversar / To Talk
to talk is divine: From a poem by the Portuguese poet Alberto Lacerda.

Cuatro chopos / The Four Poplars
The Monet painting is in the Metropolitan Museum of Art, New York.

Carta de creencia / Letter of Testimony
OP: "[The poem] has three parts. In the first, a voice—that of the man who writes—is talking to himself and to the images that evoke his writing: the beloved person. Monody. In the second part, other voices appear: polyphony. The distant voices of teachers and poets from the past: Plato, Dante, Cavalcanti, Lope de Vega, and others. Voices known and unknown. The voices bring back the theme of the first part: love, a word as equivocal as all words. The voices continue, argue with, turn around, and become intertwined with the first voice. Crisis. Variations on the two (the couple) and conclusion. Third part: monody. The first voice brings back the motif of the *two*: the couple in linear time and facing death. Not the moment outside of time or against time, as in earlier poems, but the succession of days. There is no Eden: we were expelled from the garden, to love is to walk through this world and through the ruins of the devastated years. Coda: to love is to learn to walk together, and also to learn how to be still, rooted,

to turn into trees, like Philemon and Bauchis. To love is not to gaze at each other to the point of petrification, like Ferdinand and Miranda, but rather to look together out there: to take on the world, time, and death." (interview, 1989)

POEMS [1989–1996]

Estrofas para un jardín imaginario / Stanzas for an Imaginary Garden
The municipal government of Mexico City approached Paz with a proposal to build, in his childhood neighborhood of Mixcoac, a public garden whose gates and walls would be decorated with his poems. Mixcoac, once a charming village on the outskirts of the city, is now largely a desolate, anonymous corner of the spreading megalopolis. Paz designed the verbal plantings for the garden, but, after visiting the site, decided it was impossible: Mixcoac had become another world. His poems, then, became stanzas for an imaginary garden.

Respuesta y reconciliación / Response and Reconciliation
Paz's last published poem. It appeared in the November 1996 issue of *Vuelta*

OP: "For a while now, I've been devoting a good deal of my spare time to reading science books. A slow but passionate reading: it seems to me that these days science asks the questions that philosophy no longer does. Three subjects have interested me: the origins of the universe, of life, and of consciousness. The three are intimately related and the last two have their foundation in the first—that is to say, in traditional and quantum physics. One element that is common among the three: the notion of process, time. All of these phenomena are inscribed in time. One could even say, without exaggeration, that they *are* time. Since Einstein, time has been inseparable from physics and astronomy; in turn, biology is inexplicable without the theory of evolution, and the birth of consciousness is a moment, the most complex moment, in natural evolution. When one says time, one says the beginning, but also says the end. The Second Law of Thermodynamics has made us familiar with the inevitable end of the universe. And the beginning? Here we face a difficulty that has yet to be entirely resolved: What was there before the 'big bang'?

"As I have tried to show in other writings ... modern scientists, almost always without realizing it, sometimes come up with very old philosophical ideas to explain this or that. The question of the origin of the universe confronts us with a question as old as the philosophy of the pre-Socratics. In the case of the 'big bang,' there is only one answer, if we discard the intervention of a demiurge who pulled the cosmos out of nothing: the existence of a state before matter. That state has been called quantum fluctuation by some physicists—that is, a singularity that is not ruled by the laws of classic physics stated by Einstein. This theory immediately evokes the ancient Greek notion of an original chaos and, even more, the cosmology of the Stoics. They believed that the universe would end in a catastrophe—a great flame that would consume all the elements—in order to be reborn and recover the cohesion, the 'sympathy' that unites all the parts of the cosmos. Ideas that are not very far from the theory of quantum fluctuations as a state before the universe.

"I was thinking of all this when I suddenly remembered the first line of a famous sonnet by Quevedo: 'Ah life! Does no one answer?' The question was the same as I had been asking ... and I instinctively began to write a response ... though written, of course, from the perspective of our century. Quevedo's sonnet refers only to death itself, and the swiftness with which time converts all the todays and tomorrows into yesterdays.

"The title of my poem is 'Response and Reconciliation.' I wrote it in December 1995, and I have been endlessly revising it in the months since. It is divided into three parts. In the first part, I emphasize the essential silence of life and of nature: it is we who speak for them. In the second part, time appears, the cradle and tomb of stars and men. In the third, I talk about how the movement of the universe, though its design or finality is not visible, does have a certain coherence, an implicit rationality. Many scientists think the same. Through those windows that are mathematics and science, but also poetry, music, and the arts, we can, at times, glimpse universal reason: the other face of time. The poem is a response to an ancient question and a reconciliation with our earthly fate." (reading, May 22, 1996)

Index of Titles
(Spanish titles in italic)